翻轉學

翻轉學

翻轉學

翻轉學

從0開始打造財務自由的致富系統

暢銷10年經典「系統理財法」，教你變成有錢人

I Will Teach You to Be RICH
Second Sdition

No Guilt. No Excuses. No BS. Just a 6-Week Program That Works

拉米特・塞提 Ramit Sethi——著　簡瑋君——譯

目 錄 CONTENTS

好評推薦

「我們都想要變有錢，可是我們對於致富卻不懂要系統化的進行。本書將會透過消費、負債、儲蓄、投資到過好人生這幾個面向，來幫助各位打造一個屬於你的財富自由系統。本書詼諧有趣，但絕對能帶給你身歷其境的感受！」

——Jet Lee，Jet Lee 的投資隨筆部落格版主

「這本書可以幫助讀者了解理財知識，讓金錢運用更有效率！」

——施雅棠，美股夢想家版主

「別讓輕狂、不羈的風格騙了你。本書從規劃預算、儲蓄、支出到投資的個人理財，提供真材實料的有效建議。」

——墨基爾（Burton G. Malkiel），
《漫步華爾街》（*A Random Walk Down Wall Street*）作者

「致富最簡單的方法就是繼承。第二種最佳方法，則是擁有知識和紀律。如果你有足夠的勇氣去做正確的事，拉米特會告訴你該怎麼做。強烈推薦！」

——賽斯・高汀（Seth Godin），美國行銷大師、
《這才是行銷》（*This is Marketing*）作者

「拉米特就像是你希望在大學認識的人，他會和你一起喝啤酒，告訴你關於理財真正需要知道的東西，他不會推銷，只提供良好的建議。」

——克里斯托弗·史蒂文森（Christopher Stevenson），
信用合作社主管人員協會（Credit Union Executives Society）

「聰明、大膽、實用。本書中有很多有用的竅門，對二十多歲的年輕人和其他人來說，是很好的理財指南。」

——J·D·羅斯（J. D. Roth），慢慢致富理財網編輯

「拉米特·塞提是個人理財寫作界一顆冉冉升起的新星。他特別能理解同代人的想法。他同時具有兄弟會成員和矽谷怪咖的風格，還加入了一點舊金山潮人的風範。」

——《舊金山紀事報》（*San Francisco Chronicle*）

「普遍對個人理財相關書籍的看法是，充斥著專業術語和行話。相反地，本書卻令人驚豔！寫作風格極其輕鬆，不含浮誇的建議，為初學者提供了如何理財的實用資訊。」

——《經濟時報》（*Economic Times*）

「……本書特別吸引年輕的一代，容易閱讀，內容暢所欲言。」

——美國娛樂、商業網站「商業內幕」（Business Insider）

「……我們最喜歡的個人理財網站之一。」

——美國生活科技網站「生活駭客」（Lifehacker）

讀者實證分享

「拉米特教導我們，節儉不是『什麼都不花』，而是盡情花在我們所喜愛的事物上，這改變了我們的人生觀。我和妻子分別在 33 歲和 35 歲時從全職工作上退休，開著 Airstream RV 露營車周遊美國。我們每天早上醒來都很興奮、精力充沛，因為能全然掌控我們的生活。」

—— 史蒂夫 · 阿德科克（Steve Adcock）

「30 歲時，我不只沒有 401k 帳戶，還有 16,000 美元的助學貸款。現在我 35 歲了，沒有學生貸款債務，有個健康的 401k 帳戶*、個人退休帳戶，還有額外的投資帳戶，以及一張用來支付每月帳單的押金信用卡。我運用本書來達成這些目標，現在我把大部分的錢花在喜歡的事物上，那就是我的孩子、食物和電子書。」

—— 愛麗爾 · 斯圖爾特（Ariel Stewart）

---

* 401k 帳戶是美國於 1981 年創立一種延後課稅的退休金帳戶計畫，此計畫只適用於私人公司的僱員。與目前台灣的勞工退休金專戶類似。

「自從 2011 年實施全自動財務系統以來，我的資產淨值從零增加到接近 45 萬美元。我永遠不必擔心金錢── 有足夠的錢來支付帳單，盡情享受，並將我的退休金帳戶極大化（包括羅斯個人退休帳戶[*]和 401k 帳戶）。」

── 羅斯・弗萊徹（Ross Fletcher）

「我在2010年讀過你的書，當時25歲的我，只是在一家小型圖書出版社擔任行政助理，年收入 28,000 美元。目前我在舊金山領導一支完整的作家團隊，一年賺 155,000 美元。」

── 克雷爾・皮科克（Claire Peacock）

「讀完你的書後，我向房東提議延長租約，並承諾會將此公寓當成自己的房子一樣維護，以換取每月減少 175 美元的公寓租金。房東立刻同意了，這讓我省了三千五百多美元！」

── 薩米爾・德賽（Sameer Desai）

「我的退休金增加超過 10 萬美元，個人投資帳戶裡有 8,000 美元，而且我已在有計算利息的帳戶裡，為明年的羅斯個人退休帳戶預留資金。」

── 大衛・錢伯斯（David Chambers）

---

* 羅斯個人退休帳戶也是美國退休金制度的一種，以稅後資金存入。

「在我 24 歲開始第一份工作之前，我根據本書的建議開立了嘉信理財個人退休帳戶（IRA）*、個人投資帳戶和支票帳戶。我現在 30 歲了，在個人投資帳戶、401k 帳戶和羅斯個人退休帳戶裡已有超過 30 萬美元的存款。」

——希拉蕊．布克（Hilary Buuck）

「本書一開始有關債務的章節把我嚇壞了，怎麼可能這麼快就擺脫債務！後來我理解到要賺更多的錢並非艱鉅之事，而是非常可行。我在公司的月薪從 4,000 美元增加到 8,000 美元。我欠的 4,500 美元債務現在已經降到 900 美元（很快就會全部償清）。」

——麗娜．班薩利（Reena Bhansali）

「我採用本書教的原則，在兩年內還清了 40,000 美元的債務，方法就是協商加薪，並採納『1,000 美元外快』的建議，開始承接我的第一個兼職專案。在自動化原則的指導下，我和妻子自給自足，在過去兩年裡存了將近 20 萬美元。」

——肖恩．威爾金斯（Sean Wilkins）

* 為美國嘉信理財集團推出的個人退休帳戶（Charles Schwab Individual Retirement Account）。

「我帶著這本書去加勒比海的遊輪之旅後，就捨不得放下書了。本書讓我在日常工作中加薪了 20,000 美元，並開始兼差成為一名職業教練，每月收入數千美元。它幫我透過協商減少了帳單和費用、提高信用額度，讓退休基金和儲蓄穩健增長，並從根本上改變我賺錢的心態。」

——瑪麗·格蕾絲·加德納（Mary Grace Gardner）

「我的投資帳戶從一無所有，到現在已累積超過 55,000 美元。」

——亞曆克斯·克雷格（Alex Craig）

「我沒有任何信用卡債務，所以我在大約三週內便實行了整本書的主張。在那之後，我差不多忘了它。八年後，我現在是一名零售店員工，身價接近 20 萬美元，沒有債務。」

——丹尼爾·李·雷芬伯格（Daniel Lee Reifenberger）

「我把助學貸款從二十年期改為十年期貸款。我不知道這有什麼區別，結果卻為我省下 10,000 美元。代價是每月只要多付 50 美元。」

——萊拉·納特（Lyla Nutt）

「我 25 歲時有 85,000 美元信用卡負債和 3,000 美元的其他債務。本書教我可行的步驟來擺脫困境，更有效地使用我的信用卡，生活不再拮据，也還清了債務，並且開始儲蓄。我現在 28 歲，擁有 50,000 美元存款，沒有債務，財務管理自動化，今年打算買一棟房子。」

——愛麗森・雷諾茲（Allison Reynolds）

「在我讀了本書之後的四年裡，我採用平均成本法省下 40,000 美元，並擁有 20,000 美元的指數追蹤基金。我獲得了一次晉升和四次加薪，讓我的收入提高了 70%：）」

——貝文・赫斯特（Bevan Hirst）

「沒有這本書，我就不會開立我的退休帳戶。它告訴我要開哪種帳戶，以及如何使用系統自動省錢，以備未來所需。到目前為止，我已存下四萬多美元的退休金，每年退休帳戶還在不斷增長。」

——詹姆斯・門羅・斯蒂夫科（James Monroe števko）

「我讀這本書的時候才 25 歲。我有一份不理想的工作，幾乎沒有積蓄，更不知道該怎麼運用我的錢。我實施了本書所教的財務系統，並得到了一份新工作（獲得 20% 的加薪），過去五年來薪水增加不少。我的退休帳戶裡有 10 萬美元，緊急備援帳戶裡存有六個月工資，還有其他各種用途的儲蓄。」

——希拉．馬斯特森（Sheila Masterson）

「我以前常感到內疚，因為 37 歲時我就該讓一切就緒。現在一切理財都已完全自動化。我覺得更有信心，能夠毫無罪惡感地花用剩下的錢。自從閱讀你的書後，我將我的羅斯個人退休帳戶極大化，我把 7,000 美元存在一個緊急儲蓄帳戶裡，還有一個獲利不斷成長的投資帳戶，另有幾個帳戶用於特殊目的的支出。」

——奎因．澤達（Quinn Zeda）

作者新序
暢銷十年，為實現脫貧全新改版

如果你聽從所有網路名人告訴你每天早上「需要」做的事，那麼你的上午會是這樣過的：

4:00 a.m.　起床
4:01 a.m.　冥想
5:00 a.m.　喝 400c.c. 的水
5:33 a.m.　寫感恩日記
10:45 a.m.　進食（只吃生酮飲食）
11:00 a.m.　追蹤過去 16 年來的每一分花費
11:01 a.m.　筋疲力盡

各位，我不會照著做這些事，我比較喜歡實際可行的建議。當我仔細研究我十年前在這本書中提供的建議時，我發現我是正確的。

如果你十年前就買了這本書，並按照我的正確建議去做，你應該已經達到以下成果。

- 如果你每月只投資 100 美元，你所投入的 12,000 美元應該已經超過 20,000 美元（標準普爾 500 指數*在過去十年中每年成長約 13%）。

- 如果你每月積極投資 1,000 美元，你所投入的 12 萬美元應該已增加到 20 萬美元以上。
- 你每月花在理財上的時間不到 90 分鐘。
- 使用信用卡積分，你可以享受多次假期，並且搭乘完全免費的商務艙。
- 原本讓你感到焦慮和困惑的金錢，現在卻使你感到平靜和充滿可能性。

正如你在本書中所讀到的，我所做的事不同於一般理財「專家」，我不會叫你少喝拿鐵（你想喝多少就買多少），也不會試圖說服你編列預算（我有更好的方法），還有一件事：我真有其人。我在 Instagram 和 Twitter（@ramit）上發文，幾乎每天都在我的部落格和社群媒體上寫作（iwillteachyoutoberich.com）。所以讓我們來做些不同的事：我想聽聽你的意見。真的！發封電子郵件給我（ramit.sethi@iwillteachyoutoberich.com，主旨：新書讀者），告訴我兩件事：

1. 是什麼讓你下定決心管理你的金錢？
2. 你對富裕生活的想像是什麼樣子？（請具體說明）

我會閱讀每封電子郵件，並且盡可能回覆。

---

* 由 1957 年起記錄美國 500 家上市公司在股市中的表現。

讀者的真心回饋

我最大的樂趣之一就是，傾聽你們分享如何運用我的書來改變你的生活。我會邀請一些讀者說說他們的成果。

「我還清了失業時累積的10,000美元信用卡債，在舊金山買了一套公寓，現在已經沒有負債，也開始存退休金。」

——朱麗安娜．布羅德斯基（Juliana Brodsky），38歲

「我有一個20萬美元的退休儲蓄帳戶，也有開立特定儲蓄帳戶用來支付的度假時的花費；很難一一詳述具體的數字。」

——凱爾．斯萊特里（Kyle Slattery），30歲

「我一年可以有一到兩次為期一個月的出國旅行。去年是去南非，今年是去韓國。」

——埃斯利．利加亞（Esli Ligaya），34歲

「富裕的生活才能享有自由。以我而言，有錢之後，我可以休九個月的假，在阿根廷、哥倫比亞和美國各地旅行。現在本書的理財方法也讓我妻子可以休息六個月，思考接下來要做些什麼。」

——肖恩．威爾金斯（Sean Wilkins），39歲

「我們只用一份全職收入，就把三個孩子送進了私立學校。」

——布來恩．迪爾伯特（Bryan Dilbert），32歲

儘管如此，我承認自己並不完美。十年前，我在本書第一版時，犯了三個錯。

我的第一個錯誤是，我沒闡述與金錢有關的思緒。我花了很多時間講述個人理財的細節——我提供一套完美的對話來免除滯納金（第 70 頁），也分享我實際用來投資的資產配置（第 286 頁），甚至還提到如何與另一半共同理財（第 377 頁）——但如果你不處理那些無形的金錢枷鎖，一切就都起不了作用。

無形的金錢枷鎖來自父母和社會中吸收的資訊，你通常不會有意識到這些資訊引導了你數十年的決策。以下這些你可能聽起來很耳熟：

- 你把錢浪費在房租上了。
- 在我們家從不談錢。
- 信用卡是場騙局。
- 別再花錢買拿鐵了。
- 錢會讓人改變。
- 如果不進行一些不正當的交易，你就不可能擁有這麼多的財富。
- 投資股市就是賭博。
- 學生貸款是個騙局。

在這一版本中，我將告訴你什麼是金錢最隱蔽、最強大的無形枷鎖，也會跟你說如何一一對付。

我犯的第二個錯是過於傲慢自大。事實上，你可以選擇你想要的富裕生活，以及你想如何達成目標。在上一版中，我確實寫了對於富裕生活的不同定義，但未指出我們可能會採取不同路線來實現目標。

例如，你的富裕生活可能是住在紐約曼哈頓，可能是在美國西部猶他州一年滑雪四十天，或是為你的孩子攢錢買一棟有大院子的房子，或者資助東歐克羅埃西亞的一所小學。對於富裕生活，你可以有自己的選擇。

但如何達到目標也是你自己的選擇。有人選擇中規中矩的方式，收入的 10% 做為儲蓄、拿 10% 的收入去投資，然後慢慢地達成想要的舒適富裕生活。也有人將收入的 50% 存起來，很快就達到了收入大於支出的「交叉點」，從此投資就能不斷支付他們的生活開銷（這就是所謂的「FIRE」〔Financial Independence, Retire Early〕，即財務自立、提早退休，見第 272 頁）。

你可以選擇你想要的富裕生活。在此版本中，我想告訴你不同的達成方法。為了做到這一點，我列舉了很多經由非傳統途徑創造富裕生活的案例。

最後，我想說的第三個錯誤是，我一生中搞砸了不少事：我不懂雇用人才，也不懂因才適用。我毫無準備地走進會議室，毀了登上 TED 講台的機會。我二十多歲時身高 182 公分，體重 58 公斤，看起來像一個毛聳聳的印度岡比*。但這些都無法比上我最大的錯誤：

在這本書的第一版中寫出銀行的實際利率。

---

* 岡比（Gumby）是由美國阿特．克洛基（Art Clokey）在 1950 年代創作的一個綠色黏土動畫人物。其動畫在美國前後播放約三十五年。

我當時寫的是：「網路銀行支付儲蓄帳戶的利率較高，約為 2.5% 至 5%，1,000 美元每年可產生 25 至 50 美元的利息，而大型銀行儲蓄帳戶的年息只有 5 美元。」

在當時，這個資訊是對的，但問題是利率會改變，而我忘了提到這點。在第一版出版後的幾年裡，利率從 5% 下降到了 0.5%。我以為人們會計算出來，並發現利率其實並不重要。例如，對於 5,000 美元的存款，你每個月的利息會從 21 美元降到 2 美元。在大型理財計畫中，這沒什麼大不了。

但當儲蓄存款利率下降時，讀者真的很生氣。他們把憤怒發洩在我身上。以下是我收到的一些電子郵件：

- 這本書是個騙局，你說的 5% 利率在哪裡？
- 哪家銀行有 3% 的利率？
- 主旨：你寫的銀行在哪裡？

過去十年裡，我每天都收到超過 20 封這樣的郵件，但再也不會了。讀者們，我會改變的，在這個版本中，我改正了這些錯誤，也添加了新的題材。

1. **新的工具、新的投資選擇和新的賺錢方法**。如果你想更積極地投資，我會教你怎麼做（第 278 頁）。我會告訴你我是如何看待機器人投資顧問（第 151 頁）。我會分享我對婚前協議想法（第 377 頁）。
2. **你將面臨新的資金情境**。我新增了如何處理人際關係和金錢的新題材（第 358 頁）。一旦你的財務系統建立起來，我會告訴你下一步該注意些什麼（第 232 頁）。最後，如果你認識抱怨因為政治和嬰兒潮世代害他們無法還清債務並獲得成功的人，他們應該閱讀我對受害者文化的看法（第 28 頁）。

3. **其他本書讀者的精采故事**。我大量列舉了新的例子，包括來自不同類型的人鼓舞人心的成功故事，涵蓋二十到五十多歲的男人和女人；有些是從無到有，有些則是成功後獲得更大的發展。另外，還有一些令人痛心的故事，包括那些拖延實行本書內容的人，以及他們為此付出的代價。

我在適當之處添加了新的素材，但也保留了一直有效的撇步。許多人想要「新」的建議，但這本書的價值不在於新奇的妙方，而是出自於實用性。

十年來，我也有轉變，我結婚了，也發展了自己的事業，對金錢和心理有了更多的了解。在當今各種喧囂、炒作和應用方法中，我有機會和你們分享我所學到的。本書的個人財務系統採用的是長期、低成本的投資，以及自動化運作方式，發揮了真正的作用。請使用這本書來創造屬於你的富裕生活，就像成千上萬藉此成功的人一樣。

前言
六週打造致富系統，讓你變成有錢人

我一直想知道，為什麼那麼多人大學畢業後體重增加？我指的不是有病的人，而是那些大學時期身材苗條的普通人，他們發誓「永遠、永遠」不會讓肉長到身上。然而不知不覺間，多數美國人體重都增加到很不健康的地步。

在我寫這本書的十年間，體重和健康已成了備受爭議的話題，有人建議我不要引用它們。但在我經歷過營養、健身和金錢之旅後，我現在更相信體重與健康之間的聯繫，也相信你能掌控它們。

體重不會一夕增加。果真如此，我們會很容易察覺並設法避免。當我們開車去上班，然後每天坐在電腦前 8 到 10 小時，體重機的數字就不斷增加。大學校園裡到處可見自行車手、跑步者和校隊運動員，不時激勵著我們要健身。但當我們進入現實世界後，情況改變了。試試和你的朋友們談談畢業後的減重話題，看看他們是否會說這些話：

「別吃碳水化合物！」

「睡前不要吃東西，因為睡覺時脂肪無法有效燃燒。」

「生酮飲食是唯一真正的減肥方法。」

「喝蘋果醋能加速新陳代謝。」

我聽到這些總是忍不住笑。也許他們是對的，也許不是，但這並非重點。重點是我們喜歡辯論細枝末節。

當說到減肥，99.99% 的人只需要知道兩件事：少吃、多運動。只有優秀的運動員才需要做更多。但我們並不接受這些簡單的事實並付諸行動，而是討論反式脂肪、晦澀難懂的補充劑、30 天全食療法和古式飲食法。

圖表 0-1　為什麼理財方式和飲食控制如此相似

說到飲食控制，我們……	說到個人理財方式，我們……
不在意卡路里攝入量	不在意支出
吃得比我們自知的還要多	花比我們意識到的或承認的還多
討論卡路里、飲食和鍛鍊的細枝末節	討論利率和熱門股票的諸多細節
重視道聽途說的建議勝於研究	多聽朋友、父母和電視名嘴侃侃而談，而非閱讀優質的個人理財書籍

在金錢問題上，我們多數人分成兩大陣營：要麼忽視它，感到內疚，要不然就是沉迷於金融細節，爭論利率和地緣政治風險，卻不採取行動。兩種選擇都產生相同的結果——什麼都沒有。事實上，絕大多數人並不需要理財顧問來幫助他們致富。我們需要在可信賴的銀行建立帳戶，使我們的日常資金管理自動化（包括帳單、儲蓄、償還債務）。

我們需要知道一些可以投資的標的，然後再花三十年來生財。但這樣做並不是很酷，也不令人興奮，不是嗎？相反地，我們在網路上閱讀「專家們」的文章，他們對經濟和「今年最熱門的股票」做出了無數的預測，卻從不為自己的建議負責（錯誤率超過 50%）。「要漲了！」「不，要跌了。」只要有人說，我們就會被吸引。

為什麼？因為我們喜歡辯論細節。

我們這樣做，就會莫名地感到滿足。我們可能只是原地打轉，無法改變別人的想法，但我們感覺表達出了自己的想法，便自我感覺良好。我們覺得自己進步了。問題是這完全只是幻覺。回想一下，上回你和朋友討論理財或健身後，你有去跑步了嗎？你把錢匯到儲蓄帳戶了嗎？當然沒有。

人們喜歡爭論一些微不足道的問題，部分原因是他們覺得這樣一來就不必真的付諸行動。你怎麼想？就讓傻子們去爭論細節吧。我決定採取一些小步驟來管理自己的開支，藉此來學習理財。就像你不一定要成為擁有資格認證的營養師才能減肥，也不一定要是汽車工程師才能開車一樣，你也不必知道所有個人理財知識才能變得富有。我再說一遍：你不一定要成為專家才能致富。但你必須知道如何篩選資訊並開始行動。順便一提，這還有助於減少負罪感。

我知道我應該為退休儲蓄，但除了「在401k帳戶中存錢」，我真的不知道該怎麼做。我還認為儲蓄就是不花錢。結果，即使我因此存了錢，我對於花錢買任何東西都感到內疚不已。我從來沒想過要加薪，也不知道該怎麼做。我只是認為公司給的起薪是一成不變。

——伊麗莎白．沙利文－伯頓

（Elizabeth Sullivan-Burton），30 歲

為什麼理財如此困難？

人們有很多理由不去管理自己的錢財，其中一些理由是合理的，但大多數都是無法掩飾的懶惰，或不想花 10 分鐘去研究的藉口。讓我們來看看其中一些理由：

過多的理財的資訊

認為資訊過剩的想法是真實且合理的。你可能會說：「但是，拉米特，這與所有的美國文化相抵觸！我們需要更多的資訊，這樣我們才能做出更好的決定！電視上所有的專家都這麼說，那肯定是真的！」對不起，並不是這樣的。看看實際的數據，你就會發現，大量的資訊會導致決策癱瘓，這種說法很妙，資訊過多會導致我們無所作為。美國知名心理學家巴里．施瓦茨（Barry Schwartz）在《選擇的悖論：為什麼更多是更少》（*The Paradox of Choice: Why More Is Less*）中寫到了這一點：

> 隨著提供給員工的 401k 帳戶中，共同基金的數量增加，他們選擇基金──任何基金──的可能性就會下降。每增加 10 支基金，參與率就會下降 2%。對於那些會投資的人來說，增加基金選擇權會提增員工投資於極端保守貨幣市場基金的機會。

你在網路上瀏覽，會看到有關股票、401k 帳戶、羅斯個人退休帳戶、保險、529 計畫*和國際投資的廣告。你應該從哪裡下手？起步太晚了嗎？該怎麼做？到最後你通常就是什麼都不做——而什麼都不做正是你最糟糕的選擇。正如圖表 0-2 所示，儘早投資才是你能做的最佳選擇。

仔細看圖表。聰明的莎莉實際上投資較少，但最終卻多了大約 80,000 美元。她從 35 歲到 45 歲，每月投資 200 美元，然後再也不碰這些錢。笨阿丹太忙了，無暇關心理財，直到 45 歲才開始每月投資 100 美元，並持續到他 65 歲。換句話說，聰明的莎莉投資十年，笨阿丹投資了二十年——但是聰明的莎莉卻擁有更多的錢。而且每個月只要投資 200 美元！要想變得富有，你能做的最重要的一件事，就是早點開始。

圖表 0-2　如何花更少的工夫，比朋友多賺 6 萬美元？

	聰明的莎莉	笨阿丹
當開始投資時的年齡	35 歲	45 歲
每個人每月投資 200 美元……	達 10 年	達 20 年
以 8% 的報酬率計算，在 65 歲時的帳戶價值	181,469 美元（這就是儘早開始的價值）	118,589 美元（儘管投資了兩倍的時間，他還是落後了 60,000 美元）

如果你還年輕，你的錢會增加得更多；如果你年紀大了，也

---

* 529 計畫是美國政府因應教育費用攀升而推出「529 大學儲蓄計畫」（529 college savings plans）的簡稱，目的是讓各家庭投資教育基金，只要從中獲取的金額是用來支付高中以下各級學費，即可獲得免稅福利。

別灰心。我最近收到一位四十多歲女士的留言，她對這些數字很不滿意。「寫這些有什麼意義呢？」她問道，「我已經落後太多了，這讓我很難過。」

我了解她的感受。但是我們不能逃避數學，我相信，與其掩蓋事實，不如告訴你真相，包括幫你增加儲蓄的方法。是的，開始投資的最佳時機是十年前，而第二好的時間，就是現在。

媒體應該承擔部分責任

瀏覽一個主流的財經網站，我敢打賭你肯定會看到標題為〈10 個不麻煩的省錢技巧讓你輕鬆理財〉或〈今日立法院投票會如何影響遺產稅〉的相關文章。讀完這些標題的文章後，你就明白網路專欄作家為什麼要寫這些標題，就是為了賺取流量，並銷售廣告。

我們知道這一點，因為多讀一篇省錢文章無法改變任何人的行為，遺產稅影響不到 0.2% 的人。但這兩則標題都讓人感到高興或憤怒。

我不在乎網頁流量，也不想引起眾怒。如果你像我一樣，你關心的會是你的錢去了哪裡，然後把錢轉到你想要的地方。我們希望自己的錢能夠在那些不需要支付任何費用的帳戶中自動增加。我們不必先成為理財專家，然後才能致富。

被害者情結

有一群人，大多是年輕人，心懷不滿，他們認為憤世嫉俗比提升自己容易得多。

「哈哈！投資？我甚至連買披薩的錢都不夠呢。」

「呵呵！找工作？你生活在哪個世界啊……」

「如果嬰兒潮那一代沒有毀了我們所有人的生活……」

人們實際上在比賽，看誰是更大的受害者。你 26 歲還買不起一間四房的房子嗎？我連紙板箱都住不起呢！你喜歡參加聚會結識新朋友嗎？那一定很棒，但我有社交焦慮症，所以我做不到（蛤？不，我沒有看醫生，我是自己診斷的）。

你知道誰才是真正的被害者嗎？

我才是！我跟著你一起生氣，但我氣的是你自怨自艾的態度。我拒絕聽你抱怨連每個月 20 美元都存不起。當這本書最初出版時，我收到了數百封憤怒的電子郵件，指責我是菁英主義者，鼓勵人們儲蓄和投資，即使只是一筆為數不多的錢。那些憤世嫉俗者都錯了，他們與其他唱反調的人同仇敵愾，用站不住腳的論點來遊說別人，為自己的信念付出了驚人的代價：他們失去了幾十萬美元的收益。與此同時，我的讀者們都積極投入，並創造了自己的富裕生活。

你可以選擇憤世嫉俗，或是仔細評估你的選擇。你知道可能會犯錯，但每一步都會帶來成長。而我選擇了前進。

是的，我知道這是一個複雜的問題，社會經濟政策、運用科技和純粹的運氣都很重要。例如，如果你雙親健在，還大學畢業，那你已經比世上的大多數人都來得幸運。

不過還是要善用自己手中的牌，我相信專注於自己能控制的事情就能達到目標。

例如，當我進入幼兒園時，就明白我永遠進不了 NBA；在拼字比賽中，我在同儕中獲得壓倒性的勝利。

還有一些介於我擅長與不擅長灰色地帶的技能，比如創業、變得更健康、學會如何好好約會。不管如何我都必須學習這些技能，並且非常努力工作。

很多人抱怨政客和社會問題，卻不審視自己的行為。他們一看到失敗的跡象就會立刻放棄，只想做人生的過客，那就隨波逐流吧。而我則是發現當自己的船長會更有趣，即使有時會偏離航線。

正如你所看到的，我對那些抱怨自己生活狀況卻無所作為的人沒有多少同情心。這就是我寫這本書的原因！不管你的出身如何，我希望你有能力掌控你的處境。我希望你能擁有一個公平的競爭環境，對抗那些華爾街的大公司、愚蠢的文章，甚至你自己的心理。

以下是一些被害者文化在金錢方面的例子：

「我存不了錢。」幾年前，當經濟崩潰時，我發起了一項名為「30 天節省 1,000 美元挑戰」的活動，我教大家運用新的心理技巧來省錢的戰術。成千上萬的人加入了，並努力節省下成千上萬的美元。

只有少數人辦不到。

雖然大多數人都很支持，但我很驚訝有些人真的被「30 天內節省 1,000 美元挑戰」這個概念激怒了，因為他們每個月都沒有賺到那麼多收入，或者他們發現我的建議「太淺露了」── 儘管我把「儲蓄」定義為削減成本、賺取更多，同時調整支出。

以下是他們抱怨的一些例子：

- 「這樣對我來說不可能……我賺的錢不夠這樣做。」
- 「好主意，但現在俄亥俄州家庭收入的中位數是每年58,000美元。這意味著每月稅後月薪為3,400美元。請注意，這是中位數，俄亥俄州有整整一半的家庭生活費低於這個數字！我懷疑他們中有多少人在不賣掉孩子的情況下，每個月可存起1,000美元。」
- 「這太好了……如果我一個月可以賺1,000美元，我可能會試試。但我還在上大學……」

首先，請注意，瘋子有一種特殊的寫作方式：總是在句子結尾處拉長語氣。如果有人寫信給你說「這一定很棒……」或是「這聽起來很難……」，很有可能他們是連環殺手，很快就會來敲你的門，然後剝下你的皮做成雨衣穿。

此外，人們喜歡用個人的特殊情況來解釋為什麼不能獲得和別人同樣的成果，像是他們是住在俄亥俄州或馬來西亞，或是沒有進入常春藤盟校。我曾經給他們舉例，指出有些人在自己領域內取得驚人的成果。他們會反問：「他們小時候有沒有搬過三次家？或是有十一根手指頭？」他們提出的標準通常越來越離奇。我一說不，他們就會說：「我就知道這對我沒用。」憤世嫉俗者不想要結果，只想要一個不採取行動的藉口。很諷刺的是，即使他們贏得了替自己捏造的論據，但總體上還是輸了，因為被困在自己的思想監獄裡。

全世界都和我作對。現今的確有很多社會問題，但當涉及個人理財時，我關注的是我能控制的東西。喜歡抱怨的人卻不這麼想，當被要求針對自己的處境做點什麼時，他們的自然反應是找出自己為什麼不能做的理由。以前都是一些個人因素（比如說「沒時間」）。現在，隨著被害者情節的興起，更可以推托給外部因素，比如收入普通或經濟政策使然。要讓你的財務生活變得井然有序，確實需要一些努力，但是回報遠遠超過你所付出的努力。

事實是，這些抱怨者沒有抓住重點。在一個月內節省 1,000 美元是非常合理的，同時這也是一個令人嚮往的目標。如果你連 1,000 美元都存不下來，那 500 美元呢？還是 200 美元？最後，一年前就在抱怨錢的人，現在可能還在繼續抱怨，而許多接受挑戰的人卻已存了數百甚至數千美元。

把金錢問題怪罪其他人

還有許多常見的藉口可以解釋，為什麼我們管不了自己的錢。但大多數都經不起檢視：

- **「我們的教育系統沒有教導這方面的知識。」**對於二十多歲的人來說，他們很希望大學能夠提供一些個人理財的培訓。但多數大學確實有提供這些課程，只是你自己沒有選修！
- **「信用卡公司和銀行都想從我們身上獲利。」**他們的確是這樣，所以別再抱怨了。你應該學會如何打敗他們，而不是讓他們一直剝削你。

- **「我害怕賠錢。」**這是正常的，特別是在全球經濟危機之後，頭條常用「狂跌」和「迷惘的一代」這樣的字眼。但你需要具備長遠的眼光：經濟總是週期性成長和衰退。如果你 2009 年退出股市，你就錯失了歷史上持續最久的成長期之一。恐懼不能成為不理財的藉口。記住，你有許多不同的投資選項，你可以選擇激進或是保守，這完全取決你願意冒多大的風險。事實上，藉由自動化理財，你可以讓自己處於優勢，當別人害怕時，你可以繼續儲蓄和投資，當別人恐懼時，你反而可以找到便宜貨。
- **「如果我不知道每個月從哪裡獲得額外的 100 美元，該怎麼辦？」**你不需要多賺一分錢。我會教你如何精簡現有的支出，來產生投資所需要的資金。遵循我的 CEO 方法：削減成本、賺取更多，並且調整現有的支出。
- **「我不想要平均報酬。」**美國的文化貶低平庸。誰想要一段普通的關係呢？或是平均的收入？財務公司已經把對於平庸的恐懼變成了武器：倡導平庸不好、很無聊，你可以做得更好。

實際上，有一家頗受歡迎的機器人投資顧問公司運用這個想法，開展了一系列完整的廣告宣傳活動，口號是「優於平均水準。」但事實是，你可能無法超越平均報酬率。事實上，平均 8% 的報酬率已是非常好。諷刺的是，害怕「平庸」的人做的事情，恰恰會讓他們的表現低於平均水準：頻繁的交易、怪異的押注、付出高額的稅，以及支付不必要的費用。記住在人際關係和工作中，我們想要比普通人做得更好，然而在投資方面，平均水準則是最好的。

你不是受害者，你可以掌控一切。一旦真正內化了這點，就可以展開攻勢了。過去你認為在開始管理金錢之前，必須把個人財務的每個環節都安排得井井有條，現在你不必再被這種想法綑綁了。

你需要成為廚神才能做出烤起司三明治嗎？當然不是，而且一旦你做了第一頓飯，下次再做更複雜的餐點就更容易了。致富最重要的一個關鍵是起步，而不是成為房間裡最聰明的人。

別再找藉口了

聽著，哭哭啼啼的孩子們，這不是你奶奶家，我不會烤餅乾給你，也不會寵壞你。你的很多財務問題都是由一個人造成的——那就是你自己。不要把你的財務狀況歸咎於大環境和美國企業界，你只需要專注於能夠改變自己的事物上。正如飲食業給我們提供了太多選擇一樣，個人理財也是一團混亂，充斥著誇張的宣傳、神話、徹頭徹尾的欺騙，我們也因為自己做得不夠或不對而感到內疚。如果你對自己的經濟狀況不滿意，並且願意認真地檢視自己，你會發現一個無法逃避的事實：問題和解決的辦法，都在於自己。

讓我們把藉口放一邊。如果你能有意識地決定如何花錢，而不是說：「我猜這就是我上個月的花費？」如果你可以建立一個自動的基礎架構，讓所有帳戶都能活用，也讓儲蓄自動化呢？如果你可以毫無恐懼地進行簡單、定期的投資？你當然做得到！我會告訴你如何把你賺到的錢轉到你想要的地方去，而且無論處在何種經濟狀況下，都能長期大幅度地增加你的財富。

最關鍵的行動

我相信一小步就是最好的開始。先減少瀏覽那些多到令人麻木的理財選項，展開行動會比花大量時間研究世界上最好的基金更重要。本書的第一步，就是了解那些阻礙我們管理金錢的障礙，然後將障礙拆除，把錢放到正確的地方，這樣就能實現目標。坦白說，你的目標可能不是成為一名金融專家，而是想過自己的生活，讓金錢為你服務。因此不要問：「我需要賺多少錢？」你要問：「我想要過怎樣的人生？我該如何用錢來實現這樣的人生？」你將不再被恐懼所驅使，而是會受到啟發，進行投資並增加財富。

我說得簡單一點，太多的書試圖涵蓋所有關於金錢的資訊，當你拿起一本「應該」讀的書，但卻讀不下去，因為內容太龐雜了。所以我只想給你剛好夠用的知識，來開啟你的自動化帳戶和投資，即便你只有 100 美元也可以開始。以下是本書的關鍵：

85% 的解決方案：開始行動比成為專家更重要。有太多的人認為我們需要完美地管理金錢，結果導致我們束手無策。這就是為什麼管理錢財最簡單的方法，就是一步一步地進行，不要擔心是否完美。寧願行動起來，做到 85% 正確，也不要什麼都不做。想想看，達成 85% 就比沒有開始要好得多了。一旦你的金錢系統夠好，或者達到 85%，你就可以過你要的生活，去做你真正想做的事情。

犯錯沒什麼大不了。最好現在就花一點點學費去犯錯，這樣當你擁有更多金錢時，你就知道該如何避免。

在你喜歡的事物上盡情揮霍，在你不喜歡的事物上則絕不亂花。這本書並不是要告訴你不要再買拿鐵了。相反地，本書希望你能花更多錢在你喜歡的事物上，而不要把錢花在那些你不喜歡的愚蠢事物上。

我犯過的最佳錯誤

在我上高中的時候，我父母告訴我，如果我想上大學，得用獎學金來支付學費。所以就像一般印度好兒子一樣，我開始申請、申請、再申請。最後，我申請了大約六十個獎學金，並拿到了數十萬美元。

但我拿到最多的獎學金，是第一項申請——2,000 美元。該機構直接給我開了一張支票。我拿了錢就投入股票市場，結果馬上損失了一半的錢。

哎，就在那時，我發覺自己真的需要學習理財了。我閱讀個人理財書籍、觀看電視節目，還購買雜誌。一段時間後，我也開始分享我學到的東西。我在史丹佛大學給朋友們上非正式的課程

（在早期，沒人會想聽這門課程）。然後，在 2004 年，我開始寫題目為「我會教你變成有錢人」的部落格，涵蓋儲蓄、銀行、預算和投資的基本知識。之後的事，套一句老話，就是路人皆知了。

我們總是想要獲得最好的東西：像是我們會想要外出、住好的公寓、買新衣服、開新車，想要隨時都能去旅遊。事實上，你必須分出輕重緩急。我的朋友吉姆有一次打電話告訴我，他加薪了。同一天，他搬進了一間較小的公寓。為什麼呢？因為他不在意住在哪裡，但是他喜歡把錢花在露營和騎自行車上，這就是所謂的有意識消費（在第 167 頁，你會讀到我有些朋友如何有意識地每年花 21,000 美元出遊）。

炫富和富有是有區別的。當我聽到人們談論上週他們購買、出售或做空股票時，我感覺自己的投資風格聽來很無聊：「五年前我買了一些優質基金，此後除了自動按時買入之外，什麼也沒做。」但是投資並不是在炫耀，而是要賺錢，當你查看投資文獻時，會發現長期而言，購買並持有投資才是大贏家。

不要活在試算表裡。我鼓勵你選擇你的理財系統，繼續過自己的生活，就是不要「活在試算表中」，也不要糾結於你的花費和市場每一個微小的變化。現在要你做到這一點似乎有些牽強，但當你讀完本書時，你就會對理財和投資感到非常自在。我認識太多的人，會追蹤自己淨資產的所有變動，在 Excel 中試算各種不同的情境，並推算出多久可以退休。別這樣。你會變成一個社會怪胎，更重要的是，這是不必要的。如果我教得對，你可以把理財自動化，過上富裕的生活，而這一切都不必靠試算表演算。

你要進攻，而不是防守。太多人在理財方面都採取防守。我們常會熬到月底，看自己的開支，然後聳聳肩說：「原來我花了這麼多。」就接受了繁雜的費用。我們不會質疑複雜的建議，因為通常都聽不懂其中涵義。在本書中，我會教你如何使用信用卡、銀行、投資，甚至你的理財心理去進攻。我的目標是讓你在第 9 章結束前創造出屬於你的富裕生活。積極行動吧！沒人會幫你。

本書是要教你如何運用金錢來設計富裕的生活。我將教你如何開立帳戶，建立一個只需要微調，就能自動化、會自行順暢運作的理財基礎架構。你還會學到該避開什麼投資、一些金融文獻上的驚人發現（例如，房地產真的是一項好的投資嗎？），以及如何避免常見的理財錯誤。你會開始採取行動而不再爭論細節，而所有這些行動只需要六週的時間，然後你就會步上致富之路。聽起來很不錯吧？

為什麼想要變有錢？

在過去的十五年中，我透過我的網站和演講活動，與超過一百萬人談論過個人理財。當我發問時，我總是問兩個問題：

- 你為什麼想要變有錢？
- 對你來說，有錢的意義是什麼？

大多數人不會花 10 分鐘思考「有錢」對他們的意義。給你一個提示：每個人的定義都不同，金錢只是富裕的一小部分。例如，我的朋友們看重的事物都不同。保羅喜歡在米其林星級餐廳用餐，那裡一頓飯可能要花上 500 美元；妮可喜歡旅行；尼克熱愛購買衣服。如果不自行選擇「富有」的含義，你會很容易盲目地跟從朋友。你會認為，我現在可以做這些事情，就代表我很富有：

- 選擇職業是基於興趣，而不是為了錢
- 幫助父母退休，這樣當他們不想工作時就不用工作了
- 盡情花費在我喜歡的事物上，對於不感興趣的事物絕不亂花（例如，住在紐約一套漂亮的公寓裡，但不買汽車）

每年 12 月，我都會和妻子坐下來，然後一起為明年籌劃。我們想去哪裡旅行？我們想邀請誰同行？在接下來的一年裡，我們可以做什麼事，好讓我們在未來五十年裡都銘記不忘？我們可以有目標地設計出我們的豐富生活，這是我們作為一對夫妻所做最有趣的事之一。

在你進一步行動前，我鼓勵你去思考你的富裕生活。為什麼你想變得富有？你想要如何處理你的財富？

說得具體一點，如果你的富裕生活是「我想搭計程車，而不是乘坐公車」就把它寫下來！我發覺我住在紐約，卻沒有充分享受到這裡所有的文化活動，所以我決定每季都要去一次博物館或百老匯看秀。一旦我下定決心，這件事就成了我富裕生活的一部分，不要為你的理想是小是大而感到尷尬。例如，當我第一次寫

下富裕生活清單時，其中一項關鍵目標，是能從餐廳的選單上點選開胃菜，這是我小時候從未做過的事。隨著時間的推移，我的目標越來越大。

當你描繪你的理想生活時，你會做些什麼？

富裕生活的十大法則

1. 富裕的生活意味著，你可以在你所喜愛的事物上盡情揮霍，只要你不亂花在你不喜歡的事物上。
2. 把注意力集中在最重要的事，也就是 5 到 10 件能為你帶來超乎預期成果的事，包括自動儲蓄和投資，找到你喜歡的工作，談判你的薪水。如果做對了，你就可以買很多拿鐵。
3. 從長期來看，投資應該非常枯燥，但是有利可圖。比起查看投資報酬，我更喜歡吃墨西哥玉米卷。
4. 你能削減的支出有限，但能賺多少錢卻是無限的。我有讀者年薪 50,000 美元，有些則是年薪 750,000 美元。他們都買同樣的麵包。控制開銷固然很重要，但你的收入更重要。
5. 一旦你開始進行自己的理財計畫，你的朋友和家人會給你很多「祕訣」。你可以禮貌地聽聽，但要堅持自己的計畫。
6. 建立一個「支出的架構」，當你決定購買東西時就能派上用場。大多數人會遵守限制性規則（像是「我需要減少外出用餐的次數。」），但你可以反過來，決定你要花在什麼地方，就像我的購書規則：如果你想買一本書，就買下它。不要浪費 5 秒鐘來糾結。只要你用到書中任何一項新觀念，就已經值得了（就像這本書）。

7. 提防你會沒完沒了地搜尋「進階」的祕訣。許多人追求高竿的答案，不想一步步艱苦地改進。夢想贏得波士頓馬拉松比賽，比起每天早上出去慢跑 10 分鐘要容易得多。但是有時候你能做到最進階的事情，就是那些基本、始終如一的事。
8. 一切都在你的掌控中。這不是迪士尼電影，也不會有人來拯救你。幸運的是，你可以控制自己的財務狀況，並建立富裕生活。
9. 創造富裕生活的部分導因，是你樂於與眾不同。一旦金錢不再是主要制約因素，你就可以自由地設計豐富的生活，你肯定不會和普通人一樣，擁抱與眾不同的生活吧，這是最有趣的部分！
10. 別活在試算表裡。一旦你運用這本書中的系統實現了理財自動化目標，會發現富裕生活中最重要的部分是人際關係、新的體驗和回饋社會，這都在試算表外。

從這本書中收穫到什麼？

大多數人認為投資就是「買股票」，好像可以隨意買賣股票，然後就能奇蹟般獲利。因為他們一開始就有一個錯誤的假設，認為投資就是選股，那些決心要深入學習更多的人便會陷入一些花俏的術語中，像是「對沖基金」、「衍生性金融商品」和「買入期權」等。

實際上，他們的基本假設是錯的。投資不是挑選股票。事實上，你的投資計畫比你所做的個別投資都來得重要。可悲的是，大多數人都認為，投資就是必須複雜才能致富，因為他們每天都看到網路上的高談闊論。對於像你我這樣的個人投資者來說，這些選擇其實無關緊要。

這聽起來很吸引人，但當個人投資者談論如此複雜的概念時，就像兩個小學網球選手在爭論他們球拍的弦張力一樣。當然，這可能不無關係，但如果他們每天出去打幾個小時的球，他們有機會成為更好的網球員。

簡單、長期的投資絕對可行。這項主張可能會引來一些人打哈欠和翻白眼。但是決定權在你：你想花言巧語給人留下深刻印象，還是想和我一起坐上贏家寶座，一邊享受有人喂食葡萄，一邊還有人拿著棕櫚葉，替你搧風？

本書會幫你弄清楚錢到底都花在哪裡，然後把錢重新導向你想要的地方。想要存錢去中國度假？舉行婚禮？單純只想讓錢增加？這個為期六週的計畫將幫助你解決這些問題。

六週行動步驟

第一週

你將掌控信用卡，還清債務（如果你有債要還），並學習如何掌握你的信用紀錄和取得免費的信用獎勵。

第二週

將開立正確的銀行帳戶。

第三週

你將開啟一個勞工退休金個人專戶和一個投資帳戶（即使你只有 100 美元作為起步）。

第四週

你會知道你花了多少錢，然後會知道該如何主導金錢去向。

第五週

新的財務架構會讓你實現理財自動化，使你的帳戶共同發揮效能。

第六週

你會了解到為什麼投資和選股不同，以及如何毫不費力地獲得最大的報酬。

你還將學會選擇一個低成本的自動投資組合，勝過典型的華爾街投資組合，並了解如何經由建立一個系統來維續你的投資，讓你無須積極管理，你的錢財便會自動累積。另外，我還為許多具體的金錢問題提供解答，包括如何買車、如何支付婚禮費用，以及如何談判薪資。

讀完本書，你會比其他 99% 的人更會理財。你會知道要如何在不需要支付銀行額外費用的條件下開戶、如何投資、如何思考理財，以及如何洞悉網路上天花亂墜的理財文章。

致富沒有什麼祕訣，只須一步一腳印，加上一些紀律，只要稍加努力，你就能做到。現在就讓我們開始吧！

第 1 章

信用卡不只用來消費，
也能生財

你永遠不會看到印度人開著雙門跑車。真的，好好想想。如果你有一位印度鄰居——讓我們叫他拉傑——開著一輛實用的四門車，通常會是本田雅哥（Honda Accord）或豐田雅緻（Toyota Yaris）。然而，印度人不僅熱中於明智選車，還會想把價格壓到最低。以我爸爸為例，為了買一輛車，他會連著五天討價還價。我以前曾跟著他去進行為期一週的談判。有一次，當他真的要在文件上簽字時，他忽然停了下來，要求對方免費贈送地墊（價值50美元），當對方拒絕時，他就走開了。這發生在他花了五天討價還價之後。當他把我從經銷商那裡拉出來時，我目瞪口呆。

你可以想像，當我去買車時，已經被陶冶出豐富的談判功力了。我知道如何直截了當地提出無理的要求，而且絕不接受拒絕。不過，我採取的是一種更現代的方法：我沒有花一週時間從一家經銷商談到另一家，而是簡單地邀請了北加州十七家經銷商來彼此競價，而我卻坐在家裡上網，輕鬆地讀著電子郵件和傳真（真的是這樣）。（關於買車的更多資訊，見第395頁）最後，我在帕洛阿爾托找到一筆很好的交易，也即將準備簽署文件。在經銷商檢查我的信用之前，一切都進行得很順利，他帶著微笑回來，對我說：「你知道，在我見過你這年紀的人當中，你的信用最好。」

我回答：「謝謝。」但其實我想說：「我知道。」那是因為我是一個奇怪的二十多歲印度人，選擇了一輛四門雅哥當寶貝，並且還自豪自己的信用評分。

然後經銷商嗯了一聲。

我問：「怎麼了？」

「好吧，」他說：「看起來你的信用很好，但沒有足夠的信用來源。」結果是無法提供之前談過的低利息方案。我無法取得1.9%的利率，而會是4.9%。這聽來不算太高，但我拿出記事本，快速計算了一下。在我的汽車貸款期限內，差額將會超過2,200美元。由於我在這輛車上已獲得不錯的成交條件，我說服自己接受高一點的利率，於是我簽了貸款文件。但我還是很生氣，既然我有很好的信用，為什麼還要多付2,000美元呢？

大多數人都不像我這樣被養大，所以我知道你可能討厭談判。大多數美國人都不喜歡。我們不知道該說什麼、擔心被人瞧不起，然後會自問：「這真的值得嗎？」在汗流浹背下，多數人都會得出「不」的結論，然後付出了全部代價。

我有一個新觀點：並非所有事物都值得談判，但在生活中的一些領域，談判的確可獲得巨大的勝利。在這一章中，我將教你如何進攻，如何從信用卡中盡可能地獲取獎勵和好處，你要開始戰勝他們了。而且你將首次體驗到談判的樂趣。

常見的信用卡恐嚇策略

實際上，每本書中關於信用卡的每一部分，都是從這三種恐嚇策略出發。

可怕的統計數據。根據繁榮記分卡（Prosperity Now Scorecard），美國家庭信用卡債務中位數為2,241美元，學生貸款債務中位數為17,711美元。美聯儲指出，「2017年，當面臨需要400美元的緊急開支時，10名成年人中，會有4名需要借錢、賣掉東西，否則便根本無力支付。」

可怕的頭條新聞。美國財經頻道CNBC報導：「迫在眉睫的債務危機對這些美國人的傷害最大。」華盛頓郵報也有這篇文章：「一場債務危機就在眼前。」商業內幕報導：「美國的學生債務危機比我們想像的還要嚴重。」

可怕的情緒。媒體知道只要善用困惑、焦慮和謊言，他們便可以賣出頁面瀏覽量和廣告。

讀到這些恐嚇戰術，你感覺如何？多數人的反應是充耳不聞並忽略問題。

債務與恐懼相關。我不想談論這件事，不想看到整個情況，避免談論或思考這些問題。

——沃倫．科普（Warren Kopp），36歲

債務總是縈繞在我的心頭。我不能開心花我的錢，讓我很困擾。

——克里斯．貝倫斯（Chris Behrens），45歲

我記得當申請信用卡卻被拒絕時，我感到很尷尬。當討債人打電話給我時，會因為不敢接聽而感到尷尬和壓力，因為我欠了錢，但又還不起。

——艾莉森．雷諾茲（Allison Reynolds），28歲

媒體熱中於製造人們對於債務的恐懼和焦慮，就好像債務是無可避免、非常嚴重。而且他們很少提出解決方案——當他們這樣做時，他們的建議通常會是「少出去吃飯」。還真感謝這些媒體，造成負面情緒大爆炸，讓我們感到無助，感覺憤怒。應該要責備誰？我不知道，但總得有人扛。

最重要的是，我們什麼都不做，這就是「憤怒文化」的由來，讓你感到憤怒和疲憊，然後你乾脆什麼都不做。

而我有不同的方法。

別急著剪掉你的信用卡

信用卡給你價值數千美元的優惠。如果你按時付帳，信用卡可說是免費的短期貸款，可以幫你追蹤消費，比追蹤現金更容易，也可以免費下載交易記錄。大多數都提供購物的免費保固期和免費租車保險。許多還提供價值數百甚至數千美元的獎勵和積分。

信用卡也造成了許多不便。幾乎每個人都有繳滯納金、未經授權的收費或超支的經驗。不足為奇的是，許多專家對信用卡都有一種本能的反應：「使用信用卡是最糟糕的財務決定。」有人主張：「把卡片全剪掉！」對於那些想要簡單解決方案卻沒有意識到擁有多種信用來源好處的人來說，這種做法真的比較容易。

真實的信用卡介於兩個極端之間。只要你管理好，信用卡值得擁有。但是如果你在月底還不付清帳單，又將欠下一大筆利息，通常是 14%。這就是所謂的年利率，或簡稱為 APR。信用卡公司也會在你每次錯過付款時收取高額費用，通常在 35 美元左右。正如許多美國信用卡用戶一樣，你會很容易過度使用信用卡，然後發現自己負債累累。

這並不是要讓你嚇得不敢使用信用卡。事實上，我希望你負責任地使用信用卡，盡可能從中獲得許多好處，而非完全避免使用信用卡。要做到這一點，你需要改善信用卡的使用，並利用它們來打前鋒以提高你整體的信用。

到本章結束時，你將學到在不支付非必要費用的情況下，要如何榨取信用卡公司的所有價值，也會知道該如何使用信用卡來提高至關重要的信用評分。我將告訴你如何與信用卡公司談判，並揭露無人談論的祕密福利。我會教你如何最大限度地利用信用卡獲得額外津貼和現金回饋，包括如何使用積分獲得免費班機和高檔的酒店住宿。

> 當我和我的未婚妻去杜拜看望她的家人時，我給了她一個驚喜，我們在沙漠中的一個等同七星級的度假勝地住了三個晚上。我們住在一個傳統貝多因人風格的私人別墅，帶有一個私人游泳池，可以俯瞰杜拜沙漠，所有餐飲都由度假村提供。這樣的花費每晚可達 2,000 美元以上，但我使用積分取得全套免費服務。
>
> ── 內森．拉琴邁爾（Nathan Lachenmyer），29 歲

我最近訂了兩張今年秋天從舊金山到義大利度假兩週的來回機票。我使用信用卡積分，換得完全免費的機票！

——簡・菲利普斯（Jane Philipps），30 歲

在過去一年裡，我坐商務艙去西班牙，在豪華飯店住了一個星期，和女朋友搭商務艙往返泰國，還讓媽媽坐商務艙去德國，為她 80 歲父親慶生。明年春天我還打算兌換里程數去布達佩斯！

——喬丹・佩蒂特（Jordan Petit），27 歲

學生貸款是個很好的選擇。記者們喜歡報導學生債務危機，然而學生貸款可能是最好的投資之一，擁有學士學位的人平均薪資，比只有高中文憑的人多一百多萬美元。是的，負債很糟糕，許多掠奪性的大學和研究所都積極對美國年輕人撒謊，隱瞞學位的實際價值，這是一個完全不可被原諒的問題，卻得到了教育界的支持。

許多認真讀書，卻很天真的學生，被輔導員、大學甚至父母誤導，認為他們欠下的學生貸款債務會永遠無法償還。

但你可以比你所想的更快還清債務（要了解如何還清債務，見第 355 頁）。

你的大學學位肯定值得——即使你只考慮投資所產生的金錢報酬，而不包括結交到終身的好友、養成無價的遵守紀律習慣，以及展現自己是一個受過教育、有接觸到新觀念的公民。不要理會助學貸款可能帶來「危機」這類唬人的話。如果你有學生貸款

要還，你可以利用這本書中的提議來擬定還款計畫。

大多數人玩錯了遊戲。我已經和成千上萬債務纏身的人談過了。他們當中有些人曾經歷過艱難的處境，像是突發疾病、年邁的父母需要照顧等意外的開銷。但坦白說，他們當中的一些人都做錯了，他們從來沒有花一個週末讀一本關於個人理財的書，甚至不知道自己欠了多少錢！他們不努力工作，積極還清債務，卻是在一旁抱怨。這就像看著一個4歲小孩在玩大富翁，發覺到他們不懂得遊戲規則（他們從來沒讀過），然後生氣地翻桌一樣。我會教你怎麼贏。

恨透我的美國銀行

美國銀行是世界上最糟糕的銀行之一，它們恨我，因為我把它列為世界上最差的銀行之一。真是好消息！十年後，它們仍然在我的名單上，因為他們反覆搞砸我的讀者。（美國富國銀行〔Wells Fargo〕也在我的名單上）我不跟銀行做交易，我不需要他們的錢，我會為讀者推薦最好和最差的金融公司。你可以想樣，最差的公司肯定不喜歡被《紐約時報》的暢銷書所提名。

我會發現美國銀行恨我，是因為我有一位朋友在這家銀行工作。有一天，她告訴我說：「你知道你被列在美國銀行影響力名單上嗎？」我很驚訝地想：「真的是我？這種小咖？」

然後她又補充道：「這是一份黑名單。」我從未感到如此自豪。

說到學生貸款和信用卡，我的目標是讓你別再防守了。我要教你如何進攻。

對於學生貸款，你必須擬定一個積極計畫，儘量減少支出的利息。對於信用卡，我會從中壓榨出所有利益。基本上，我希望信用卡公司會恨你，就像他們恨我一樣。

最棒的是，一旦學會轉守為攻的理財，就能迅速改變你的財務狀況。

在我讀這本書的三年半時間裡，我還清了14,000美元的信用卡債務和8,000美元的學生貸款。

——里安．希利（Ryan Healey），27歲

在我開始讀這本書的過去一年裡，我開了401k帳戶和羅斯個人退休帳戶，並了解這些帳戶是如何運作，為我的退休金帳戶提存了7,200美元。我還開了兩張信用卡來建立我的使用紀錄，並提高我的信用評分，而且我還堅持每個月按時償清全部款項。

——傑夫．柯林斯（Jeff Collins），35歲

我學會了讓信用卡自動還款，建立起靈活的消費管道，並開始投資指數基金。我離開學校不到兩年，現在已經在我的「淨資產」中累積40,000美元。謝謝你的建議！

——艾米莉．鮑曼（Emily Bauman），24歲

反向操作：利用信用加速致富

當人們專注於致富時，喜歡選擇看起來特殊的投資，並使用諸如「不良證券」和「息稅折舊」及「攤銷前利潤」等花哨的術語。但他們經常忽略一些簡單、基本的東西——認為信用度似乎並不重要。很諷刺的是，信用是致富最重要的因素之一，但由於建立信用度是最基本的事情，以至於經常被忽略。該是時候清醒並重視你的信用度了，因為建立良好的信用是致富的第一步。

想想看：我們大多是以信貸方式採購，信用良好的人可以在購物上省下數萬美元。信貸對你的財務狀況的影響遠大於每天為一杯咖啡省下幾美元。信用度有兩個主要組成部分（也稱為信用記錄）：信用報告和信用評分。這些無聊的詞彙實際上可以在你的人生中為你節省數萬美元，所以聽好了，這是一個值得關注的大議題。

你的信用報告為潛在貸方提供了有關於你、你的帳戶和付款記錄的基本訊息。信用報告會追蹤所有與信貸有關的活動（例如信用卡和貸款），儘管最近的活動會被賦予更高的權重。你的信用評分（通常稱為 FICO 評分，因為是由費埃哲公司〔Fair Isaac Corporation〕創建）是一個簡單易讀的數字，介於 300 到 850 分之間，代表你對貸款人的信用風險，這就像信貸業的大學學測分數（越高越好）。

貸款方會記下這個數字，再加上其他一些資訊，比如你的薪水和年齡，來決定他們是否會把錢借給你，例如信用卡、抵押貸款或汽車貸款。他們會根據你的分數向你收取或多或少的貸款費用，這說明了你的不還款風險有多大。要取得你的信用評分和信用報告是非常容易的，所以你現在就該開始建立信用度。在台灣，每年可以向財團法人金融聯合徵信中心申請一次免費的信用報告，包括你所有帳戶和付款歷史的基本資訊。

許多人利用「Credit Karma」*（creditkarma.com）取得免費的信用評分，但是我更喜歡「MyFico」**（myfico. com）的正式信用評分，儘管要付小小的費用，但內容卻更準確。

為什麼信用報告和信用評分很重要？因為一個好的信用評分可以為你節省幾十萬美元的利息費用。為什麼呢？如果你有良好的信用，這會降低你對貸款人的風險，亦即他們可以為你提供更好的貸款利率。也許你今天不需要貸款，但三、四年後，你可能需要開始考慮買車或買房。所以請不要嘲笑或忽略你剛剛讀到的東西。富人和其他人之間的一個關鍵區別，在於富人在需要計畫之前就已經先計畫好了。

---

* Credit Karma 是成立於 2007 年的美國跨國個人金融公司，提供免費的信用評分與財務管理平台。

** FICO 信用評分公司的網站，目前其提供的信用評分為全美消費者貸款的固定指標。

圖表 1-1　信用評分與信用報告

你的信用評分是植基於：	你的信用報告包括：
付款記錄占 35% （說明你有多可靠。逾期付款會損害你的信用。）	基本身分資訊
欠款占 30% （說明你欠了多少錢、多少信用，也就是你的信用利用率）	你所有信用帳戶的清單
信用紀錄的長短占 15% （你有多長時間的信用）	你的信用紀錄，或你付款給誰，持續性如何，以及是否有任何逾期付款
新貸款占 10% （帳戶愈久愈好，因為這顯示你很可靠）	貸款金額
信貸類型占 10% （例如，信用卡、學生貸款，愈多樣化愈好）	信用查詢，誰查詢過你的信用資訊（其他貸款人）

如果你懷疑貸款利率真的有那麼大的差別，看看下一頁的表格。根據你的信用評分，看看你為三十年期抵押貸款支付的費用有什麼不同。

正如你所看到的，高信用分數可以在你的一生中為你節省數萬美元（如果你生活在一個消費水平很高的地區，則可以節省更多）。當其他人花很多時間剪優惠券，在雜貨店為購買普通品牌而傷腦筋，或者為了早上喝杯拿鐵而自責時，他們沒有看到大局。密切關注你的開支固然是好習慣，但你應該把時間花在更重要的事情上，這樣才能讓你成為大贏家。所以讓我們來深入探討該如何提高信用的策略，從量化的觀點而言，這比任何節儉的建議都更有價值。

圖表 1-2　信用評分如何影響支付金額？

200,000 美元為期三十年抵押貸款，如果你的 FICO 分數是……	你的年利率*（APR）將是……	加上利息，你總共要付……
760~850	4.279%	355,420 美元
700~759	4.501%	364,856 美元
680~699	4.678%	372,468 美元
660~679	4.892%	381,773 美元
640~659	5.322%	400,804 美元
620~639	5.868%	425,585 美元

我犯的信用錯誤是我太晚開戶，很快地我就開始使用信用卡來避免透支銀行帳戶，結果就失控了。後來我忘了要付款，也錯過了付款時間。我希望十年前我就了解信用卡會如何幫我建立信用評分，因為那樣的話，我就早就能從愚蠢的錯誤中汲取教訓，並恢復信用度了。

——JC，29 歲

* 計算於 2018 年 8 月的年利率。

用信用卡打造信用

信用有很多種形式（汽車貸款、抵押貸款等），但我們要從信用卡談起，因為幾乎所有人都有一張信用卡，最重要的是，信用卡是改善信用最快速、最具體的方式。大多數人在信用卡上至少犯過一兩個大錯誤。好消息是，經由學習一點信用卡的原理，很容易就可解決這個問題。

圖表 1-3　猜猜看信用卡融資 iPhone 要花多少錢？

信用卡最大的問題之一是使用信用卡的隱藏成本。在每家零售商刷卡可能非常方便，但如果你沒有每月付帳，你最終會欠下比你想像中更多的錢。

假設你買了這個：	支付最低還款額，需要這麼長時間才能還清：	需要負這麼多利息：*
1,000 美元 iPhone	9 年 2 個月	732.76 美元
1,500 美元的電腦	13 年 3 個月	1,432.19 美元
10,000 美元家具	32 年 2 個月	13,332.06 美元

如果你只支付購買 10,000 美元家具最低的每月還款額，你得花上九年多的時間還款，而且光是計利息成本就超過 13,000 美元，比你購買的價格更高。記住，這還不包括「機會成本」，如果你投資同樣多的錢，賺 8% 的收益，而不是花三十年時間支付購買一套 10,000 美元的沙發，這筆錢就會變成大約 27,000 美元！你可以到美國個人理財網站「Bankrate」**（bankrate.com/brm/calc/minpayment.asp.）試算一下，到底要為自己購買的東西付多少錢。

---

* 假設年利率為 14%，最低付款為 2%。

** 美國消費者金融服務公司 Bankrate 推出的個人理財網站。網站提供各種利率、保險費用、信用卡利率等金融消費品的優惠比較。

如何選擇對的信用卡？

如何選擇正確的信用卡？我在選擇自己的信用卡時有幾個簡單的規則：

- 不要接受郵寄或 GAP 或 Nordstrom 等零售店提供的信用卡優惠。
- 從你的信用卡中榨取你能得到的所有獎勵。
- 選一張好的信用卡，然後繼續過你的生活。

以下是你該如何做：

因為你用信用卡消費而得到回饋。信用卡給予的獎勵回饋有不同級別。有些回饋很基本，有些則提供數百美元甚至數千美元的年度回饋，這取決於你的支出。

首先，你得決定你想得到什麼樣的回饋，是現金還是旅遊回饋。我建議你選擇現金回饋，因為這種方式很簡單，許多信用卡提供很好的現金回饋功能，而且比需要更複雜的使用技巧，才能使利益真正極大化的旅遊回饋來得簡單。（如需了解更多有關極大化旅遊回饋的資訊，請查看「大開卡戒」論壇。）

一旦你決定了你想要的主要獎勵，你可以使用像是「Bankrate」這類網站來整理你的選項。

大多數最好的回饋信用卡都需要付費，值得嗎？只需要先花不到五分鐘時間計算再做決定。這裡有一個快速的經驗法則：如果你每月在信用卡上花費數千美元，回饋通常是值得的。但是如果你花得不多，或者你不確定是否想要付費，你可以花幾分鐘時間搜尋「信用卡回饋小算盤」快速分析一下。填入金額後，很快就能知道哪些信用卡回饋對你來說是值得的。

結論是：回饋卡是值得擁有的。但你一定要先做好功課，並選擇一張對你最有利益的卡。

不要選擇零售商的聯名信用卡。這些卡片擺明是要讓你失控。我經常在排隊時，看到有人買了 40 美元的襪子或一、兩件便宜的 T 恤。我總是會聽到這類對話。

「你想辦一張信用卡嗎？這樣可以省 10%」售貨員會這麼問，祈禱著他能達到當月的佣金目標。「對啦！就是這樣！」我咬著牙，心裡咕噥著。「閉上你的嘴，拉米特。什麼都別說，他們不想讓你先開口」。

收銀員：「我當然會選擇辦卡。為什麼不辦？又沒有什麼損失。」

對於決定要辦聯名信用卡的朋友來說，有兩點注意：

1. 一般來說，每當你說「又沒什麼損失」時，就會發生損失。我每次說這些話，都會犯一個巨大的錯誤。
2. 此人剛剛開了一張最具掠奪性的卡來節省 4 美元。上帝啊！你不妨伸手到一個骯髒的排水溝裡去找幾塊錢。

這比你最終要接受的財務打擊要來得便宜。

既然你不會跟第一個碰你手肘的人結婚，那為什麼你要只憑收銀員的幾句話，就辦一家零售商店發的信用卡？不但費用很高，利率近乎勒索，而且給你的回饋也很糟糕。至於郵寄的信用卡優惠，你通常可以在網路上搜尋並找到更好的選擇。

在網路上搜尋信用卡

信用卡行業的一個祕密是：當你在網上比較信用卡時，你已進入了一個搜尋引擎優化和會員費黑化的世界，幾乎所有在網頁上搜尋到的信用卡，都是有向業者收費。這意味著幾乎每個網站都因為羅列出向你「推薦」的信用卡而獲得報酬，而且你很難理解為什麼某些卡會受到推薦。

你通常可以在這些網站上找到非常好的卡片，但如果你是一個揮金如土的人，一定要多花幾分鐘到處瀏覽信用卡網頁。例如，當我開始計畫婚禮時，找的是最好的現金回饋卡。在某個論壇帖子的底部，我發現了一張 Alliant Credit Union 信用合作社提供的現金回饋信用卡，第一年支付 3% 的消費金額，之後支付 2%。這是市面上最好的現金回饋獎勵，但這張卡在我最初的搜尋網頁時，卻從未出現過。

我忘了付一張 25 美元的 GAP 帳單。麻煩可大了。我的信用記錄毀了，還差點被送到催收處去。六個月後，我按照流程展開行動。告訴他們這是一次性的錯誤。我記得通話代理人給了我一個寄信地址。我照做了，幾個月後，該記錄就從我的帳戶上消失了。

——保羅．弗雷澤（Paul Frazier），30 歲

我真正使用的信用卡

幾年前，我決定升級信用卡回饋。我知道差不多辦到了——我有現金回饋和旅行卡，可用於業務和個人消費——但我真的想做得更完善。隨著我的事業擴展到有幾十名員工，我的開支也隨之大幅度增加。這些回饋開始變得很可觀，我想確保自己拿到所有的回饋。

例如，在某個時點，我們每個月在廣告上的花費超過40,000美元。我知道多數人在此時不需要用到各種能獲得紅利點數的方法。但我覺得這很有趣，因此想要分享自己學到的東西。

我想知道：

- **我是否從我的支出中榨取了所有可能的回饋？**
- **我應該如何處理大型消費活動，比如婚禮或團隊聚會？**
- **我什麼時候應該使用現金回饋卡而不是旅行卡？**

最重要的是，我錯過了什麼？是不是有什麼很酷的東西，我應該要求，但我卻不知道？

要找出答案比我想像的還要難。首先，我在臉書上發文，詢問是否有人認識專家，可以查核我的支出，並對我使用的信用卡給予意見。我最初交談的人多把重點放在獲取最多積分，好去免費的旅遊上面。這雖然很酷，但並不是我想要的。

後來，我和一位叫克里斯的人打了一通不尋常的電話：

克里斯告訴我：「我的信用卡狀況很好，但是我想要更好。我知道像你和我這樣的人沒有太多的時間玩辦卡和停卡的遊戲。」

我繼續聽下去。

克里斯告訴我他是如何設計自己的信用卡，好拿到高達數百萬積分的回饋。

我很感興趣，也想知道他是否真的有策略，然後他告訴我：

克里斯：想知道我是怎麼從信用卡中榨取積分嗎？

拉米特：是的！

克里斯：如果你不需要客房服務的話，有些飯店會給你 500 積分。

所以當我一個人旅行，我會要求一間帶有兩張床的房間。我會自己換床單、換毛巾，然後我就得到了 500 積分。

當我聽到這個時，我完全被説服了。

他解釋得如此詳盡，如此熱誠，甚至連如何使用毛巾都派上用場了。我已經遇見了心目中的英雄了。

這位克里斯・哈欽斯是 Grove 公司的首席執行長（hellogrove.com），這是一家專為年輕專業人士服務的財務規劃公司。他在升級旅遊回饋方面也非常熟練。

我的目標是建立一套「範本」，讓信用卡為我的個人生活和事業帶來最大的回報。我的助手吉兒花了幾個星期和克里斯一起工作，分析我的開支和即將到來的花費。我們的目標是歸結出一套簡化的「範本」，讓吉兒可以在做購買決定時使用。整個檔案有十五頁長，但關鍵是：如果你在預訂旅遊或外出就餐，請使用旅遊卡以獲得最大的回饋。其他的，就用現金回饋卡。

我用來旅行和外出就餐的卡是美國大通銀行藍寶石儲備卡（Chase Sapphire Reserve）。其他的，我用的是一張 Alliant 現金回饋卡。在商務上，我用美國第一資本金融公司（Capital One）

的現金回饋商務卡。為了獲得額外的福利，我有一張美國運通白金卡。

結果是我每年獲得數千美元的現金回饋，數百萬回饋積分，以及一個新的人生座右銘：MBWOSIS

My Body Will Only Sleep in Suites.（我只住套房過夜）。

別太為信用卡瘋狂。現在你已進入信用卡市場了，可能會被眾多的信用卡優惠所吸引，但是不要過度執迷了。你應該擁有多少張信用卡並無定論，但每多拿一張卡，就意味著個人的金錢系統更加複雜了，會有更多事情要追蹤，也會有更多地方會出錯。根據經驗法則，擁有2到3張就好（但美國人平均有4張信用卡）。

我在網路上的商業檔案沒有我的最新地址，所以我從來沒有收到過對帳單。34個月來，我的銀行帳戶被收取了60美元。我不去理睬，也未去調查，只希望它自動消失。我很自負，以為我可以強迫他們免除這些費用，因為我們之間存在客戶關係。後來我終於下定決心去調查一下，走訪了分公司，打給5個不同部門電話。但都沒有下文。一言以蔽之，我最終花了2,000美元才還掉這筆原本累積到3,000美元的欠款。這完全毀了我的信心。我停掉所有11張卡，只留下大通卡。嚴格來說，我仍然「占了便宜」，但一想到我其實不必支付2,000美元，這是100%可以避免的，且完全在我的控制之下，我便感到十分糾結。

——哈桑．艾哈邁德（Hassan Ahmed），36歲

記住，除了信用卡，還有其他的信用來源，包括分期貸款（如汽車貸款）、個人信貸額度、房屋淨值貸款和服務性信貸（例如公用事業）。你的信用評分是基於你的整體信用來源。FICO 公司的克雷格・瓦茨警告說：「慢慢來，不要為了信用度而刻意開特定數量的貸款，信用評等而是取決於信用貸款的時間。信用報告中的訊息越少，每份新報告的重要性就越高。例如，如果你的名下只有一張信用卡，當你開另一個帳戶時，這一開戶行動會超過十年後的信用度。」簡言之，挑選兩、三張好卡，理智地運用以取得最多的回報，記住這些卡只是你整體財務架構的一部分。

信用卡的六個忠告

現在該是採取攻勢的時候了，好好充分利用信用卡吧。你的信用度會提高，同時會因為消費行為，而自動獲得回饋。改善信用是一個多步驟的過程。其中一個最重要的因素是擺脫債務，我們將在本章的最後討論這個問題。但首先，我們得設定信用卡自動付款，這樣你就不會再錯過付款了。然後，我們要了解如何削減費用，獲得更多的獎勵，並竭盡所能從信用卡公司獲得回饋。

1. 按時繳清卡費

是的，我們都聽說過，但你可能不知道的是，你的債務償還歷史占你信用評分的 35%，也是最大的一部分。事實上，你能做到最重要的一件事就是按時付帳。無論你是全額支付信用卡帳單，還是想惹我生氣只支付一部分，你都要按時支付。放款人喜歡即期付款的人，所以不要只因為延遲了幾天付款，就讓信用卡公司有機會提高你的利率和降低你的信用評分。這是一個很好的例子，專注於使你變得富有的東西，而不是性感的東西。

想想你的朋友，他們搜尋每一個網站，以獲取最好的旅遊或服裝優惠。他們可能會很興奮省下了 10 美元，也可能向每個人吹噓他們拿到所有特價優惠——但是，經由理解信貸的無形重要性，按時支付帳單，並獲得更好的信用評分，你將悄悄地節省成千上萬的資金。大多數人現在都在網路上支付信用卡帳單，但是如果你還沒有設定自動付款，現在就登入你的信用卡網站去設定。

可怕的後果

如果你錯過了一次信用卡付款，你可能要面對以下四種可怕、恐怖、非常糟糕的結果：

1. 你的信用評分可能下降超過 100 點，這將使平均三十年固定利率抵押貸款每月增加 227 美元。
2. 你的年利率最高可以提高 30%。
3. 你需要支付滯納金，通常約為 35 美元。
4. 你的逾期付款也會引發其他信用卡的利率調漲，即使你從未積欠過這些卡款（我覺得這真是太神奇了）。

不要太驚慌，你可以從這些打擊中恢復你的信用分數，而且通常在幾個月內就可以辦到。事實上，如果你只是晚幾天付款，你可能會被課一筆費用，但一般不會被呈報到徵信中心。見第 70 頁，了解如果你錯過付款時該怎麼辦。

注意：如果你的支票帳戶中沒有足夠的錢來支付信用卡上的全部金額，不要擔心。每月付款前，你都會收到信用卡公司的對帳單，你可以根據需要調整自己的付款。

我完全忘了信用卡的到期日。所以，他們不僅向我收取滯納金，而且還收取當月和上月購物的利息。我打電話給信用卡客服，表示我以前是個好客戶，問他們能不能幫我處理這筆費用。服務人員幫我免除了滯納金，還把 20 美元的利息費用退回到我的帳戶上。結果我只打了一通電話，他們就退回 59 美元。

——艾瑞克．亨利（Eric Henry），25 歲

2. 盡量免除年費

這可能是改善信用卡的良方，因為信用卡公司會為你完成所有的工作。打信用卡背面的電話號碼給他們，詢問你是否得付任何費用，包括年費或服務費。你們的對談會如下：

你說：您好，我想確認一下我沒有任何信用卡費用得支付？

信用卡服務人員：嗯，看來您有一筆 100 美元的年費。實際

上這是我們較優惠的收費之一。

你說：我不想支付任何費用。您能幫我免除今年的年費嗎？

前文我提到過，支付回饋卡的年費其實是值得的，不過還是可以問信用卡公司是否可以免除年費。請記住，信用卡公司之間競爭激烈是對你有利的條件。在新的年費生效前一個月給他們打電話，要求免除。當然這有時會有用，有時則行不通。

如果覺得你的信用卡費用不值得，問信用卡公司可以為你做些什麼。如果他們決定不收你的費用，那真是太棒了！如果沒有，那就換成免年費的信用卡。我建議你在同一家信用卡公司這樣做，除了比較方便外，這樣你就不必關閉一個帳戶，再另開一個帳戶，這會暫時影響你的信用評分。

3. 協商降低年利率

你的年利率或年百分率，就是信用卡公司向你收取的利息會在 13% 到 16% 之間波動，真是太高了！如果你的信用卡上有餘額的話，代價會非常昂貴。換句話說，你在股票市場上的平均收益率約為 8%，借錢給你的信用卡公司根本就是大賺你的錢。如果你能得到 14% 的報酬，你一定會很興奮。你會想要避免落入支付信用卡利息的黑洞，這樣你才能賺到錢，而不是把錢付給信用卡公司。

所以，打電話給信用卡公司，讓他們降低你的年利率。如果他們問為什麼，告訴他們你在過去幾個月都按時全額支付帳單，而且你知道有許多信用卡提供的利率比你目前所獲得的要好（有關範例，見第 67 頁）。根據我的經驗，這種方法有一半的機會奏效。

值得注意的是，如果你每月都付清全部帳單，則年利率對你就不重要。信用卡實際年利率可能是 2% 或 8%，但這無關緊要，因為如果每個月都支付全額帳單，你就不必支付利息。這是一個簡單快捷的方法，只要打一通電話，就立刻可以享受好處。

讀了這本書，光是利息，我大概就省下了 15,000 到 25,000 美元。我曾和信用卡公司協商過汽車貸款、學生貸款、住房貸款等。

—— 萊拉・納特（Lyla Nutt），30 歲

4. 長期持使用同一張信用卡

貸方喜歡看到長久的信用記錄，意即你擁有一個帳戶的時間越長，對你的信用評分就越有價值。不要被辦新卡可享優惠和低廉的年利率所吸引——如果你對目前的信用卡滿意，就留著用吧。如果你的信用卡一直閒置不動，一些信用卡公司會取消你的卡。為了避免很少使用的卡被停用，可以設定自動付款。例如，我設定一張信用卡，固定每月從我的支票帳戶支付 12.95 美元的訂閱費，我完全不必作任何行動。我的信用報告顯示出我持卡超過五年，這讓我的信用評分提高了。安全使用法則：如果你有一張信用卡，你至少每三個月使用一次自動付款，讓信用卡保持使用紀錄。

如果你錯過付款該怎麼辦？

沒有人是完美的，儘管已經警告過了，但我知道意外還是會發生，你可能會在某個時候錯過付款。當這種情況發生時，我會發揮我的印度傳統精神，運用與信用卡公司談判來打敗他們，你也可以辦到：

你：你好，我發現我錯過了一筆付款，我想確認這不會影響到我的信用評分。

信用卡專員：讓我查一下。不，我們會收取滯納金，但不會影響到你的信用評分

（注意：如果你在錯過帳單的幾天內付款，通常不會被呈報到徵信機構，但請務必確認。）

你：謝謝！我真的很高興聽到這個消息。但是關於那筆費用……我知道我遲付了，但我希望可以豁免。

信用卡專員：為什麼？

你：我是不小心的。以後不會再發生了，所以我希望你取消這筆費用。

（注意：句子結尾要有力。不要說「你可以把這個取消嗎？」，要說「我希望你把費用取消。」）如此一來，你有過半的機會能把這筆費用拿回來。不過，萬一你遇到特別難對付的專員，試試以下方法：

信用卡專員：非常抱歉，但是我們無法退還該筆費用。我可以試著給你我們最新的……（然後是一大堆推銷）。

你：抱歉，我已經當了你四年顧客了，我不想因為這筆費用就取消你的卡。要怎麼做你才能取消這筆延滯費用呢？

信用卡專員：讓我查一下。我可以免去這次費用，我已經把它記入你的帳戶了。

取消費用就是這麼容易，任何人都能做到。

現在有個棘手的問題：如果你決定換一張新卡，你應該停用舊卡嗎？這些年來我改變了我對這問題的看法。

我建議最明智的做法是盡可能的長時間使用信用卡。但是如果你有很多從未使用過的卡片，你得重新考慮一下。我的一些讀者開了二十多張卡想要獲取回饋，但現在他們卻無法追蹤所有卡片。此時，就必須在風險與報酬、簡單與複雜之間做出抉擇。有很多建議會警告你不要停用信用卡，但只要你按時支付餘額並擁有良好的信用，停用一張舊卡並不會對你的信用評分產生重大的長期影響。

客觀地思考：對大多數人來說，擁有兩到三張信用卡是最佳狀態。如果你出於特殊原因需要擁有更多卡，例如，如果你擁有一家公司，或有意透過暫時持卡取得最多獎勵，那就可行。 但是，如果你發現自己所擁有的卡數已經太多，請停用閒置的卡。只要你有良好的信用，這對你的長期影響將是微乎其微，你也可以安枕無憂，有了一個簡單的金錢系統，你就可以輕鬆追蹤。

5. 增加信用額度

（警告！這只有在你沒有債務的情況下才這樣做。）這是違反直覺的，為了解釋清楚，我不得不談到以前的個人理財課程。很多人並沒有意識到這一點，但在80年代胡椒鹽合唱團（Salt-N-Pepa）經典歌曲〈動起〉（Push It）中，他們說舞蹈並不適合所有人，「只適合性感的人」，這句話也可以用來形容一個健全的個人理財策略。

在我解釋之前，想先承認我的確在一本已出版的書中引用了胡椒鹽合唱團。無論如何，當胡椒鹽合唱團談論到「只適合性感的人」時，他們真正的意思是「這項建議僅適用於對財務負責的人。」我認真看待這項警告，更多的信用貸款只適用於那些沒有信用卡債務，而且每個月都付清帳單的人，並不適用於其他人。

這牽涉到取得更多的信用額度來改善信貸利用率，也就是你所欠的債務除以可用的信貸額度。這占你信用評分的30%。例如，如果你欠了4,000美元，而你總共有4,000美元的可用信貸額度，那麼你的使用率是100%（4,000美元 ÷4,000美元）×100，這是不好的。但是，如果你只欠1,000美元，但有4,000美元的可用信貸額度，那麼你的信貸使用率會好得多，只有25%（1,000美元 ÷4,000美元）×100美元。使用率「低」比較好，因為貸方不希望你經常花掉所有可用的信貸額度——你很可能會違約，完全不付欠款。

要提高信貸利用率，你有兩種選擇：停止在信用卡上背負太多債務（即使你每月還清債務）或增加可用信貸總額。因為我們已經說過了，如果你這樣做，你就沒有債務負擔，剩下要做的就是增加可用信貸額度。

方法如下：致電你的信用卡公司並要求增加信用額度。

你：您好，我想申請增加信用額度。我目前有 5,000 美元，我想要 10,000 美元。

信用卡專員：您為什麼要求增加信用額度？

你：在過去的 18 個月中，我都全額支付帳單，我最近要購買一些東西。我想要 10,000 美元的信用額度。你可以批准我的要求嗎？

信用卡專員：好，我已申請增加您的額度。應該在 7 天內就可使用。

我每 6 到 12 個月就要求新增信用額度。記住，30% 的信用評分是由你的信用使用率決定。為了改善你的信用，首先要做的就是還清你的債務。只有在還清了債務後，才應該要求新增你的信用額度。很抱歉重複一遍，但這很重要！

我和老公上大學時，總會拿免費的 T 恤或其他東西，我們的信用卡限額也很合理（500 美元）。我沒有收入，但當時這似乎並不重要。但我在很短的時間內就把我的限額提高到 2,000 美元！ 只不過我不夠負責，不但付了數千美元的利息和滯納金，還連帶破壞了我的信用評等好幾年。我們花了很多年才還清這筆債務。我所購買的其實都不是真正必要的。

—— 蜜雪兒．米勒（Michele Miller），38 歲

6. 使用信用卡的祕密特權！

在我進入獎勵計畫之前，我得要先說，就與汽車保險一樣，

如果你是負責任的持卡人，你可以從你的信用獲得大量優惠。事實上，對於信用良好的人，我可以提供很多建議。如果你屬於這一類，你應該每年給信用卡和貸款機構打一次電話，問他們你有資格享受哪些優惠。通常，他們可以免收費用，提供信貸額度，給你一些別人無法獲得的私人優惠。打電話給他們，運用以下對話：

「嗨，您好。我查了我的信用狀況，發現我的信用評分為750分，這非常好。過去四年來，我一直是您的客戶，所以我想知道您可以給我什麼特別的促銷和優惠……我想到的是您為了保留客戶而提供的免除費用和特別優惠。」

如前所述，信用卡還提供了獎勵計畫，可為你提供現金回饋、機票和其他優惠，但大多數人不會利用他們本來可獲得免費優惠。例如，當我不得不坐飛機去威斯康辛州一個不知名的小鎮參加一場婚禮時，我使用信用卡的旅行回饋省下六百多美元。這是一個很簡單的例子，但實際上還有更多的回饋，你知道信用卡會自動為你提供驚人的消費者保護嗎？以下是一些你可能不知道的例子：

- 自動保固加倍：大多數信用卡會延長你購買產品的保固期。所以，如果你買了一支 iPhone，在蘋果的保固期過期後就壞了，信用卡仍然可再提供一年保固。幾乎每一張信用卡在每次消費時，都會自動提供這項服務。
- 租車保險：如果你租了一輛車，不要讓租車商賣你額外的碰撞保險，完全沒有價值！現有的汽車保險已有保障，再加上信用卡通常可以提供高達50,000美元的保險就已足夠了。

- 旅行取消保險：如果你預訂了度假機票，後來因病無法成行，航空公司會向你收取高額的費用，之後你才能重新預訂機票。此時只要打電話給信用卡公司，要求旅行取消保險理賠，他們會為你每次變更旅行支付3,000至10,000美元的費用。
- 禮賓服務：當我拿不到洛杉磯愛樂樂團的門票時，我打電話給信用卡公司，要求禮賓專員幫忙找。兩天後，他幫我拿到門票並給我回了電話。雖然他收取很多費用，但在沒有人能拿到票的情況下，我卻拿到了。

最重要的是，信用卡會自動追蹤個人消費紀錄，讓下載軟體和分類消費品項變的十分簡單。由於這些原因，我幾乎將所有購物支出都放在一張信用卡上，特別是那些大筆的消費。

最重要的是給你的信用卡公司打電話，讓他們將完整的回饋清單寄給你，然後就充分利用吧！

我們用積分支付了整整三週的蜜月費用，包括從紐約到拉斯維加斯的頭等往返直飛機票、威尼斯人酒店的豪華套房、豪華汽車租賃以及所有其他住宿、景點和食物（是的，甚至還包括食物）。我們真的一分錢也沒花（回家時還剩了200美元。謝謝，賺翻了）！

——特·羅密歐（Te Romeo），34歲。

我和我的另一半每年都去夏威夷和義大利、歐洲，幾乎完全靠積分就取得。看起來我們住的地方都是很大、很奢華，但我們最後一次去義大利的 9 天旅行花費了 350 美元，這是因為我們在錫耶納最喜歡的飯店不收任何積分。

——羅賓．金尼（Robyn Ginney），45 歲

要避免犯錯

關閉帳戶前要先想清楚。如果正在申請一筆汽車、住房或教育之類的大額貸款，不要在申請貸款後的六個月內關閉任何帳戶。申請時，信用評分盡可能需要多一點。

但是，如果知道開著帳戶會吸引你消費，而你想要關閉信用卡來防止這種情況發生，那就這樣做吧。你的信用評分可能會受到輕微影響，但是隨著時間流逝，還是會恢復，這比發生超支好得多。

記錄與信用卡公司的通話

對你來說不幸的是，信用卡公司非常擅長用很扯的滯納金來增加收入。對於他們來說不幸的是，我會提供你一個辦法來讓他們吐還這些費用（見第 67 頁）。免於被收費的最佳方法之一，就是記錄你每次打給金融機構的電話，包括打給信用卡公司、銀行

和投資公司。當我打電話提出異議的同時，會打開一個試算表，上面詳細記錄了我上次打電話給他們的時間、與誰交談，以及解決了什麼問題。要是罪犯像我一樣勤奮就好了。

你可以製作一個試算表（如下）：

信用卡公司通話紀錄				
通話日期	時間	服務專員的性	專員的編號	註釋

無論何時，當你因帳單上的爭議打電話時，本來你可能不會相信只要提出上回打電話時，接話專員的名字、談話的日期和通話記錄，就會產生強大的威力。然而其實大多數的信用卡專員當下都會意識到你是有備而來的，就會讓步。

使用這招會讓你比其他 99% 的人有更充分的準備，在對付信用卡公司或銀行時，你更有可能會得手。

對收費提出異議：如何動員信用卡大軍

有一次，當我想要取消手機服務時，他們告訴我還有 160 美元的費用。

「為什麼？」我問，等著他們回答……

「這是提前取消的費用。」

我知道自己沒有合約，而且在很久之前，就已經談妥了提前取消契約的費用。手機公司常利用這種手段賺了很多錢，他們希望客戶會感到沮喪、進而投降並付錢，但我卻不吃這一套。自從三年前這家公司開始試圖敲詐我，我就一直記錄著和他們每一次的通話。這名客服專員很有禮貌的堅持說無法取消收費。

真的是這樣嗎？以前我也聽過同樣的說法，所以我拿出前一年寫的筆記，禮貌地大聲念給她聽。當我一開始讀，就感覺到對方態度的變化。不到兩分鐘帳戶就清理好了，我掛斷了電話。太神了！還真是謝謝她！

我希望如果這就是故事的結尾那就太好了。然而手機公司告訴我他們不會收費。但他們還是要收費。到了這個地步，我已經受夠了，我必須出招了。

很多人不知道信用卡能為消費者提供極好的保護。這也是我鼓勵每個人使用信用卡（而不是用現金金融卡或轉帳卡）購物的原因之一。我打電話給信用卡公司，說明我對一筆費用有疑慮。他們回道：「您的住址和金額是多少？」當我描述在這家手機公司發生的事時，信用卡公司立刻給了我一個臨時的信用額度，我照他們的提議寄回投訴表格。

兩週後，對手機公司的投訴解決了，結果是我贏了。

請記住當發生這種糾紛時，不管是哪一間信用卡公司都會為你對抗商家。將來若購買時出錯，信用卡就可以派上用場。

管理債務以避免你的信用評分受損。FICO 的克雷格・沃茨說：「如果只是關閉了一個清償了所有債務的帳戶，信貸使用率並不會變。信用分數就不會受到影響。」例如，如果你有兩張信用卡，每張信用卡的信用額度是 2,500 美元，那麼你的信貸使用率是 20%（1,000 美元的債務，5,000 美元的總信用額度）。如果停用其中一張卡，信用卡使用率會突然上升到 40%（1,000 美元的債務，2,500 美元的總信用額度）。但如果還清 500 美元的債務，使用率將是 20%（500 美元債務，2,500 美元的信用額度），信用分數就不會改變。

不要玩零利率轉移遊戲。有些人已經開始玩零利率轉移遊戲，利用餘額轉移或提取現金從信用卡中獲利。他們利用剛開啟信用卡時，會獲得的零利率優惠（經常只有前六個月），然後用低利率卡借錢，並將這些借款存入高利息的儲蓄帳戶中賺取利息。實際上還有些人將錢投入短期存單，甚至股市中。最後在按照最初的計畫還款，並賺取利息。

零利率的信用卡遊戲根本是在浪費時間。雖然一年下來可以從中賺到幾塊錢，甚至幾百塊錢，但是並不值得浪費時間、冒著過程中可能產生的風險，最後還很可能搞砸信用記錄。

最重要的是，這種遊戲只能帶來短期的成果，而且會分散注意力。最好能夠建立一個專注於能長時間增加的資產的個人理財架構，而不是為了眼前多賺幾塊錢。戴夫・拉姆齊是一位很受歡迎的個人理財作家和電台主持人，他專門幫人擺脫債務。

他說：「在我做理財顧問的這些年裡，我見過成千上萬的百萬富翁，但我從未見過一位聲稱他是靠發現信用卡紅利點數而致富的。」

不！我的信用分數下降了

有一些讀者太擔心信用評分了。如果信用評分突然下降，首先要做的是取得一份信用報告和評分來找出原因（見第 54 頁）。重要的是要處理分數下降，只需隨著能提高信用度的正面資訊產生，像是一直按時支付帳單，信用評分就可以立即開始恢復，所以要明智且始終如一地管理信用狀況。正如 FICO 的瓦茨所說：「這些分數會自然地緩慢增長。不然你認為 80 年代中期人們的信用評分是怎麼來的？就是因為長年持續的管理信貸。」

不要浪費時間追求利差

我部落格有一位讀者麥克，寫信告訴我，他將資金從一個帳戶轉移到另一個帳戶，以爭取高一點的利率。雖然他使用的是儲蓄帳戶，而不是信用卡，但情況非常相似。

麥克承認：「我是那種追逐利率的人，所以（利用 40,000

美元的緊急儲蓄存款）我的利息收入一直比貨幣市場帳戶*高出0.65%到0.85%之間……每年可以多賺300美元利息，這絕對值得我每4到6個月換一次銀行。」

我回答：「麥克，既然你夠聰明把40,000美元存進應急基金帳戶中（順便一提，這點真是令人印象深刻），我敢打賭，你也應該夠聰明，會把時間花在比每年多賺300美元更好的事情上，像是可以持續賺錢的地方。原本的做法每天只賺0.82美元！還不如花同樣的時間來改善你的資產配置（見第286頁）。光是這小改變，每年可能就能賺進數千美元，可以做些副業？或者多陪家人？我不知道你看重什麼，但在我看來，上述的任何一項都超過一年賺300美元的價值。

尤其是對於像你這樣已經遙遙領先的人。這只是我的兩分錢……大約是你今天賺進的四十分之一（對不起，忍不住說出口）。」

雖然改善資產配置可能不像從一個帳戶跳到另一個帳戶，就能多賺幾塊錢的成果那麼明顯，但從長遠來看，把注意力集中在大贏面上才會讓你真正致富。

* 貨幣市場帳戶（Money Market Account）是一種需要銀行支付利息的存款帳戶，提款時需要臨時通知（也有部分銀行不需要）。它是美國即時存款帳戶的一種，受到美國聯邦儲蓄帳戶法規的約束，例如每個月有交易限制。

越來越多的卡債

從統計學的角度來說，負債是「正常的」，但是想想看：欠錢比你擁有的還多，真的正常嗎？也許你是為了某些東西，比如房子或者教育，但是如果是用信用卡亂買東西呢？

有些人將債務區分為「好債」和「壞債」，這取決於債務是隨著時間的推移而升值（教育）還是貶值（汽車），而其他人則完全鄙視債務。不管怎樣，大多數人都有很多債務，而負債的感覺不太好。

在此想先談大多數人都會面臨的兩大類債務：學生貸款和信用卡債務。就從所有人都知道欠債是不好的事實開始談起。事實上，大家早就知道該怎麼處理債務，但是到底為什麼還是欠債呢？答案不僅僅是「錢」，還有心理學。

知道要先還債，但為什麼做不到？

我可以提供有關信貸的所有資訊，但是在掌握金錢心理學前，這些都無濟於事。這就是為什麼有那麼多人「知道」了所有資訊，但仍然負債累累，或是堅持持有那些讓他們損失了數千美元費用和失去回饋的糟糕信用卡。

是什麼阻止了他們？並非缺乏知識，而是其他因素。金融心理學教授布拉德．科隆茨（Brad Klontz）博士（yourmentalwealth.com）創造了「金錢潛台詞」一詞，用以描述「典型的無意識、跨世代的金錢信念」，這些信念在童年時期就已發展，並促成了現在的行為。

這些信念非常強大，一旦認識了它們，可能就會更了解自己的行為。

圖表 1-4 是有關債務最常見的潛台詞。

該死，太讓人沮喪了。但我把這些例子包括進來，讓你瞧瞧這些金錢潛台詞是多麼的陰險和強大。

這些潛台詞會轉變成非常奇特的行為。人們「知道」他們沒有以正確的方式處理他們的金錢，但他們會繼續做多年一直做的事。在外界觀察者看來，這似乎令人費解：「你都欠債了！為什麼還要花 800 美元去週末旅行？」

但人們並不是純粹理性的。事實上，金錢潛台詞解釋了為什麼這麼多負債的人逃避拆開他們的郵件。你可能會說：「打開你的帳單！還清債！沒那麼難！」但是，如果你已經被二十多年來告訴自己的故事所磨礪淬煉的話（「帳單 = 壞事」），那就很難改變了。我寫本書的目的是告訴所有人的金錢故事可以改變。

你對自己講的關於債務的故事是什麼？

圖表 1-4　信用卡債務的潛台詞翻譯表

潛台詞	翻譯
「沒那麼糟。每個人都有信用卡債務。至少我沒有蜜雪兒那麼多債務。」	人類天生就喜歡把自己和別人作比較。有趣的是，我們的處境越糟糕，我們就越需要以別人來自我安慰，我們其實並沒有那麼糟糕。這不會改變我們的處境，但自我感覺會良好許多。
「我也許不該買這個，但 100 美元和我欠的錢相比只是九牛一毛。噢，還是買了吧⋯⋯。」	一旦問題足夠大，我們會把任何單一的改變合理化為「不夠大」（在現實中，真正的改變是經由小小的、一致的步驟所產生的）。以此而論，那些負債累累的人和那些超重的人的決策有很多相似之處。
「支付利息和其他費用都一樣。」	這就是「合理化」，或者說暗示自己為債務支付利息實際上並不那麼糟糕的想法。我從未遇到過說出這種話的人，同時還了解 14% 利率意義的人。
「這些信用卡公司只是想陷害你。」	這就是不為個人決定負責的藉口。在周圍親友也負債累累的人中，也很常見。是的，信用卡公司的確希望你支付大量的費用，但你得為自己的決定負責，是你作出這些決定，才讓自己負債累累。在你承擔責任之前，信用卡公司會是最方便的歸究責任敵人。
「我甚至不知道我欠了多少錢。」	注意到這句台詞已轉換到一個更絕望的台詞。據我估計，超過 75% 的負債人不知道自己到底欠了多少錢。因為真相太慘痛了，所以他們選擇忽視。但事實上仍有能力確認問題並擬定計畫。
「我只能盡力而為。」	這是最絕望的台詞。這個人實際上是在說，「我無法控制我的財務狀況」和「債務就這麼發生了」，而不是承認自己該負責任。一旦有人這麼說，他們就很難改變了。

人們不知道他們欠了多少債

「顯然美國人甚至都不知道自己欠了多少錢，」《紐約時報》的賓亞明．阿佩爾鮑姆（Binyamin Appelbaum）寫道：「只有 50% 的家庭承認他們有信用卡債務，但信用卡公司卻說有 76% 的家庭欠他們錢。」

這似乎很難讓人相信，但根據我的經驗，大多數人都不知道他們到底欠了多少錢。我每天都會收到很多負債的人寄來的電子郵件，當我問他們欠了多少錢時，不到 25% 的人知道；當我問他們的還債日期是什麼時候，95% 的人不知道。

我對欠債的人很同情。有些人生活艱難，有些人不明白信用卡是怎麼運作的，有些人的債務分散在多個信用卡和學生貸款帳戶上，幾乎每個人都在盡力還債。

但我不同情那些沒有計畫就抱怨的人。有計畫代表，如果負債累累，就應該要知道欠了多少錢，以及債務會在什麼時候還清，然而幾乎沒有人這樣做。計畫能將債務從一個「火熱」的情緒性話題變成一個「很酷」的數學問題。就像我在商務課上說：「這不是魔術，而是數學。」這不管對建立一個企業，還是對償還債務都相同。

最重要的是，一個計畫能讓你掌控一切。可能要 3 個月還清債務，也可能需要 10 年！但是一旦有了一個計畫，並且用這本書的其餘章節來讓計畫自動化，你就會知道你正步上富裕之路。讓我來教你怎麼做！

簡單擺脫學生貸款

我不會騙你說擺脫學生貸款的債務真的很簡單。一般學生畢業時都有 30,000 美元的債務，但我很多朋友畢業時都有超過 100,000 美元的貸款。不幸的是，你無法僅僅揮舞一根魔杖就讓債務消失。事實上，即使宣布破產，仍然要償還學生貸款。然而，即使有巨額的學生債務，我也希望你能注意每月的還款額。因為貸款數額如此龐大，就算每月多還 100 美元也能節省你數年的還款。

讓我們來看一個例子。我的朋友托尼有 30,000 美元的學生貸款債務。如果他在 10 年內還清貸款，月付金額將是 345.24 美元，代表他只需要支付略高於 11,428.97 美元的利息。但如果他每月多付 100 美元，他就變成只需支付 7,897.77 美元的利息，在 7.2 年內就可還清貸款。

我們大多數人都有學生貸款，每個月都會收到一張帳單，然後我們會聳聳肩。雖然對貸款負擔感到沮喪，但並不確定我們能做些什麼，不過你猜怎麼著，貸款的支付方式可以改變。

首先，為了要激發你採取行動還清學生貸款，請試算出支付不同的金額，會如何改變欠債總額。

第二，我想鼓勵你每月至少多投入 50 美元來償還債務。有意識地努力還清債務，在心理上就是一種勝利，而且你也可以更快地專注於投資。請確保採用自動付款，直接從支出帳戶中取款，這樣甚至不必看到金錢支出（見第 5 章）。

網路上最常見的關於儲蓄和債務的評論

我在某個網絡論壇上見過這種對話無數次。

有人發了一篇文章，說的是普通人在 35 歲、40 歲和 50 歲時應該存多少錢。底下有八千多條留言都是在抱怨資本主義、地緣政治和嬰兒潮一代。

想支持的留言者說：「好吧，你可以存 10% 的錢，然後開始投資。」

500 名憤怒的留言人說：「哈哈！存錢？我是住在一個紙箱裡！我們誰都不可能存錢。」（200 萬人點讚）

支持的留言者說：「嗯，你可以從每個月存下 20 美元開始。」

憤怒的留言人說：「也許你可以每月存下 20 美元。但我一年連 50 美分都存不了。」

支持的留言者說：「很遺憾聽到這個。不管怎樣，當我開始存一點錢的時候，就拿了一部分來投資。如果你假設 8% 報酬率，那意味著幾年後就……」

憤怒的留言人說：「8% ？？？笑死人了！是的，我很想得到 8% 報酬率。我投資了一個垃圾填埋場，在過去的九年裡我得到了 0.0000023% 的收益。哈哈，8%，一點都沒錯。」

支持的人留言說：「嗯，標普 500 指數平均報酬率為 8%，包括通貨膨脹率。你可以利用指數基金直接投資市場。」

憤怒的留言人說：「什麼？真的嗎？你能給我一個連結，讓我知道更多資訊嗎？」

憤怒的人把時間花在網路論壇上抱怨，花了幾十年的時間支付數千美元的利息，但他們卻從來沒有讀過一本關於個人理財的書。你可以做得比他們好。

最後，如果你發現無論怎麼計算，都無法在任何合理的時間內還清貸款時，是時候給你的貸款人打電話了。我在同意不過要與他們通話。看看你一直忽略的每月帳單上的電話號碼，打給他們徵求意見。從「我這個月付不起錢」到「我有五筆不同的貸款，我想合併它們」，貸款人什麼都聽過了。所以你要問的是以下的問題：

- 我每月多付 100 美元會怎麼樣？」（你也可以代入適合你的數字。）
- 「如果我將貸款期限從 5 年改為 15 年會怎麼樣？」
- 「如果我付不起未來三個月的貸款怎麼辦？」

你的貸款人對所有這些問題都有答案，而且很有可能幫你找到一個更好的方式來安排你的還款。通常他們會幫你改變每月還款金額或時間表。想想看只要打一個電話，就能省下幾千美元。

我再融資私人學生貸款 10,000 美元，利率從 8% 降到 6%，這樣在貸款期間內，我可以節省大約 2,000 美元。

——丹・布爾曼，28 歲

我打電話給納維（Navient）公司，把我的學生貸款從二十年期改為十年期。我不知道這有什麼區別，結果為我節省了一萬多美元。只是每月需要多付 50 美元。

——萊拉・納特，30 歲

有卡債怎麼辦？

大多數人不會一夜之間陷入嚴重的信用卡債務。相反地，債務都是逐漸惡化，直到他們意識到問題時，已經變的很嚴重了。如果最終陷入了信用卡債務的泥淖，似乎無法挽回。當觀看《菲爾博士》*時，總會想為什麼答案如此明顯，那些人卻不知道如何解決問題。「是的，你應該離開他！他已經八年沒工作了！他看起來面目可憎，你瞎了嗎？」

在意識到債務可以還清的那一刻

我問我的讀者，是何時意識到自己可以還清債務。以下是其中一些人的說法。

對我來說，最重要的轉捩點是當我開始認真交女朋友時。她掙的錢只有我的三分之一，但她存了大約一年的薪水。我很慚愧自己有 40,000 美元的債務，所以我開始應用本書的原則來償還債務，並在兩年內完成了這項任務。

—— 肖恩．威爾金斯（Sean Wilkins），39 歲

債務是我「習以為常」的東西 —— 我的生活方式都是只看眼前、處於被動，而不是計畫好的。我已經習慣了月光族的生活，從沒有體驗過自主做出經濟抉擇的自由。現在金錢對我只是項工

---

* 本名為費爾麥格羅（Phillip Calvin McGraw），是美國電視名人，電視節目《菲爾博士》的作者和主持人。

具，我不再是金錢的奴隸了。

——戴夫．溫頓（Dave Vinton），34 歲

哦，天哪，背債真是糟透了。我記得為此哭過幾次。我欠了州立大學的債，9,000 美元隆胸，3,000 美元買床墊，還有我習慣每天在商場瘋狂購物。我是如此的不快樂，而且不知所措。當我選擇改變我的生活時，你的書是我買的第一本書，它真的把我喚醒了。讀了這本書，我感覺人生中開始有錢了，哈哈。我現在完全沒有債務，而且也開啟了羅斯個人退休帳戶。

——斯蒂芬妮．格諾斯基（Stephanie Ganowski），27 歲

我缺乏自信，感覺自己無法充分利用生活中的一切。在讀了這本書之後（現在已無欠債），我更有信心，也能把錢花在我看重的經驗、人和事物上。

——賈斯汀．卡爾（Justine Carr），28 歲

但當是自己的問題時，答案似乎就不那麼簡單了。該怎麼辦？如何管理日常財務？為什麼事情會越來越糟？好消息是，如果有一個計畫，並採取有紀律的步驟來減少欠債，信用卡債務幾乎都是可以控制的。

現在，幾乎沒有什麼比信用卡債務更讓人感到內疚的了。75% 的美國人宣稱，除非能夠立即還清，否則他們不會用信用卡進行大額消費。然而從實際消費行為來看，超過 70% 的美國人都有餘額未償還，不到一半的美國人願意向朋友透露他們的信用卡債務。Bankrate 金融公司的資深副總裁、首席金融分析師葛列

格‧麥克布賴德（Greg McBride）表示，這些數字顯示，美國消費者對自己的債務狀況感到羞愧。他告訴我：「與提供信用卡債務金額相比，他們更願意提供自己的姓名、年齡，甚至性生活細節。」真的嗎？他們的性生活？如果你願意，請告訴我。我有幾位單身朋友會想認識你。

這種羞愧感顯示那些負債累累的人，往往沒有學會如何讓自己停止瘋狂刷卡。相反地，他們成了信用卡公司邪惡行徑的犧牲品，這些公司專門獵食那些不明真相且無紀律的人。這些公司非常擅長從債務人口袋榨取更多金錢，而他們卻變得非常無知且不善於拒絕。

例如，人們在使用信用卡時所犯的第一個錯誤，就是帳上有餘額，或是沒有按月還清。令人驚訝的是，有 1.25 億美國人的每月信用卡費有餘額，但其中一半的人只支付每月最低應繳款金額。當然，你很容易認為可以慢慢還清債務，然而信用卡的利率相當高，因此就犯了一個嚴重的錯誤。

讓我在強調一次，有效使用信用卡的關鍵，就是每月還清全額。我知道這句話每個人都說得出，就像有人麻煩你遞鹽一樣，但這其實很重要。問問身邊欠了 12,000 美元信用卡債務的朋友，為什麼會欠債，他很可能會聳聳肩地告訴你，他每月「只付最低應繳款金額」。

我用我的信用卡支付所有的東西，每月只付最低繳款金額。這項計畫讓我刷爆了卡。我開了新的零息餘額轉帳來償還債務。因為我實在是太糊塗了，沒有任何緊急備用現金，所以我用信用卡支付我真正需要的東西。我幾乎欠下了你能想到的每一個主要債權人，現在也還欠著。

我的債務利息把我壓垮了。不能只因為你的卡上還有空間，就以為你還有預算！

——大衛·托馬斯（David Thomas），32 歲

我不打算重複這一點，但你會很驚訝，我在和很多人交談後，發現他們用信用卡支付，卻不知道一旦計入利息的最終需要支付金額是多少。用信用卡支付最低金額，就等於一個小男孩在上學的第一天就讓學校的惡霸拿走他的午餐錢，然後每天回來都口袋空空一樣。不僅被踢了屁股，而且會一次又一次地發生。不過，只要了解信用卡的運作原理，就能知道如何避開信用卡公司的陷阱，並更快速擺脫債務。

積極還清卡債

如果你發現有卡債，不論多寡，你將面臨三重打擊：

- 首先，你要為未償還的餘額支付巨額利息。
- 第二，信用評分會受到影響——30% 的信用評分是基於你有多少債務——這會陷入惡性循環，當你試圖利用信貸來買房子、汽車或公寓，會因信用不佳，而必須支付更多的金錢。
- 第三，也是最具破壞性的，債務會影響情緒。會讓人不知所措，會逃避打開帳單，導致更多的逾期付款和更多

的債務，因此陷入惡性循環。

現在該做出犧牲來迅速還清債務了。否則，每天都在付出越來越多的代價。不要拖延，因為你不會奇蹟地贏得 100 萬美元，或「有足夠的時間」來計算財務狀況。在三年前你就已說過這些了！如果想擁有比現在更好的境況，那麼理財就必須是你優先考慮的事項。想想看：信用卡的高利率意味著你要為帳上的欠款餘額支付巨額利息。假設某人的信用卡年利率為 14%，欠款為 5,000 美元。如果笨阿丹每月支付 2% 的最低還款金額，他將需要 25 年以上的時間來償還這筆債務。這不是打錯字，真的是 25 年！在整個過程中，他將支付超過 6,000 美元的利息，比他原來花費的錢還多。這還是假設他不會背上更多的債務，但你知道他會背更多債。

如果你會為此感到憤怒，而想著這就是人們一生都在卡債中度過的原因。你就會比一般人更能避開這些狀況。

相比之下，聰明的莎莉厭倦了債務，並決定積極還債。她有幾個選擇：如果每月固定支付 100 美元，她將支付大約 2,500 美元的利息，這樣就可以在 6 年 4 個月內還清債務。這就說明了為什麼應該要支付超過信用卡最低應還款額度。這樣做還有一個額外的好處：可以將債務清償完整的融入自動化理財系統，見第 5 章。

或者聰明的莎莉決定多付一點，變成每月還 200 美元。現在她就只要兩年半就能還清債務和大約 950 美元的利息，這一切都是從調整付款著手。或者，如果聰明的莎莉真的變得很積極，每月還 400 美元呢？現在，她將在 1 年 2 個月內還清債務，且只需支付 400 多美元的利息。

這只是每月多付 100 或 200 美元而已。沒有多餘的 200 美元嗎？每個月多還 50 美元，甚至 20 美元也可以。即使你每月支付的金額只稍微增加一點，也會大幅縮短還清債務的時間。

如果你設定了自動付款（見第 65 頁）並把債務還清，就不須再付任何費用了。當無需再支付任何債務和利息，就可以放眼未來自由的理財了。在信用卡公司的眼裡，你將是一名「死硬派」，這是一個奇怪的綽號，用來稱呼那些每月按時付款，因此讓信用卡公司幾乎沒有收入的客戶。你在他們眼裡是一文不值，但在我眼裡卻是完美的。但要打敗信用卡公司，你必須優先償還已經欠下的卡款。

我在大學裡度過了年的債台高築，當時我確信一旦開始工作，我就能輕鬆償還。因此在拉斯維加斯、墨西哥和邁阿密度春假，還買了 Manolo Blahnik 鞋 ，甚至每週出去好幾個晚上。那時我還不知道會在大學畢業後，花上五年才還清債務——五年來，我不能度假，不能買漂亮的鞋子，也不能經常外出。所以在把最後一筆錢送到信用卡公司的那天，我下定決心這是我最後一次付款。我向自己保證再也不欠債了。

——朱莉．阮，26 歲

圖表 1-5　笨阿丹與聰明莎莉：清償年利率 14% 的 5,000 美元信用卡債務

笨阿丹每月支付最低還款金額		
他的月付額	還清所需的時間	支付的利息總額
100 美元 *	25 年以上	6,322.22 美元
聰明的莎莉支付固定的金額		
她的月付額	還清所需的時間	支付的利息總額
100 美元 **	6 年 4 個月	2,547.85 美元
超級聰明的莎莉付固定金額的兩倍		
她的月付額	還清所需的時間	支付的利息總額
200 美元 ***	2 年 6 個月	946.20 美元

五步驟，擺脫卡債

既然知道了儘快擺脫債務的好處，讓我們看看你可以採取的一些具體步驟。本書是一個為期六週的計畫，但很明顯，還清貸款的時間要比這更長。即使現在你負債累累，還是應該讀其他章節，因為有一些重要的內容可以讓你的理財自動化，並且學習到

* 這是一個可變金額，隨著餘額的減少而減少（例如，當你的餘額為 4,000 美元時，你的付款額將是 80 美元）。如果你只支付最低付款額，你的付款期會拉長，你就必須付出更多的代價。結論是：你要支付超過你信用卡要求的最低付款金額。

** 這是一個固定金額。當你的餘額減少，你繼續支付固定金額，你就會加快償還債務，成本就會降低。

*** 同上註。

如何管理你的支出。

請記住，除非還清債務，否則你無法如我建議的那般積極投資，但這是你欠下債務應付的合理代價。現在，來看看我們該做的事。

步驟一：計算出有多少債務

你不會相信有多少人正持續盲目地支付沒有規畫的帳單。這正是信用卡公司想要的，因為這樣無異就是把錢扔進他們的口袋。在還不知道到底欠了多少錢之前，你無法制定一個償還債務的計畫。了解真相可能很痛苦，但你必須咬緊牙關。然後你就會發現要戒掉這個壞習慣並不難。事實上，你可以從信用卡背面查找信用卡公司的電話號碼，打電話給他們求助，然後把對方回應的答案放入一個簡單的試算表中（見圖表 1-6）。

圖表 1-6　你欠了多少錢？

信用卡名稱	債務總額	年利率	最低月付額

恭喜你！第一步是最難的。現在你已經有一個確切的清單，

知道到底欠了多少錢。

步驟二：決定清償順序

並非所有的債務都相同。不同的信用卡收取不同的利率，這會影響你還款的優先次序。關於如何選擇，有兩種不同的觀點。按照標準做法，你要支付所有卡的最低應付款額，但要支付較多錢給利息最高的那張卡，因為它的成本最多。美國個人理財專家戴夫・拉姆西（Dave Ramsey）所創的債務滾雪球法中，要支付所有信用卡債的最低應付款金額，但優先支付較多的錢給那張餘額最低的卡，這能讓你能夠先還清這張卡。

圖表 1-7　排定還卡債的優先順序

	滾雪球法：餘額最低的優先	標準做法：年利率最高者優先
運作原理	所有的卡都要付最低應付款金額，但須付較多的錢給那張餘額最低的卡。一旦你還清了第一張卡，就用同樣的方法支付下一張餘額最低的卡。	所有的卡都要付最低還款額，但對利息最高的那張卡要付更多的錢。一旦付清了第一張卡，接下來就開始付下一張年利率最高的卡。
如何生效	這跟心理學和小小的勝利感有關。一旦你還清了第一張卡，就更有動力去還清下一張。	從數學上而言，你會想優先還清那張讓你花最多費用的信用卡。

這是在信用卡界引起激烈爭論的一個議題。技術上而言，滾雪球法不一定是最有效的方法，因為餘額最少的卡不一定年利率

最高。但在心理層面上，看到自己還清了一張信用卡會很有激勵效果，因為這能鼓勵你更快地還清其他的卡。最重要的是不要猶豫，立刻挑一種方法執行就對了。因為目標並不是要改善還款方式，而是要開始償還債務。

我存了三千多美元，還清了三千多美元的信用卡債務。滾雪球式的還款方法，由欠款最少的延伸到欠款最多的，對我還債的心態有著很大的影響。

—— 肖恩．斯圖爾特（Sean Stewart），31 歲。

步驟三：透過談判，降低年利率

如果事情成功的機率很高，而且只會花 5 分鐘，我會樂於一試。同樣地，你也可以試著把年利率談低。這經常出人意料地奏效，如果不成功，那又怎樣？你只需打電話給信用卡公司，按著以下對話進行：

你：嗨。從下週開始，我將更積極地還清信用卡債務，我希望我適用的利率可以降低一點。

信用卡專員：呃，為什麼？

你：我決定更積極地還債，所以我想要比較低的年利率。其他信用卡的利率是你提供的一半。你能不能把我的利率降低 50%，或者只降 40% 也行？

信用卡專員：嗯。查了你的帳目後，我們恐怕不能給您較低的利率，但是可以提高信用額度。

你：我不需要這個。正如我提到的，其他信用卡給我 12 個月的零利率，之後所適用的利率也只有你的一半。我已經是你 X 年的客戶了，我也不希望把餘額轉到利率較低的卡。你可以給我像其他信用卡的利率嗎？或是降低一點也好？

信用卡專員：我明白了。嗯，讓我調一下。幸運的是，系統突然讓我可以幫你降利率了，而且是立即生效。

這不是每次都能奏效，但如果成功，一通 5 分鐘的電話就能為你省下大把鈔票。去打個電話，如果你成功了，別忘了重新計算你債務試算表中的數字。

在買這本書之前，我在機場的書店裡就給信用卡公司打了個電話，因為讀了這套對話，我成功地協商出一個更好的利率。他們甚至還把過去幾年的利息都退在我的帳戶上（雖然只是幾百美元，但我還是拿到了）。我掛斷電話幾秒鐘後立刻就買了這本書。

—— 克理斯．科爾蒂（Chris Coletti），33 歲

第一週我練習了這套對話，然後打給了信用卡公司，我適用的利率就從 18% 降到了 11%。

—— 夏洛特．S.（Charlotte S.），35 歲

債務太糟糕了。隨時都像烏雲籠罩著我。我開始支付比最低還款金額多 100 美元，然後就把債務還清了。我到現在還保留著提醒自己「全額付清」的字條。

—— 馬特．格羅夫斯（Matt Groves），31 歲

步驟四：決定用什麼錢來還清貸款

想要清償債務的一個常見問題是，你必須知道錢要從哪裡來。把餘額轉到其他信用卡？動用 401k 帳戶的錢，還是儲蓄帳戶？每個月該付多少錢？這些問題可能讓人望而生畏，但不要因此就怯步。

移轉餘額到低利率的卡債帳單上

很多人一開始就考慮把餘額轉移到利率較低的卡上，但我並不建議這樣做。這樣是可以在幾個月時間，讓你省下一些錢，特別是當欠款金額很高的時候。但這只是用 OK 繃去處理一個大問題（欠下信用卡債務通常是因為有問題的消費行為。），因此改變利率並不能解決這個問題。

另外，轉移餘額只會製造更多的困惑，讓信用卡公司騙你付更多的錢，我認識這樣做的人，最終都花更多的時間在研究更好的辦法轉移餘額，而不是實際還清債務。

正如我們剛剛討論過的，更好的辦法是打電話給信用卡公司，協商調降成你適用的利率。

削減開支並優先考慮債務

最能一勞永逸還清信用卡債務的方法，通常也最不吸引人。少在其他事物上的開支，以便能夠還清債務，雖然這種方法似乎不值得對別人提，不過通常最有效。

讓我問你一個問題：「每賺 100 美元，你會用多少錢還債？2 美元？也許 5 美元？如果你還 10 美元呢？」

你會驚訝，許多人甚至不必削減太多開支，只需停止隨便亂花錢，有意識地把債務當作優先處理事項，並積極地運用自動轉帳來償還卡債，就能迅速還清債務。我不想讓這項主張聽來太輕而易舉，因為要還清卡債真的是項挑戰，不過數百萬人都已做到了。

當你讀到其他章節時，請想像成是在尋寶，設法要弄到錢來償還卡債。請特別注意以下的討論：

- 使用「消費意識」計算出你能負擔得起多少債務。（第 176 頁）
- 「30 天內節省 1,000 美元」挑戰。（第 30 頁）
- 設定自動轉帳。（第 222 頁）
- 在 iwillteachyoutoberich.com/bonus 有提供額外的資源

你會注意到，我還沒有給你簡單的祕訣或快捷的方法，就已經讓你毫不費力的還清債務。那是因為還清債務根本沒有快速方法，如果有的話，我一定會第一個告訴你。

但事實上，還債只需要擬定一個計畫，並耐心地貫徹執行。在最初的幾週裡，可能只會感到痛苦無比，但是想像一下，當看到債務逐月縮減時，你會感到多麼的欣慰。在那之後，就可以不再欠債了！然後就可以把所有的精力都集中在如何進一步投資，並過上你想要的富裕生活。

步驟五：開始吧！

在接下來的一週內，你應該開始付更多的錢來償還債務。如果決得要花更多時間才能開始，那你就是想太多了。

記住85%解決方案背後的理念：目標不是研究每個細節來決定還債的錢從哪裡來，而是立即行動。算出你有多少債務、決定如何還清債務、協商利率，然後開始行動。之後你可以隨時調整計畫和還款金額。我會在第4章詳細介紹什麼是有消費意識計畫。

負債累累意味著你得放棄選擇、意味著你必須繼續做一份你討厭的工作（因為它能帶來豐厚的收入），也意味著你無法擁有一個像樣的儲蓄帳戶。

我最大的錯誤是沒有考慮到未來，刷卡超出了我的還款能力。在二十幾歲時，為了買衣服、出去吃飯、看電影等愚蠢的事情花了很多錢，還欠下了債務。我吸取了教訓，現在靠嚴格的預算維持著量入為出的生活，這會讓我在兩年內就還清債務。我所有的債務現在都在卡上，平均年利率介於0%到4.99%之間。我有一個小小的，但不斷增長的儲蓄帳戶、401k帳戶，還有一個實現財務自由的計畫。

——梅麗莎．布朗（Melissa Brown），28歲

第一週行動步驟

1. 取得信用評分和信用報告（1 小時）

好好檢查，確保內容沒有錯誤，並充分掌握信用狀況。在台灣，可以向財團法人金融聯合徵信中心申請個人信用報告，每年可免費申請一次，同一年要再申請時，需付新台幣 100 元。

---

2. 設定信用卡（2 小時就可完成）

如果已經有一張卡，打個電話並確保它是一張免年費卡。如果想辦一張新的信用卡，可以上台灣金融產品比較平台「Money101」網站找尋最適合你的信用卡。

---

3. 確保能有效處理信用卡（這需要 3 個小時）

設定自動付款，這樣你的信用卡帳單每月都會全額付清。（如果你有卡債，設定一個能負擔得起的最大自動還款金額。）

免除信用卡費用。

如果沒有債務，就可以申請更多信貸額度，確保能從信用卡上獲取最大收益。

---

4. 如果有卡債，現在就開始償還（花一週時間計畫，然後開始還更多金額）

不是明天，不是下週，今天就行動。用一個星期的時間來計算欠了多少錢，打電話給貸款方協商降低利率，或者調整還款（如果是學生貸款的話），然後以自動還款方式償還比現在更多的錢。迅速還清債務會是你做過的最好的財務決策。

就是這樣！你已經掌握了使用信用卡來改善信用狀況。你已經免除了信用卡費用、降低了利率，甚至設定了自動付款。如果有債務，你已經邁出了還清債務的第一步。

恭喜你！在下一章中，將改善你的銀行帳戶。你將會獲得更多的利息、不需支付任何費用、升級到更好的帳戶，而不是那些一文不值的支票和儲蓄帳戶。

一旦解決了信用卡和銀行帳戶問題，就可以開始投資了，並讓錢大幅增加。

第 2 章

讓銀行幫你賺錢

上週已經將信用卡整理好了。現在在第二週，要把銀行帳戶整頓好，因為帳戶是個人金融基礎架構的支柱。你將會花一點時間挑選合適的帳戶，並完善帳戶功能，且確保不須支付任何不必要的費用。

好消息是，這可以在下週幾個小時內就完成，一旦做到了，你的帳戶基本上就可以自動運作了。壞消息是，你的開戶銀行很可能是在離你最近的那一間、榨取你超多的費用，卻只提供根本不需要付費的最少服務。

銀行喜歡一般的客戶，因為一般人並不真的想要換銀行，而且對於月費和透支保障等一無所知。不過讀完這一章，情況就會改變，我會教你如何挑選最好的銀行和帳戶，就可以獲得最多的利息。

一般企業會認為對待客戶越好，業績就會越好。這的確是一個合理的假設，亞馬遜 CEO 傑佛瑞．貝佐斯曾說：「如果你真的累積了出色的客戶體驗，他們會奔走相告。口碑的力量是非常強大的。」如今亞馬遜已迅速成長為世界歷史上最成功的公司之一。

但也有例外，有些公司似乎完全無視於「幫助客戶會對企業有益」這條規則。你能想到這樣的公司嗎？

讓我來舉個例子：想像一下，有一間公司對待客戶很差，會徵收繁重的費用，服務也很差，甚至為數百萬客戶非法開戶。這會是什麼樣的公司呢？

答案是銀行。

我一直很討厭銀行。我發現他們騙人、不誠實，提供的資訊也具有選擇性。銀行提供的「建議」總是最符合他們自己的利益，而非客戶的利益。我的房租支票被一家銀行退票了，因為他們從我的支票帳戶裡扣了錢來支付我儲蓄帳戶的透支，該筆透支是因為他們向我收取一筆不合理的費用。而且只是一筆 5 美元的費用。當我忙著幫罹癌臨終的祖父處理事情時，有家銀行指控我虐待老人。我相信地獄已經幫那名銀行櫃員預留了一個特別的位置。

——傑米．B（Jamie B.），36 歲

我希望你採取主動，並選擇正確的帳戶，只需要觀察銀行過去的表現就很容易做到。好的銀行只提供更好的服務，而且不收取費用；壞的銀行不斷提高收費，給你不必要的產品，還想出更巧妙的方法來榨取你的錢。

但你猜怎麼著？就算大家早已知道，但還是不在乎。人們老是說想要優質的客戶服務，但實際上，還是堅持使用往來幾十年的劣等老銀行的帳戶。

30 秒測試

我有個理論，在進餐廳後裡的前 30 秒，你就可以得知你需要知道的所有必要訊息。

我在費城火車站等車時，我餓極了很餓，於是我走進一家熟食店。門口那名服務員假裝沒看見我，把目光移開。三明治櫃檯的那個人服務員走到後面，沒有再也沒出現。我瞥見第三名員工

坐在辦公室裡看電視。

當一名顧客走進來，那三名員工都消失了。

我的理論就是：如果你在進餐廳的前 30 秒鐘受到不好的對待，那之後的情況就不可能變好了。這一刻，餐廳必須把他們最友善、最有魅力的員工放在前台迎接客人。如果一間餐廳連這都做不到，誰會知道廚房裡裡會發生什麼事呢？

真正的教訓是：當公司和員工向你展現他們是什麼樣的人時，你要相信他們。

美國富國銀行犯了欺詐罪（見第 109 頁），並被聯邦監管機構罰款 10 億美元，你要相信他們是家卑鄙的銀行，一旦有機會就會把你給毀了。

美國教師退休基金會（TIAA）曾經是一家值得信賴的投資機構，我甚至曾在本書的上一版本中推薦過，但在他們被控告運用大量銷售配額並推銷不必要的商品後，我就把它們從我的推薦名單中刪除了。

另一方面，有些公司始終展現出卓越的價值。

美國銀行嘉信（Schwab）多年前推出了一個驚人的高利息支票帳戶，該帳戶還免費提供了其他家無法比的收益。他們很以此為榮，並不斷進行改進。我信任他們，也持有一個嘉信的支票帳戶。

美國基金管理公司先鋒（Vanguard）長期以來一直注重低成本，並把客戶擺在第一位。他們實際上還主動調低了手續費。我很信任他們，並透過他們進行投資。

我之所以分享這些，是因為錢很重要，我希望你能對你往來的銀行和公司有所了解。你應該根據與你合作公司的價值觀和對待你的方式來判斷他們怎麼處理錢。

以我的經驗，如果你很窮或剛賺錢，銀行基本上都會把你搞砸。我記得為了避免支付透支費，我得費時追蹤我帳上的每一塊錢餘額。我現在可以在支票帳戶內保留足夠的錢以防萬一，但是剛開始時，為了確保我不會被徵收雙重費用，我總是非常焦慮。我曾經發生過不到 5 美元的透支，但每次發生都會被收費。倘若透支超過 5 美元，就要交 100 美元的透支費。

—— 南森 · P.（Nathan P.），35 歲

我討厭富國銀行。我小時候就有一個儲蓄帳戶，當時我還是個窮小子，我記得帳戶裡只有 16 美元。我可以用它來買雜貨。但他們卻在我 18 歲後，以收費為由吞了我所有錢，還把我的帳戶關了。他們搶劫了一個孩子的存錢桶，偷了一個年輕人的錢包，還失去了一名高收入顧客，只為了收取這 16 美元。做得好啊，富國銀行。

—— 傑西卡 · 德納姆（Jessica Denham），42 歲

當我在旅行時，美國銀行向我收取透支費，當時我的帳戶並未透支，但他們卻一直累積這筆手續費到 800 美元，然後試圖以這筆欠款控告我。

—— 艾倫 · 納什（Allen Nash），28 歲

你已經知道這些大銀行想從你身上榨取所有的錢。他們不僅收取一筆又一筆的費用，還有行銷活動，誘使客戶註冊那些他們並不需要的服務，如果客戶理解這些條款，他們永遠不會上勾。

可惡！富國銀行以欺詐手法為 350 萬人冒開帳戶！

事實上，正如《富比士》報導的那樣，「富國員工未經授權就幫客戶開立了 1,534,280 個存款帳戶，其中 85,000 個帳戶累計產生了 200 萬美元的手續費。」

那些假帳戶還不僅損害了客戶的信用評分。CNN 報導：「富國銀行承認強迫 57 萬名借款人購買不必要的汽車保險。由於這些不必要的保險費用，其中約有兩萬名客戶的汽車可能被沒收。」

銀行是如何賺錢的？

從根本上講，銀行把你存的錢借給別人來賺錢。例如，如果你存了 1,000 美元，這家銀行會付給你一小筆利息，促使你存著這些錢，然後反過來，以更高的利率把錢用到房屋貸款上。假設每個人都全額還款，銀行就可以這種簡單的套利獲得巨額的報酬。但是他們另有方法可以賺更多錢。

那就是不斷收費。在 2017 年，僅僅透支費*這一項，就讓銀行賺了三百四十多億美元。例如，如果你使用轉帳卡，不小心買了售價超出支票戶頭存款的東西，你可能會認為銀行會拒絕付款，但是你錯了，他們會放行這筆交易，然後向你收取大約 30 美元的透支費。

更糟糕的是，銀行可能在一天內向你收取多筆透支費用，一天內收取的費用可能超過 100 美元，簡直太恐怖了。

* 這指美國的銀行會對於超額刷卡部分收取的費用。

不要再透支了。一筆透支費會吃掉你全年的利息，也會讓你更恨銀行。在我的個人理財會談中，與我交談的人有一半以上至少都有過一次透支。

一天晚上，我出去吃飯，我的朋友伊莉莎白詢問有關透支的問題。問題變得越來越複雜，讓我感到很奇怪。我好奇她怎麼會知道那麼多，於是我問了一個簡單的問題：「妳到底透支了多少次？」她安靜了下來，這當然讓我更想審問她（歡迎進入我扭曲的心靈世界）。

我了解到，她在大學四年的時間裡，只因為忽略自己帳戶裡有多少錢，就透支了四百多美元。可悲的是，她原本可以透過談判解決最初的幾筆費用，然後建立一套機制，使悲劇不再發生。（有關如何與銀行談判手續費的更多資訊，見第 129 頁。）

記住，銀行的收費可能比它提供的利率更重要：如果你有 1,000 美元，而另一家銀行提供的利率高出 1%，那每年就有 10 美元的差額。只要發生一筆透支費，就等於這個金額的三倍。所以說，成本很重要。

試想一下，有些人因為被富國銀行搞砸了，以致於他們的車被查扣。我們談的不是住在曼哈頓的對沖基金巨頭，而是在談普通的老百姓。

美國銀行設的新收費看來毫無道理，有時甚至出人意料。比如 5 美元的儲蓄帳戶維護費？你拿到的利息都不夠付。更不用說他們對不足 250 美元存款的支票帳戶收取 12 美元的費用。我知道這金額似乎很小，但我也知道對一些人來說，5 美元到 12 美元已是一大筆錢，都已可以拿來付帳單。那些存款餘額最少的人，最終似乎都為此付出了代價。

——布里奇特．莎莉（Bridgette Salley），26 歲

這讓我很生氣。我非常討厭那些老奸巨滑的金融公司利用不了解這些金融商品複雜性的人。這就是我寫這本書的原因之一，也是和你們分享這些故事的原由。然而大家卻仍然堅持和那些已被證明行為不良的銀行往來。

我問我的一些讀者，為什麼選擇繼續與富國銀行或美國銀行這類可怕的銀行往來？他們的回答是：

我和富國銀行往來已經二十年了……他們「一直都是這樣」處理事情，這只是其中一件，我就沒有多想了。

——匿名

雖然我很討厭我在富國有 8 個帳戶這件事，但要移動這些帳戶實在是超級麻煩，花費的時間也太可怕了。

——匿名

我以前換過銀行，但要把事情搞清楚實在很困難。這變成了一種情感上的依戀。

——匿名

不管我說多少次換一家更好的銀行，大多數讀者都不在乎。沒關係！待在那家銀行吧，他會以你的名義開立假帳戶，收取近乎勒索的費用，並想辦法在今天或五年後把你搞砸！

另一方面，按照我在這一章中建議行事的人，普遍都認同這種做法。

多虧了你的推薦，我和嘉信往來多年。服務總是很好，我遇到的幾個問題也都能獲得解決。

—— 里克．麥克萊蘭（Rick Mcclelland），27 歲

我幾年前聽你的建議換到嘉信，一直都沒有再換回去。

—— 雷漢．安瓦爾（Raihan Anwar），29 歲

我聽你的忠告換到嘉信。我在世界各地都和他們往來（包括在巴基斯坦使用嘉信號稱世界上最高的自動提款機）。

—— 薩阿德．居爾（Saad Gul），42 歲

圖表 2-1　為什麼還沒換銀行？

理由	真正意涵
「換銀行很令人頭疼。」	老實說，我明白。既然帳戶已經開好了，而且很管用，為什麼不留下來呢？我的分析是：你不必換銀行，但如果花上一天左右的時間去做這件事，就可以確保金融系統基礎扎實。 我推薦的銀行比大銀行更方便、更便宜，而且提供更好的回報。隨著收入的增長，你會發現你正和最好的銀行在往來。
「我不知道我還能換到哪家銀行去。」	這無關緊要。只要讀完這一章，我就會告訴你最好的銀行。
「這是我有史以來的第一家往來銀行。」	我只聽過一次，但這說法太荒謬了，不得不把這理由包括進來。難道你一生都愛你的第一枚圖釘嗎？你的第一根花園水管呢？你不愛它？那麼為什麼要討論有多麼不捨你的「第一家銀行」？給我滾！

銀行帳戶的基本知識

現在，我已經把對銀行的不滿都發洩完了，以下讓我們來介紹一些帳戶的基礎知識。你可能認為自己早已知道所有的知識（你可能真的知道很多），但請讓我再說一遍。

支出帳戶

支出帳戶是你金錢系統的支柱。你的錢會先存到這裡來，然後再「過濾」到系統的不同部分，例如儲蓄帳戶、投資帳戶，以及用在不會讓你感到內疚的消費。這就是為什麼我相信要選擇最好的帳戶，再繼續。

如你所知，支出帳戶是使用轉帳卡、支票和網路轉帳來存錢和提款。我把支出帳戶想像成一個電子郵件收件箱，所有的錢都會進入支出帳戶，之後會定期利用自動轉帳將其分配到適當的帳戶，比如儲蓄和投資帳戶。

我大部分的帳單都是以信用卡來支付，但有些不能用信用卡支付的帳單，比如房租或汽車分期付款，我會直接從支出帳戶自動轉帳支付（在第5章中，我會講解如何讓自動轉帳和付款）。要解決支出帳戶收取不必要費用是首要問題。

儲蓄帳戶

把儲蓄帳戶當成是短期（1個月）到中期（5年）的儲蓄。你想用儲蓄帳戶存錢、去度假和購買節日禮物，甚至更長期的事物，比如婚禮或房子的頭期款。支出帳戶和儲蓄帳戶的關鍵區別在於儲蓄帳戶就技術上而言，會支付你更多的利息。我說「技術上」是因為在實際操作中，儲蓄帳戶上的利息基本上沒有意義。

在這本書的上一版中，我附上了一張圖表，上面顯示了在大銀行取得的利息與提供更高利率的網路銀行相比，這數額顯得微不足道。然後，因為利率的變化，十年來我收到了成千上萬封郵件，瘋狂地問我書上的利率在哪裡。

各位，我從中學到兩件事：第一，我再也不會把利率寫進書裡了。第二，我沒能解釋為什麼儲蓄存款利率並不那麼重要。假設你有 5,000 美元的存款是應急基金的一部分（見第 347 頁）。如果你的銀行給你 3% 的利率，那就是每年 150 美元，每個月 12.50 美元。如果是 0.5% 的利率，那就是每年 25 美元，或是每個月 2.08 美元。但誰會在意呢？當我們談論的是我們一生中可以賺到的數十萬美元時，12.5 美元和 2 美元並無太大區別。

在我讀本書之前，我個人的財務狀況一團糟，所有的錢都被滯納金、透支費、信用卡年費吃掉了。讀完本書後，我已經能運用自動理財，免除透支費和滯納金。採用你的策略，我的情況已有改善，並將每月償還債務的金額翻了一倍。

——喬．蘿拉（Joe Lara），29 歲。

有趣的是，從技術上來看，許多人每天放在儲蓄存款裡的錢都在虧損，因為通膨侵蝕了現金的真實購買力。這就是為什麼大部分財富會是來自於投資，我會在第 7 章中介紹。

如果只能從這本書中只學到一件事，那就是要把注意力從微觀轉向宏觀。不要把注意力集中在零錢上，而要把注意力放在大贏面，打造富裕生活。現在我已經建立了自己的投資帳戶並實現了自動化，我一年的投資收益會高於儲蓄帳戶 500 年的利息。你沒聽錯，別把力氣花在微調你的銀行帳戶利率，只要選個好的銀行帳戶就行了。

在讀你的書之前，我把所有的積蓄都集中在大通銀行的儲蓄帳戶裡，沒有任何投資。由於太過擔心選擇的問題，讓我無法再開設新的帳戶，也無法開始進行投資。

——喬納森・巴茲（Jonathan Baz），24 歲

各擁有一個儲蓄帳戶和支出帳戶的重要性

支出帳戶和儲蓄帳戶最重要的實際區別在於，你會經常從支出帳戶中取款，但很少從儲蓄帳戶中取款。支出帳戶是為了頻繁取款而開的，只要有轉帳卡和自動提款機，就可以很方便地取款。但儲蓄帳戶實際上是一個有「目標」的帳戶，每一塊錢都被分配到你為之儲蓄的特定項目上，比如為了買房子、度假，或是緊急儲備金。

你可能認為我會建議把支出帳戶和儲蓄帳戶放在同一間銀行。然而令你驚訝的是，我建議把兩個不同的帳戶開在兩家不同的銀行。原因是把錢放在兩個不同的帳戶（和銀行），可透過心理作用來使儲蓄持續成長。

一個基本的觀點是，儲蓄帳戶是存錢的地方，而支出帳戶是取款的地方。換句話說，如果朋友約你週五晚上出去，你不會說：「等一下，我需要三個工作日才能把錢轉到支出帳戶。」如果你的自由支配（支出）帳戶裡沒有錢，你會知道是因為「外出」而花掉了。擁有一個獨立的儲蓄帳戶會迫使你牢記自己的長期目標，而不會只為了喝幾杯酒就把它拋諸腦後。

最後，根據我的經驗，那些試圖提供支票、儲蓄和投資服務的銀行，在所有這些方面表現都不起眼。無論要把帳戶開在哪

些銀行都可以，只要我可以擁有最好的支出帳戶、最好的儲蓄帳戶，以及最好的投資帳戶。

以前，我所有的錢都花在購物、還債和信用卡上。我從來沒儲蓄過。我總是覺得賺的錢不夠多，也許，只是也許，如果我賺得更多，就會開始存錢，財務狀況也會變得良好。但是我錯了，無論我賺了多少錢，如果沒有計畫，我總會覺得錢不夠多。四個月後，我沒有債務了，有一個儲蓄帳戶，我也開始投資了。感覺好多了，可以集中精力改善生活，因為我生命中最重要的支柱之一已經上軌道了。

——羅克薩娜．瓦倫蒂娜（Roxana Valentina），27 歲

你現在可能會覺得：「為什麼要為儲蓄帳戶煩惱呢？我只有 300 美元。」我經常聽到這樣的話。或許從儲蓄帳戶得到的利息並不是很多，但這不僅關乎立即的收入，還關乎養成正確的習慣。我記得有一次我問讀者，為什麼他們還沒有做出某些決定，比如換銀行帳戶或使投資自動化。有人告訴我，他的金額很小，動不動都沒關係。

對我來說，當賭注很低時，正是開始的最佳時機。當金額很小時，你該養成正確的習慣——使用正確的帳戶，並設定自動儲蓄和投資。如此一來，當收入增加時，良好習慣就會堅如磐石。

當然，這會花上許多功夫。但當儲蓄帳戶從 5,000 美元、10,000 美元，增加到 10 萬美元，再增加到 100 萬美元甚至更多時，這些習慣就會變得很重要。現在就開始吧，這樣一來，當你

有很多錢時，就會知道該怎麼做了。

尋找最適合自己的帳戶功能

在接下來幾頁中介紹我最喜歡的帳戶。但在開始尋找你想要的銀行和帳戶之前，請花點時間考慮一下總體情況。要選擇適合自己個性的帳戶，必須了解自己重視簡單化嗎？或者，你是那種想要花時間構建一個複雜的系統，好獲取更多收益的人嗎？對大多數人來說，有「在不同家銀行開立 1 個支出帳戶＋ 1 個網路儲蓄帳戶」的選項就算完美了。

在同一家銀行開立 1 個支出帳戶＋ 1 個儲蓄帳戶（適合懶人）。在當地任何一家銀行開一個支出帳戶和一個儲蓄帳戶，這可是最低限度的要求。即使已經擁有這些帳戶，你還是得和你的銀行聯繫，確保你無需支付費用。

分別在不同家銀行開立 1 個支出帳戶＋ 1 個網路儲蓄帳戶（建議大多數人使用）。這個選項是在兩個不同的機構開戶：一個是開在當地銀行的免費支出帳戶，以及一個高收益的網路儲蓄帳戶。

可以使用支出帳戶立即取用自己的資金，也可以將現金自由轉移到高利息的網路儲蓄帳戶。你也可以透過當地銀行存入現金。如果你已經有這組帳戶設定，太好了！打電話確認一下你不必支付任何不必要的費用。

我的銀行帳戶如何運作

以下是我如何設定帳戶來共同發揮作用。

我的帳戶。我所有的錢都是透過有計息的嘉信網路支出帳戶來支付。存款都是直接存入，或是拍張支票照片，然後利用嘉信的應用程式來進行存款。

我的系統。我每月進行一次財務分配，系統會自動地把錢分配到我已經設置了需要從支出帳戶提取款項。例如，我的第一資本（Capital One）360 儲蓄帳戶每月自動從我的支票帳戶中提取一定金額，我的投資帳戶也是如此（更多資訊見第 3 章）。

為了獲取回饋、追蹤交易和消費者保護，我都用信用卡支付帳單。信用卡費每月從我的網路支票帳戶自動全額支付。對於現金支出，我使用嘉信的金融卡在美國各地的自動提款機均可領錢，而所有自動提款機手續費都會在月底自動退還。我通常會使用第一資本 360 帳戶作為收款用途，而不是支付，我很少把錢從那裡轉出去，除非需要彌補支出帳戶上暫時的金額不足，或者想把儲蓄的錢花在重要的事上，比如度假。

在多家不同銀行設立多個支票帳戶＋多個儲蓄帳戶（非常適合閱讀「生活駭客」網站和《一週工作 4 小時》〔The 4-Hour Workweek〕的人）。這樣的設定包括在不同的銀行有多個支票帳戶和儲蓄帳戶，通常是為了取得各家銀行提供的最佳利息和服務。例如，我在網路銀行有一個計息的支出帳戶，在另一家網路銀行有一個儲蓄帳戶。儘管可以設定自動線上轉帳，但擁有多個銀行帳戶代表你得造訪多個網站、持有多個客戶服務號碼和多個密碼。有些人覺得這太複雜了，如果你也是這種人，最好只使用一組基本的設定，除非你很想要充分升級你的銀行帳戶服務（就我個人而言，我覺得這項選擇太棒了）。

挑選最佳帳戶的原則

依據已經擁有的帳戶和你選擇的設定，把這部分金融基礎架構整理妥當，就像將持有一段時間的帳戶作些小修改一樣容易。或者，你可能得開立新的帳戶，但這可能會很麻煩。

做財務決策時都會發生我們有太多的選擇，導致大多數人做出了不太理想的選擇，比如終生都一直使用在大學裡開的一個銀行帳戶。當然還是有些還不錯的帳戶，但銀行就是常常讓你找不到它們。

大多數傳統銀行提供不同的支出和儲蓄帳戶，以滿足不同需求和不同金額的客戶。最基本的是學生帳戶，這類帳戶不收取任何費用，沒有最低限額，但也很少提供增值服務。這些通常非常適合年輕人。

其次，傳統銀行提供名義上每個月都會收費的帳戶，同時還提供了一些方法可以取消這些費用，比如使用直接存款（你的薪水每個月都自動匯到你的往來銀行）或保持最低存款餘額。如果你的雇主提供直接存款，這些帳戶可能是個不錯的選擇。

最後，銀行還提供更高端的帳戶，最低限額通常是 5,000 美元或 10,000 美元，你可以藉此獲得更多服務，例如免佣金的經紀服務（你應該避開這個，因為銀行是你最不應該投資的地方）、「優惠」利率、「優惠」房貸利率等。你要避開這些一文不值的帳戶。如果你手頭有那麼多錢，我會在第 7 章告訴你如何運用這些錢，賺取比任何銀行提供的利息還要更多的錢。

信用合作社如何？

我以前是信用合作社的忠實粉絲，我喜歡他們的設立宗旨，在這本書的第一版中還推薦了他們。幾年前，我還在一次全國信用合作社會議上演講。

信用合作社像當地的銀行，不過是非營利性質，並且是由客戶（用信用合作社的話來説，也就是「會員」）所擁有。理論上，他們提供更好的服務。

不幸的是，我改變了看法。他們不重視客戶（只會説：「讓我給你一個痛苦的解釋，為什麼會員制比較好……等一下，回來呀。」），無法提供我的讀者們真正想要的解決方案和功能，很令人失望。信用合作社浪費了幾十年時間來對抗像美國銀行和富國銀行這類掠奪性和詐騙性銀行。我希望這種情況能夠改變。

銀行的五種行銷騙術

1. 誘惑客戶的利率（前兩個月為 6% ！）

別被這個把戲給騙了，前兩個月根本不重要。你想要的是一家可以跟長久往來的好銀行，你他們能夠提供全方位的優質服務，而不只是一個促銷性的利率，讓你只賺 25 美元（更可能只有 3 美元）。因此你應該避開提供誘人利率的銀行。

2. 維持帳上最低餘額來換取「免費」的服務

銀行會要求你維持帳上最低餘額來換取「免費」的服務，像是支票和支付帳單。我可不同意在帳上保持最低餘額，我會轉到別家銀行往來。

3. 向你推銷代價高昂的帳戶（提供快速客戶服務！）

這些「加值帳戶」大多是為了跟客戶收取那些毫無價值服務的費用。我迫不及待想要有個小孩，這樣在他 3 歲時就可以走進富國銀行，把棒棒糖扔給銀行經理，然後說：「這個帳戶根本就是騙人的！」幹得好，小子。

4. 告訴你不再提供免費、不要求最低限額的帳戶

通常銀行一開始會拒絕給你一個免費、沒有最低限額要求的帳戶，但只要夠堅定，他們會給你想要的帳戶。如果他們不給，就找別家銀行。你有超多的選擇，這是一個對買方有利的市場。

5. 把信用卡和銀行帳戶綁在一起

如果你不是特別想要銀行信用卡，那就別這樣做。

你可以瀏覽銀行的網站，多研究幾家不同的銀行再做選擇。不到一個小時就可以完成比較，當然也可以只用我推薦的往來銀行。

除了提供的帳戶類型，在選擇銀行時還有更多需要考慮的因素。我會考慮三項因素：信任、方便和特色。

信任。多年來，我一直擁有富國銀行的帳戶，因為他們的自動提款機很方便，但我不再信任大銀行了，而且不只是我這樣。也許是因為他們偷偷地附加費用，比如使用另一家銀行的自動提款機，就會卑鄙地收雙重收費，然後指望客戶不反抗，然後就能從我們身上賺到錢。

不過，還是有些不錯的銀行。要找到一家好銀行的最好方法就是問問朋友們，他們是否有喜歡的銀行，也可以瀏覽主要銀行的網站。只要看看銀行對於帳戶收費有多直接，大約五分鐘就能判斷出哪些銀行值得信賴，哪些不可信。銀行不應該利用最低存款限額和手續費來榨取你每分錢，而是應該要有一個網站，清楚地描述所有的服務，提供簡易的設定程序，以及隨時提供服務的客服電話。

還有記得問問他們是否每週都會寄廣告，我不想要更多的垃圾郵件！我不需要更多的推銷電子報！事實上，我把汽車保險換掉了，因為他們一週寄來三次行銷郵件。

方便。如果你的銀行不方便，能賺多少利息都會變得無關緊要，因為你根本不會用它。由於銀行是管理資金的第一條防線，必須要能輕鬆地把錢存入、提出和轉帳。銀行的網站必須要能正常運行，當你需要幫忙時，可以透過電子郵件或電話取得協助。

特色。銀行利率應該具備競爭力。因為會有很多匯款，匯款要很容易，而且最好不必為此付出費用。應用程式或網站應該要有讓你喜歡使用的設計。

不要浪費時間賺利差

幫我一個忙，如果你原本的銀行提供一個利率，而另一家銀行提供稍高的利率，請不要更換帳戶。這些利率多半只是誘使你換銀行帳戶，六個月後它就會下降。

如果是一家可以信任的銀行，我可以接受利率稍低一點，只要能夠長期提供優質的服務。但也有很多傻瓜，每天都花上冗長的時間在網路上挖掘最優惠的利率，並且立即把錢轉過去。「天哪！」他們喊道：「艾利銀行將利率從 2.25% 提高到 2.75% ！現在比第一資本 360 帳戶還高出 0.02% ！我現在就要換帳戶！」如果你這麼做，就是個白痴。

你真的想要每個月花費龐大時間搞清楚哪家銀行提供稍高一點的利率嗎？對於我們大多數人來說，這樣浪費掉的時間太驚人了，因為 0.5% 的利差只相當於每月多出幾美元的利息。而且，利率會隨著時間而改變，追逐些微利差並無意義。

我計畫在接下來的幾十年裡繼續和目前的銀行往來，我相信人生有更多好事要去做。所以，請把注意力集中在大贏面上，而不是隨意跳槽。

我不知道如何把錢放到我的目標上。我有一個儲蓄帳戶，經常在腦海裡重新分配我的錢。讀完這本書後，我開了不同的帳戶，把錢放到我想要的地方，不僅僅是緊急預備金和退休金，還有旅行和捐贈所需。

——艾米莉・克勞福德（Emily Crawford），33歲

升級銀行帳戶

不論是剛開的帳戶還是已經擁有的帳戶，都需要升級支出帳戶和儲蓄帳戶。也就是說，你不應該支付手續費或維持最低帳戶餘額，升級帳戶的關鍵是與真實的客戶專員交談，無論是面對面還是通過電話均可。你真的得拿起電話。

因為某些原因，我半數的朋友都害怕用電話與人交談。我有一個朋友最近遺失了銀行密碼，基於安全理由，他不得不打電話給銀行證明自己的身分。他在我眼前變成了斯德哥爾摩併發症的患者，喃喃自語道：「沒那麼重要。是的，等我到銀行時再辦理。」一遍又一遍地重複。結果是他四個月都沒拿到密碼！這些人到底怎麼了？你可能不喜歡打電話，但我會告訴你大多數優惠都需要親自或透過電話與人交談。

避免月費

也許我要求太多了，但如果把自己錢借給一家銀行，讓他們

再放貸出去，我可不認為應該要付他們額外的費用。試想如果往來的銀行每個月向你收取 5 美元的手續費，那麼你賺的利息基本上都會化為烏有。這就是為什麼我很開心，我的儲蓄和支票帳戶都不收任何費用，包括月費、透支費或設定費。

如果你已經在一家你喜歡的銀行開了一個帳戶，但是要繳月費，你應該試著讓銀行免除這些收費。如果你設立了直接存款，讓雇主每月直接把你的薪水存入帳戶，銀行通常就會同意你的要求。

當銀行說「我們沒有免收費的帳戶」

假設你發現活期帳戶會收你費用時，想要換銀行。當你打電話給銀行時，對方說不能提供你免費的帳戶，你會接受嗎？一定不要接受，進攻吧。

你要這樣說：

你：嗨，我注意到我的支出帳戶有手續費。我希望能有不收年費、不收額外使用費、取消最低餘額要求的帳戶。

銀行人員：真的很抱歉，但我們不再提供這種帳戶了。

你：真的嗎？這很有意思，因為（競爭對手銀行）現在正給我提供這樣的交易條件。你能再查一下，告訴我你們有哪些帳戶可以跟他們比？

（80% 的時間，你會得到一個很優惠的帳戶。如果沒有，請找他們的主管。）

主管：您好，我能幫您什麼忙嗎？

（從頭重複你的論點。如果主管沒有給你好答案，請再加上以下對話）

你：聽著，我已經是你們 X 年的客戶了，我想找一個可行的方法。另外，我知道你取得客戶的成本高達數百美元。你想如何留住我這名客戶呢？

主管：真是太巧了。電腦突然允許我提供您想要的帳戶了！

你：真好，謝謝你，你真是個好人。（啜口大吉嶺茶。）

銀行已經花了很多錢讓你成為他們的客戶，不會想因為每個月 5 美元的手續費而失去你。當你接洽任何金融公司時，都可以利用這些知識輕鬆達到目的。

銀行也會要求「最低限額」來唬你說最低限額是指必須在帳戶中維持最低金額，才能避免被收費或取得「免費」的服務，像是支付帳單。這些都是瞎扯！試想如果一家銀行要求你將 1,000 美元存入低息的支出帳戶，然而其實你可以透過投資獲得 20 倍的收益。

如果你的工作未提供直接存款，以致無法使用這項功能，或是無法讓銀行免除這項「最低限額」，我強烈建議你轉到一個沒有手續費和最低限額的網路高利息帳戶。

不過某些收費是可以的，例如你所使用的是像匯票和重新訂支票這類服務。所以當你想要訂更多支票的時候，請不要跑到你的銀行尖叫：「但是拉米特告訴我你們不收費！」如果你真的這樣做的話，請把短片發到我的 Instagram 或 Twitter 上。

可以商量的銀行手續費

最痛苦和最昂貴的費用，通常是透支費。透支費是當你的支出帳戶沒有足夠的錢支付消費時，銀行會向你收取的費用。當然，避免透支費的最好辦法就是別讓它發生。你可以設定自動轉帳，並在帳戶中保留一些現金備用（我一直在支出帳戶裡放一千美元左右）。

但有時還是會出錯。大多數銀行都明白，人們偶爾會健忘，如果你提出要求的話，銀行會免收第一次發生的費用。但若之後再發生就會比較棘手了，不過如果有一個很好的藉口，還是可以辦得到。請記住他們會想留住客戶，打個電話好好解釋一下，通常會有效。但打電話時，請記住目標要很明確（就是要取消費用），別太容易被對方拒絕。

以下是我如何讓富國銀行（當時我在該行有一個帳戶）免收我 20 美元的透支費和 27.10 美元的財務費用。

我把錢從我的儲蓄帳戶轉到支出帳戶，來填補暫時的金額不足，但轉帳遲了一天才到達。我看到了透支費，歎了口氣，打電話給銀行要求免除。

拉米特：嗨。我剛看到你們要收我透支費，我想免除掉這筆費用。

銀行員：我看到這筆費用了。嗯……讓我看看。先生，很遺憾，我們無法免除這筆費用。（然後就胡扯了一些無法免除的藉口）。

現在要說些不好聽的話：

「你確定嗎？」

不要讓行員輕易拒絕你的請求。

「我還有什麼可以幫您的嗎？」

再想想，如果你是一名客服專員，聽到有人這麼要求，就會想拒絕，讓工作輕鬆點。但做為一名客戶，不要讓對方這麼輕易拒絕你。

「嗯，有位印度作家告訴我辦得到。你讀過他的書嗎？叫做《教你變成有錢人》，我很喜歡這本書，因為⋯⋯。」

沒人在乎。但如果有 1,000 個客戶打電話給他們的銀行說這些話，那就太酷了。

「好吧。」

別這麼輕易放棄。放棄很容易，但你有更好的方法。

試試這個：

拉米特：嗯，我看到你們要收我這筆費用，我真希望可以不要收。你能怎麼幫我呢？（重複抱怨，並詢問客服員該如何採用有建設性的方法來解決。）

到此地步，大約 85% 的人都會拿到退款。我的部落格上有數百條評論，都因為採用了這個建議，節省了數千美元的費用。但萬一客服人員很頑固的話，你可以試試以下做法：

客服員：對不起，先生，我們不能退款。

拉米特：我知道這很難，但請看看我的往來記錄。我已經做了你們三年多的客戶了，我想繼續跟你們往來。現在，我希望你能免除這筆費用。我犯了一個錯誤，以後不會再發生了。能幫個忙嗎？

客服員：嗯，請稍等。我看您是位很好的顧客……我要和我的主管商量一下。您能等一下嗎？

（成為長期客戶會增加你對銀行的價值，這就是你應該選一家可以長期往來銀行的原因之一。而且，你在第一次被拒絕時並未退縮，這讓你跟其他 99% 的客戶不同。）

客服員：先生，我和上司商量過了，這次可以免收費用。你今天還有什麼要我幫您的嗎？

這就是我要的！這不僅適用於透支費用，也適用於某些處理費、滯納金，甚至提款機費用上，我從中吸取了教訓。

我在實習時，曾在紐約住了一整個夏天，因為要花時間，加上我很懶，所以決定不在那裡開銀行帳戶。所以我就近使用自動提款機，每次都要付 3 美元的費用（1.5 美元給我的銀行，1.5 美元給自動取款機）。現在我覺得很蠢，因為我剛和一名最近搬到紐約住了幾個月的朋友談過。她也不想在這麼短的時間內開一個銀行帳戶，但她並沒有聳聳肩說：「噢，好吧。」，而是給自己的銀行打了通電話。只不過是問他們，她在紐約時，是否可以免收自動提款機的費用，而銀行回答沒問題。她只打個電話就省了兩百五十多美元！

由於取得客戶的成本超過 100 美元，銀行會希望保住你這名客戶。所以，請充分利用這些資訊，下次銀行要對你的帳戶徵收任何費用時，就打電話給他們。

雖然許多銀行手續費都很荒謬，但我發現他們很願意為好客戶免除這些費用。因為我很蠢地開錯了帳戶，有一張支票被退。我當了這家銀行大約五年的客戶，我只是走進銀行要求他們免除這筆費用，他們當場就同意了。我不需要說服他們或做其他事。

—— 亞當．弗格森（Adam Ferguson），22 歲

第二週行動步驟

1. 開一個支出帳戶或者評估你已經擁有的帳戶（1 個小時）

找一個對你有用的帳戶，打電話給銀行（或直接到銀行），然後開一個帳戶。如果你已經擁有一個，一定要確定是免費的，而且沒有最低限額的帳戶。怎麼做呢？打開最近的一張銀行對帳單，如果你沒有，就打電話跟銀行說：「我想確認一下，我的銀行帳戶沒有任何費用，也沒有任何最低限額要求。能幫我確認嗎？」

如果你發現一直在付費，你可以使用談判策略，把帳戶更換成一個不收費、不設最低限額的帳戶。如果他們不想失去你的話，就大膽地威脅說要取消這家銀行的帳戶。

2. 在網路上開一個高利息的儲蓄帳戶（3 個小時）

你會獲得更高的利息，而且將儲蓄帳戶和支出帳戶分開，形成很強的心理作用：如果你無法立即取用你的儲蓄存款，你就不太可能動用這些儲蓄。

2a. 在網路上開一個高利息的儲蓄帳戶（3 個小時）

你會獲得更高的利息，而且把儲蓄帳戶和支出帳戶分開，可以形成很強的心理作用：如果你無法立即取用你的儲蓄存款，就不太可能動用這些儲蓄。

3. 為網路儲蓄帳戶注資（1 小時）

把一個半月的生活費存進你的支出帳戶裡，或者盡你所能存入接近的金額。（當你習慣在帳戶間轉帳時，留一點額外準備以防止透支。記住，大多數轉帳需要一、兩天時間。）把剩下的錢轉到你的儲蓄帳戶，哪怕只有 30 美元。

恭喜你！現在你的個人金錢基本系統已經建立起來並開始運作了，接下來要教你開設投資帳戶。

第 3 章

投資前，先餵飽你的帳戶

印度父母有些特別之處。想理解我的意思，可以問問任何一個印度孩子，當他興奮地拿著 A 級評分的成績單回家時會發生什麼事。他的父母會非常驕傲兒子的成績，給他一個大大的擁抱，然後立刻皺起了眉頭問：「維傑，你太好了！但是這是怎麼回事？你為什麼只得了 A⁻？」可以想像，這種作法會略微扭曲印度兒童對世界的看法。我迫不及待有一天也要對我未來的孩子這麼做。他們還沒出生，但我已對他們感到失望了。

也許就是在這種世界觀下長大的，當人們終於開始考慮財務狀況時，我會簡短祝賀，然後暗中開始評判他們，因為我知道他們做得還不夠。《大錯誤：最佳投資者和他們最差的投資》（*Big Mistakes: The Best Investors and Their Worst Investments*）一書的作者邁克爾・巴特尼克（Michael Batnick）寫道：「在美國，56 到 61 歲的人的退休餘額中位數是 25,000 美元。只要從 1980 年開始，每個月以 60 ／ 40 的投資組合 * 投資 6 美元，就可以實現這一目標。」

各位，在這場比賽中，要獲勝是很容易的。到本章結束時，你也可以做到。

在上一章談到了儲蓄，而且我很高興你開了一個高利息的儲蓄帳戶。我真的為你高興，但這還不夠！儘管你在無數的書籍和部落格中讀到許多關於節儉的祕訣和故事，但在一些小地方省下一點錢依然不夠。

有一些奇妙的文章經常會寫：「若一次購買 200 箱橙汁，就

---

* 投資 60% 股票和 40% 債券的組合。

可以省下 6%！」做點有用的事吧。可悲的是，如果你只想做最低限度的事，例如透過更節儉，使每個月在網路儲蓄帳戶裡存上 100 美元，結果並不會特別起眼。

即使你在一個高利息的儲蓄帳戶中取得穩定的利率，也需要一段很長的時間才能獲得可觀的報酬。簡單地說，儲蓄是不夠的。你需要一種方法讓這些錢產生效益，這樣它的收益才會比最高收益的儲蓄帳戶都要高，而投資正是首選，也是最好的方法。愛因斯坦曾說：「複利是人類最偉大的發明，因為它提供可靠、有系統地累積財富。」

與其像大多數人在儲蓄帳戶上那樣賺取一點利息，你可以運用長期投資獲得每年 8% 左右的收益。20 世紀，股票市場的平均年報酬率是 11%，扣除通貨膨脹率 3%，可獲得 8%。從這個角度來試算，如果你在 35 歲時有 1,000 美元可以運用，假設儲蓄帳戶平均報酬率為 3%。長期來看，扣除通貨膨脹，投資報酬率會是 8%。

現在來做個比較：

如果你把錢存入儲蓄帳戶，30 年後會值多少錢？雖然 1,000 美元的帳面價值會成長到 2,427 美元，但通膨也會「拖累」報酬率。所以，雖然你看起來收益不錯，但當考慮到通貨膨脹因素時，你的金錢購買力和三十年前一樣，成效不彰。

但你可以有不同做法。如果將錢用於投資，價值會超過 10,000 美元，收益超過 10 倍！會超越通貨膨脹的阻力，帶來難以置信的結果，而這還只是一次性的投資。

投資聽來很嚇人，但實際上卻可以很輕鬆。我將逐步引導你，到本章結束時，你會開立一個投資帳戶。實際上，你不必擔心如何投資，這在第 7 章中會提到。現在，我們來設定正確的帳戶，這樣當你準備好時，只要「打開」自動轉帳，每個月存入現金即可。

六年多前，我讀了這本書。我最大的成就之一就是在我 18 歲的時候就建立了退休帳戶。我每天都面帶微笑，因為我知道帳戶裡有足夠的錢。這是一種解放，也讓我在生活的其他層面變得更具冒險精神，比如更積極創業，知道自己即使不再拚命省錢，也能夠花錢買東西，甚至比 99% 的人過得更好。

—— 亞歷克斯．克雷格（Alex Craig），25 歲

為什麼年輕人還沒開始投資？

在進一步討論之前，花點時間了解一下為什麼年輕人不投資。這可以讓你達成大多數千禧一代最擅長做的事：批評他人。

問朋友投資了多少錢，他們會說：「什麼？」或回答你：「我賺的錢還不夠投資。」「我不知道如何挑選股票。」這很諷刺，因為投資不是挑選股票。雖然有些人確實有 401k 帳戶，但這很可能就是他們全部的投資了。然而，這也是我們人生中最重要的投資歲月！

人們不投資的另一個原因是害怕虧損。很諷刺的是，人們害怕在股市「可能」的虧損，但如果不投資，肯定會花光所有錢。

《華盛頓郵報》指出：「民調顯示，大多數老年人更擔心的是錢要花光了，而不是他們快死了。」這篇令人過目難忘的文章繼續寫道：「因此，許多年長的人紛紛上路，以露營的方式到處打工（也稱為「露營打工族」），他們放棄昂貴的生活方式，購買露營車，在全國各地尋找工作機會很少，或根本沒有福利的季節性工作，賺取時薪工資。」

人們對風險有著獨特的信念。我們擔心被鯊魚咬傷而死（而我們真的應該擔心的是心臟病發）。當雞蛋或雞肉降價時，我們很高興，但當股市變得更便宜時，我們卻認為情況不妙（長線投資者應該喜歡股市下跌，因為可以用同樣的價格購買更多的股票）。

只知道如何投資還不夠，而這恰巧就是問題所在。說到錢，其實很容易和其他人一樣只會說：「你只要……然後什麼都不做。」在與年輕人討論金錢問題多年後，我得出了以下結論。

首先，我幾乎討厭所有人的金錢觀。第二，我相信人們可以分為 A、B 和 C 三類。A 類已經在管理他們的資金，並希望改進原本的做法。B 類是最大的族群，他們什麼都不做，但如果弄清楚什麼會激勵他們，他們就會被說服，並開始做出改變。C 類是一群無知的群眾，是群失敗者。理論上，是可以激勵他們，但很難理解他們絲毫不重視金錢管理的愚蠢理由和藉口。

雖然有些人是受到環境的限制，但大多數人永遠不會致富是因為對金錢的態度和行為不佳。實際上，大多數二十多歲的人都是 B，雖然不是很好，但也不差。他們還有很多時間來設定積極的投資目標，但如果他們不採取任何行動，最終不可避免會淪為

C 類。別讓這事發生在你身上！

我在研究所畢業後的第一份工作中，約有兩年時間沒有開始投資 401k 帳戶。我損失了幾千美元。

——特．羅密歐（Te Romeo），34 歲

我大學畢業後第一份工作時沒有開始 401k 帳戶，因為我的前任說這不是一項好的投資。我最後悔的是聽了他那差勁的建議，而沒有跟著直覺走。五年後，我確實開了我的帳戶，但我仍然在想，那段關係讓我付出了多少代價。

——伊維特．巴蒂斯塔（Yvette Batista），37 歲

我直到 35 歲，才有雇主為我提供 401k 帳戶。希望有人在我 20 歲的時候就告訴我，要找一個有足夠實力的雇主來提供這項保障，但當時我收入很少，缺乏安全感，而且迫切需要經驗。現在我覺得我失去了這十到十五年的好機會。

——羅賓．金妮（Robyn Ginney），45 歲

為什麼有這麼多人對錢的態度如此糟糕？你可以提出令人信服的理由，像是教育程度不夠、資訊太多、來自媒體的資訊令人困惑，或者只是單純缺乏興趣。不管是什麼原因，很明顯年輕人的投資就是不夠多。

圖表 3-1　投資的潛台詞翻譯表

潛台詞	翻譯
「現在有這麼多股票，買賣股票的方法很多，很多人給出不同的建議。讓人感到不知所措。」	這是「我害怕複雜」的另一種表達方法。任何新的議題都令人不知所措，像是節食或鍛鍊計畫、學習如何穿搭、為人父母。 解決的方式並不是逃避，而是要選擇一個資訊來源，並開始投入學習。
「我覺得自己總是在高價時買入，我不想要老是買在高檔。」	這個人理智地「意識」到無法掌握市場最佳時機。但他們並不真正理解市場原理，應該要設定每個月自動投資，這樣問題就解決了。
「我還沒有進行任何投資，因為有太多不同的選擇可以作長期投資（例如房地產、股票、加密貨幣、大宗商品等）。我知道我應該要投資，但股票「感覺」不可控。」	最諷刺的是，這個人相信「控制」會幫助他們獲得投資報酬，而實際上，少控制些反而可以獲得更好的報酬。也就是說，控制得越少，結果越好。數據清楚地表明，一般投資者高買低賣、頻繁交易（這會增加稅收），都會大幅降低收益。你以為可以全盤控制，但實際上做不到的話，就放手吧。
「由於我缺乏這方面的知識和經驗，我不想失去我的血汗錢。」	諷刺的是，你每天不投資，實際上還是會因為通貨膨脹而虧損。如果到七十多歲前，都沒意識到這一點，到那時一切都太晚了。（到時候我會盡情嘲笑你。）
「收費占其中很大一部分。當你的投資額很小時，交易費用會大大降低你的報酬。」	人們對於「投資＝交易股票」的看法完全令人費解，事實上並不是這樣的。每個愚蠢的商業廣告和應用程式都會令人誤解。按照我的建議，你的投資費用會非常低。
「我點了小杯咖啡而不是大杯咖啡，所以一天能省下 X 美元。對嗎？」	你會孤單而死。

我在自行創業時學到的一點是，人都有很多理由不去做「應該做的事」，比如投資、使用牙線或創業。沒有時間、沒有錢、不知道從哪裡開始等都是理由。有時候承認我們就是不想做，會更簡單。

如果你不想學習金錢的運作方式，那麼我也無能為力。你可以雇個人來幫你（通常會包含佣金、被推銷浮誇的基金，這會花你幾十萬美元的隱藏成本）。你可以按照你父母的做法，或者可以依循美國人歷久不衰的辦法：忽略問題，希望能自然解決。我不建議這樣做。

金融機構觀察到當人們步入四十多歲時，會突然意識到早該開始存錢的有趣現象。因此，美國人最擔心的財務問題就是沒有足夠的錢用於退休。根據最近的一項蓋洛普民意調查*，超過一半的美國人「非常」或「有些」擔心沒有足夠的錢用於退休。

把這個問題帶回家，問父母最擔心的是什麼。我敢打賭他們的答案很簡單，就是「錢」。然而，我們並沒有比父母那一輩更關注財務狀況。

無聊但真實

雖然「計畫」中彩票致富很容易，但真正的辦法其實要簡單得多。在美國的百萬富翁中，三分之二是白手起家的，這意味著

---

* 蓋洛普公司（Gallup, Inc.），是一間以調查為基礎的全球績效管理諮詢公司，於 1935 年由喬治．蓋洛普所創立。該公司以其在世界各國做的民意調查而聞名。

他們的父母並不富有。他們控制開支、定期投資，以及在某些情況下，自行創業，藉此累積起大量財富。這不像贏得彩票那樣戲劇性，但卻更為真實。

根據美國信託公司（US Trust）對百萬富翁的最新調查，「83% 的富人表示，他們最大的投資收益來自於隨著時間的推移而取得的小收益，而不是冒大風險的投資。」（這並不意味著要少買咖啡。這是指要採取始終如一、有意義的行為，比如有紀律的儲蓄和投資，而不是大規模的投機風險。）

他們的財富不是以每年賺多少錢來衡量的，而是以長期儲蓄和投資的金額來衡量。換言之，如果一名專案經理能夠長期儲蓄和投資更多資金，即使他的年收入是 50,000 美元，他擁有的淨值可能比一名年收入 25 萬美元的醫生更高。

美國文化無助於思考投資。我們看到的是名人和 IG 貼文向我們展現致富的成果，而不是如何致富。隨著這種娛樂形式越來越流行，我們的態度也發生了變化，也就不足為奇了。

圖表 3-2　五分之一的年輕人認為自己會中彩票致富

年輕人比例	認為自己發財的原因	我的評論
21%	中彩票	我討厭你
11%	經由繼承	我討厭你
3%	獲得保險理賠	做一些實際的工作來了解如何管理你的錢，這樣會不會更保險？

美國心理協會（American Psychological Association）報告顯示與 1950 年代相比，儘管我們外出用餐的次數更頻繁，擁有的汽車是 1950 年代的兩倍之多，如今的美國人似乎比較不快樂。我們有更多的玩具，像大螢幕電視、智慧手機和微波爐，但這並不能帶來更令人滿意的生活。

儘管對金融商品和令人眼花撩亂的資訊來源（包括全時段的財經新聞頻道、無數權威人士和數百萬個線上金融網站）全神貫注，我們還是沒能把資金管理得更好，反而變得更焦慮。即使是高收入者也不善於理財，據美國太陽信托銀行（SunTrust）的一項調查顯示，年收入超過 10 萬美元的人中，約有四分之一的人是月光族。

該怎麼辦？我們很自責，並在新年時承諾今年要做得更好。下載新的應用程式（好像一個應用程式就真的能夠解決所有問題一樣）。我們都說「教育」是解決問題的辦法，好像很多人還不知道應該多儲蓄，並為未來投資一樣。光有資訊是不夠的，如果只是需要資訊，你早已「知道」複利了。

真正的問題和解決辦法，就在於要不要採取行動。這包括你的心理、情緒、內心真實想法等。如果你不能理解為什麼會這樣處理金錢，也不知道為什麼要做改變，任何資訊都只是毫無意義的陳詞濫調。

請注意這個黑暗的想法：形勢對我們完全不利。你聽過多少人抱怨無法省錢，更不用說投資了？在某種程度上，這種無助感會使人上癮。「哈！投資？我無能為力！嬰兒潮一代真的把我搞砸了。」

事實上，給我十分鐘看看你的日程表和開銷，我會告訴你該優先做的事項，以及如何解決這些問題。

儘管很多人對金錢有著天真地妄想，但你不必成為其中一員。我將幫你面對現實、掌控局面，並認知到，你可以投資，可能是每月 50 美元，也可能是每月 5,000 美元。這兩個選項我都經歷過，可以告訴你要怎麼做。十年後，甚至三個月後，你會看到一個裝滿資金的投資帳戶，而且每個月都還會自動增加。你可以一邊睡覺一邊賺錢，而不是等待奇蹟，中彩票大獎。你可以自主地使用投資帳戶致富。

投資是致富最有效的方法

只要開設一個投資帳戶，你就可以進入世界歷史上最大的賺錢工具：股票市場。開設帳戶是邁向實際投資的絕佳第一步，不必等到有錢就可以開設一個帳戶。如果你設定自動每月轉帳，許多帳戶提供者都會幫你免除最低限額（也就是開戶所需的金額）。

圖表 3-3　開始投資吧！你已不年輕了

如果你五年前開始就每週投資 10 美元？猜猜你現在會有多少錢。

事實證明，到現在為止，你會擁有數千美元──全部來自每天投資 1 美元多一點。想想那一週 10 美元的錢，到底去哪兒了？如果你和大多數人一樣，那很可能是從你的指尖溜走的，比如花在搭 Uber 和午餐上。

儘管股市狂飆，但你能做的最好的事情就是思考長期布局，並且儘早開始投資。*

如果你每週投資金額：	一年後，將擁有：	五年後，會擁有：	十年後，會擁有：
10 美元	541 美元	3,137 美元	7,836 美元
20 美元	1,082 美元	6,347 美元	15,672 美元
50 美元	2,705 美元	15,867 美元	39,181 美元

這不僅是理論。看看投資如何改變了本書讀者的生活。

自從讀了這本書以來，我已經投資了 70,000 美元，擴大了我的羅斯個人退休帳戶，把 19% 的薪水投入 401k 帳戶，同時也不會因為交易太頻繁而失眠。每年我會重新分配一次投資組合，然後忘了它，繼續過我的生活。克服了對金錢的無知，感覺太奇妙了，因為金錢正是其他人壓力和焦慮的來源。既然我知道自己已在正確的軌道上，我就不必再擔心了，如此一來就可以騰出時間和精力去賺更多錢。

──山姆．海瑟威（Sam Hathaway），29 歲

* 假設 8% 的報酬率。

多年來，我一直在投資羅斯個人退休帳戶、401k 和健康儲蓄帳戶，終於存下了 10 萬美元。現在我 28 歲，照這個速度，最遲五十多歲就可以退休了。如果我能避免生活方式改變，我可以提早在四十歲初到四十五歲左右退休。我一點也不會覺得時間被擠壓。我正在過著富裕的生活。

—— 邁克・凱利（Mike Kelly），28 歲

你的書幫我的財務建立起一個基本的帳戶基礎架構。我 2010 年從大學畢業，在 2010 到 2011 年間讀了這本書，現在每年都在擴大我的 403b（一種教師經常使用的退休計畫）和羅斯個人退休帳戶。我開始在我的 403b 中投入 8% 到 10% 的資金，並在幾年內逐步提高。我今年 8 月就 31 歲了，現在我的 403b 有 135,000 美元，我的羅斯個人退休帳戶有 18,000 美元，支出／儲蓄帳戶可能有 12,000 美元，其他投資（如股票和加密貨幣）有六萬多美元。我絕對喜歡為自己賺錢，而不是成為錢的奴隸。

—— 羅斯・懷特（Ross White），30 歲

搭建個人理財階梯

投資時應該採取六個有系統的階段。每一階都是建立在前一階的基礎上，所以當完成第一階時，就繼續進行第二階。如果你達不到第六階，別擔心，現在盡力就行。在第 5 章中，我會教你如何使這個系統自動運行，這樣每年只要花幾個小時，財務系統

就可以運作如常。但請記住，開立這些帳戶並開始使用，是最重要的一步。

第 1 階：找份工作，加入勞保

在台灣，雇主應為適用勞基法的勞工（含本國籍、外籍配偶、陸港澳地區配偶、永久居留之外籍人士），按月提繳每月薪資 6%以上的勞工退休金。退休金會存在勞動部勞工保險局設立的勞工退休金個人專戶，這筆錢不會因勞工換工作或公司倒閉、歇業而受影響。若想要知道帳戶中的提撥金額，可以到勞保局、郵局或申請勞動保障卡在 ATM 查詢。

第 2 階：還清信用卡債

還清你的信用卡和其他債務。台灣信用卡的平均年利率為 14%，許多卡的利率還更高。無論信用卡公司收取什麼費用，還清債務就能給你帶來可觀的即時回報。最好的方法詳見第 1 章第 95 頁。

第 3 階：在勞工退休金個人專戶額外存錢

如果還有剩餘的錢，回到勞工退休金個人專戶，盡可能在許可限額內存最多錢（這筆金額是雇主的相對提撥範圍之外）。目前的限額是每月薪資的 6%。

第 4 階：開設投資帳戶

如果你還有剩餘的錢可以投資，那就開一個定期的非退休（也就是「應稅」）投資帳戶，並盡可能多放資金進去。想知道更多關於這方面的資訊，見第 7 章。

此外，你可以提高房貸還款金額，或考慮投資你自己，無論是創辦公司還是多拿一個學位，沒有比投資於自己的事業更好的選擇了。

個人理財階梯只是告訴你要開什麼帳戶。而我將會在第 7 章告訴你該投資什麼。

還清債務

個人理財階梯上的第二階段是解決債務問題。如果你沒有任何卡債，太棒了，你可以跳過這一步，進到下一階段。（如果想知道為什麼你還有學生貸款債務，就可以開始投資，以下即是解答：學生貸款債務的利率往往低於信用卡債務，且還款金額往往很大。你可以設定好還款計畫，並同時進行投資。）

如果你有學生貸款以外的債務，是時候還清了。我知道這既不酷也不容易，特別是當談論投資時。有件很有趣的事，一旦人們第一次嘗到投資的滋味，對於建立新的帳戶和學習「資產配置」之類的術語，就會變得比還清陳年舊債更令人興奮。他們會說：「為什麼要談論債務？我會從投資賺到比還債更多的收益！」

由於我想讓你克服所有致富的障礙，所以我鼓勵集中精神償還貸款，特別是伴隨著高利率而來的卡債。關於擺脫債務的最佳方法，請重讀第 95 頁。

選擇證券公司時的考慮因素

多數證券公司都差不多，大多設有最低金額限制。在開投資帳戶之前，需要比較一下最低投資額。例如，一些提供全方位服務的證券公司所設的開戶最低限額很高。我最近打電話給摩根士丹利時，對方告訴我最低限額為 50,000 美元。她告訴我：「理論上，您可以用 5,000 美元開戶，但林林總總的費用會壓垮您。」這就是為什麼該挑選證券公司的原因。

多數確實會要求你在開立羅斯個人退休帳戶時，最低存款金額必須達 1,000 到 3,000 美元，但如果設置自動轉帳，通常可以免除這項要求。即使沒有免除這項條件，我還是建議你設定每月自動轉帳，這樣就不必費心，你的錢會自動增加。在第 5 章中我們會談更多。

你也可以調查證券公司有哪些特色，但坦白說，這些特色現在大多都已經商品化，過去具有優勢的服務，像是 24 小時全天候客戶服務、應用程式、易於使用的網站等，現在都變成了標準服務。

選擇證券公司時，就只需考慮最低金額限制和證券公司的特色。你可以花上幾百個小時詳細比較各家提供的基金總數、郵件發送頻率和其他另類投資帳戶，但如果你害怕做錯誤決定，而不採取行動，結果只會讓你損失更多。正如富蘭克林所說：「今天能做的事，就不要拖到明天。」也正如拉米特・塞西所說：「讓別人去辯論細節吧。你所需要的只是在證券公司開投資帳戶，然後就開始賺錢了。」

開戶大約需要一個小時。你可以在網路上完成全部動作，或者你可以打電話給證券商，他們會用一般郵寄或以電子郵件寄送給你必要的開戶文件。

有一種方法可以將支出帳戶和投資帳戶連結起來，這樣你就可以定期自動轉帳進行投資。在第 7 章，我會提供更多做法，如果你同意每個月自動轉 50 美元或 100 美元入帳，證券商甚至會免除最低投資手續費。

機器人投資顧問如何？

你可能聽說過像 Betterment* 和 Wealthfront** 這樣的「機器人投資顧問」（robo-advisors）（以下簡稱機器人顧問）。機器人顧問是利用電腦演算法來幫你投資的公司（「機器人」是指幫你做投資的電腦，而不是昂貴的顧問）。

機器人顧問是採用理財顧問和富達這類全方位服務公司提供給客戶的精英理財規劃服務，讓普通人都可以使用。你知道 Uber 是如何讓私家車比計程車更方便、更好搭嗎？這就是機器人顧問帶給投資業的變革。

機器人顧問公司採用了新技術，以低廉的價格提供投資建

---

* Betterment 是美國第一家機器人理財顧問公司。

** Wealthfront 是美國新創的機器人理財顧問公司。主打稅損最少、手續費最低、無投資金額上限的 ETF 指數型基金、債券。

議。他們改進了使用者介面，只要你到網路上註冊、回答幾個問題，幾分鐘後就可以知道把錢投資到哪。他們會對你的體驗進行個人化設置，你可以添加自己的目標（例如，何時想要買房子），它就會自動幫你提撥資金。

我對機器人顧問很有意見。雖然這是不錯的選擇，但我認為不值得為此付出代價，我相信還有更好的選擇。舉例來說我特別選擇了先鋒，多年來都沒有換過。

我來解釋一下它的利弊，這樣你就可以自己選擇要不要採用。在過去幾年裡，機器人顧問越來越受歡迎，原因有三：

1. **易於使用**：在網路和手機上都具有漂亮的介面。要求的最低金額很低，讓你可以輕鬆轉移資金並且開始投資。
2. **費用低廉**：一般而言，剛開始的收費要比富達和嘉信這類全功能的投資公司低（這些公司很快意識到了競爭，並跟著降低了費用，而像先鋒這樣提供低成本的公司，收費一直都很低）。
3. **市場主張**：機器人投顧提出了許多市場主張。有些是真的，比如易用性。有些卻不實，甚至近乎荒謬，比如他們把重點放在「投資利損減免」*上。

正如你可能已經意識到，我大力支持將低成本投資擴大到一般人皆可使用。長期投資是達到富裕生活的關鍵，因此，如果有

---

* 投資利損減免（tax-loss harvesting）是一種避稅策略。如果有投資虧損，可以將虧損的投資賣出，這樣就可以產生資本虧損以用於抵消資本增值。

公司能消除投資的複雜性，讓所有人更容易上手（甚至收取較低的費用），我會大力支持。這些機器人顧問提供了非常有用的功能，包括為像是規劃買房等的中期目標和退休等的長期目標。

更重要的是，通常可以透過某些人討厭某事物，來判斷該事物其實有多好。例如，美國銀行恨我，因為我公開指責他們胡說八道。很好！以機器人顧問為例，以佣金為收入的理財顧問通常討厭他們，因為他們使用科技來實現許多顧問所做的事情，而且成本更低廉。

傳統理財顧問們對此提出的邏輯並不是特別有說服力。他們基本上會說，每個人都是不同的，他們需要個人化的協助，而不是千篇一律的建議（這不正確，在財務方面，大多數人大都是相同的）。機器人投資顧問公司的因應方式是增加了真人的理財顧問，客戶可以透過電話跟他們聯繫。

傳統的理財顧問主張，他們的建議提供價值超過帳面上的報酬。（我的回答是：「很好，那就按小時收費，而不要按照管理資產的百分比收費。」）

機器人顧問的出現是為了服務一群以前被忽視的潛在投資人：那些精通數位科技、想要致富的年輕人。他們不想坐在悶熱的辦公室裡聽理財顧問開導。設想 Google 的員工不知道該如何處理他的錢，只是讓錢留滯在支票帳戶裡。機器人顧問就是成功吸引了這類投資者。

但真正的問題是這值得嗎？而我的回答是不值得。他們的收費無法證明其所提供的服務是合理的。最受歡迎的機器人投資顧問有非常好的使用者介面，但我不願意為此付錢。自從他們創立以來，許多機器人顧問公司已經降低收費，有時甚至低於先鋒。但這有兩個問題：為了以低於 0.4% 的收費維續營運，並管理數兆美元的資金，他們必須提供新穎且更昂貴的功能。例如，先鋒目前管理的資產是 Betterment 的九倍、Wealthfront 的十倍。

追蹤所有的帳戶

有件讓我發瘋的事，就是搜索我所有不同帳戶的登入資訊。為了追蹤我的所有帳戶，我使用了一個名為 LastPass 的密碼管理工具，可以安全地儲存網址、密碼，和每個帳戶的詳細資訊，在我的筆記型電腦和手機上都可以運作。這是我財務系統一個重要的組成部分，因為必須要將所有資訊放在一個地方，在需要時才能順利登入。

如此龐大的規模對先鋒集團來說是一個龐大的競爭優勢，該公司幾十年來一直靠微乎其微的收費維持生存。新的機器人顧問公司則無法維持如此低的費用，除非他們能迅速發展業務，但這是不可能的。相反地，他們從希望快速增加的風險資本投資者那裡籌集資金。

為了吸引更多的客戶，他們已開始使用行銷手段，比如強調影響投資的一個很小的因素，像是「投資利損減免」── 這基本上是賣出投資，用來抵銷稅負收益，而這項稅負收益卻被吹捧成帳戶上看似至關重要的部分。這就像一家汽車製造商花費數百萬美元，將三層塗漆當成是買車最重要的考慮因素來推銷一樣。

當然從長遠來看，投資利損減免可能會幫你省一點錢，但不是很多。

在很多情況下，這是不必要的，只是一個「可以擁有」的特性，所以不應該以此決定該選擇哪家公司為你做投資。

根據《華爾街日報》2018 年報導，一些機器人顧問公司也開始提供收費更高的產品。

Wealthfront 新增了一支成本更高的基金。此次發行使用衍生性商品複製了一款流行的對沖基金策略，即「風險平價」*。一些客戶加入了消費者權益宣導團體和競爭對手的行列，迅速在網路論壇上批判該基金的成本和複雜性，還指責 Wealthfront 私自將某些客戶納入該基金。

Wealthfront 加州的客戶，謝麗爾・費拉羅（Cheryl Ferraro），在 Twitter 上發布了消息：「我查看了我的帳戶，發現這是真的。未經我同意，我的錢就被轉移到『風險平價』基金中。」

費拉羅女士在一次採訪中說：「我必須查看我的帳戶，告訴 Wealthfront 我想把我的錢從那筆基金裡挪出來。它們的舉動無疑動搖了我對他們的信心。」

當一家低成本供應商募集到創投的資金，需要讓業務快速成長時，這是可以預見的結果：要麼必須找到更多的顧客，否則就得想辦法從每位顧客身上賺取更多的錢。

我相信先鋒具有優勢，我也用他們來進行投資。但要知到

* 風險平價是對投資組合中不同資產，分配相同的風險權重的資產配置概念。

當你把投資決策範圍縮小到像先鋒或機器人顧問這樣的低成本業者時，就已經做出了最重要的選擇，也就是你已開始在長期、低成本的投資中增加自己的資金。無論選擇智能顧問、先鋒，或是其他低收費經紀商，這都只是很小的細節。重要的是你要選擇一個，並開始投資。

存錢到投資帳戶

太棒了！你已開了一個投資帳戶。因為你們大部分人都設定了每月自動轉帳，免除最低限額，所以錢會定期被送到你的羅斯個人退休帳戶裡耐心地等你決定如何做投資。

如果你還沒設定自動轉帳，現在就開始養成好習慣，即使每月只有 50 美元，也能累積需要的最低限度。

許多人問我對加密貨幣等另類投資的問題。在第 7 章，我們將討論最佳策略和選擇。但現在我希望你為你愛的人買一件很好的禮物，因為你已很有錢了。

恭喜你！花點時間自我鼓勵一下，你已經開始登上個人理財的階梯了。重要的是你現在有了一個系統來增加錢。擁有投資帳戶意味著錢能夠開始快速增長，可以區分為短期儲蓄和長期投資。你存入的 50 美元似乎只是一小步，但我相信這是你投資中最重要的 50 美元。

第三週行動步驟

1. 查詢勞工退休金個人專戶（3 小時）

查看帳戶中的相對提撥，如果可能的話，存入更多的錢；如果無法，還是先查詢但先不採取行動。

2. 想出一個還清債務的計畫（3 小時）

認真思考如何擺脫債務。可以重溫第 1 章第 95 頁和第 9 章第 355 頁，了解如何償還卡債和學生貸款。

既然你已經開了這些帳戶，想辦法讓帳戶裡盡可能放滿資金。在下一章中，我將告訴你如何控制開支，讓錢投入你想要的地方。

第 4 章

有意識消費
不是要你變小氣

我曾經覺得人們總說可以藉由皮帶或鞋子來判斷一個人很可笑。是在開玩笑吧？怎麼可能從你戴的耳環看出你喜歡喝什麼湯？少胡扯了。

然而，最近我發現我錯了。事實證明，想找出某人真實的個性，其實有判斷標準：如果他們像移民一樣吃雞翅。

我不懂也不關心運動，有一次的超級盃星期天*（Super Bowl Sunday）我決定去參加吃雞翅的娛樂活動（wing crawl），就像在酒吧喝通關（pub crawl）**一樣，只不過是換成雞翅。我很快察覺到和朋友一起啃雞翅最有趣的部分，就是看他們在骨頭上留下了多少肉。有些人留下了一半的肉，卻接著去啃下一隻翅膀，我再也不和這些人說話了。

有些人則把骨頭徹底地啃乾淨，把碎肉和骨髓都吃光，你只能得出兩個結論，他們在各方面都是人生勝利組，而且他們肯定是來自另一個國家。移民（像我父母一樣）從不會留下一點雞翅上的肉，我們可以從他們身上學到一些東西。

這種節省的精神現在已很少見。我們花在手機上的費用比其他國家大多數人花在抵押貸款上的更多。我們買鞋子的錢比祖父

---

* 超級盃（Super Bowl）是美國美式足球聯盟的年度冠軍賽，一般在每年1月最後一個週日或2月第一個週日舉行，那一天稱為超級盃星期天（Super Bowl Sunday），美國人有在這一天邊收看超級盃比賽轉播，一邊吃辣雞翅的習慣，因而有許多和辣雞翅相關的活動。

** Wing Crawl 的活動是類似 Pub Crawl 的娛樂活動。Pub Crawl 可翻譯成「喝通關」意指就一個晚上跑好幾家酒吧，每家都進去喝 one shot 或是啤酒、跳個舞之後再換下一家。除了炒熱氣氛以外，也會認識許多新朋友，而且通常整個「團」會越來越多人加入。

母買汽車還要貴。然而，我們並不真正知道這些花費加起來有多少。多少次你打開帳單後嚇了一跳，然後聳聳肩說：「我真的花了那麼多錢？」你有多少次因消費而感到內疚，但不管怎樣還是照做？

在這一章中，我們要為無意識消費調製溫和的解藥，以一種新的簡單消費方式來解決問題。是時候別再想每個月的錢都去哪了，我會幫你把錢重新導向你選定的地方，比如投資、儲蓄，甚至在你喜歡的事物上多消費（但在你不喜歡的事物上則否）。

等一下！你可能認為這一章是要建立預算而想要跳過，但請等一下，我們不是要建立一個複雜的預算，讓你終生奉行。我討厭預算，「預算」是世界歷史上最糟糕的詞彙。

我很難在腦子裡盤算如何擬定預算，然後控制實際支出不超過預算允許的範圍。我感覺自己在其他方面都能掌控得宜，但我就是無法坐下來計算自己的支出。

—— 莎拉．羅伯森（Sarah Robeson），28 歲

「擬定預算」是種毫無價值的建議，但個人理財專家認為是良好的處方箋，然而當大家讀到關於制定預算時，眼神都會變得很呆滯。誰會想追蹤自己的支出呢？很少人真正嘗試過，實際執行的人會發現他們的預算計畫兩天後就完全失敗，因為要追蹤每一分錢根本不可能。有趣的是，在 2015 年由「Bankrate」網站做的調查，82% 的美國人說他們定的預算根本荒謬無比。

看看你周圍的人，你認為十個人中有八個人有預算嗎？我都

懷疑十個人中只有八個能說出我們所在的星球。

經濟政策研究所（Economic Policy Institute）的生活水準計畫主任傑瑞德・伯恩斯坦（Jared Bernstein）說：「想制定預算大抵是種一廂情願的想法。」他提到 2007 年一項研究發現，人們對於預算有這樣的錯覺。「說得更準確點，有四分之三的人認為他們應該制定每月預算。」

過去五十多年來，預算一直是勢利的個人理財作家的愛寫的題材，他們試圖把追蹤每天花費的觀念推銷給讀者，因為這聽起來合乎邏輯。問題在於：從來沒有人做得到。

如果我告訴他們停止消費，開始儲蓄，大多數人都會不知道從哪裡著手，我還不如說服一隻甲龍跳吉格舞 *。

我的許多朋友在花錢做了一些愚蠢的事時，他們通常就是無奈，沒有從錯誤中吸取教訓。我看著朋友擺脫了巨大的卡債，把餘額清到零時，就又開始狂刷信用卡。

—— 法蘭克・威爾斯（Frank Wiles），29 歲

因為我們知道預算是行不通的，所以我要告訴你們一種更好的方法，對於我成千上萬的讀者都很奏效。忘了預算吧！相反地，讓我們來制定一個消費意識計畫。只需要做些準備，就做能確保你每個月都有足夠的儲蓄和投資，然後有剩餘的錢去做任何你想做的事。

---

* 吉格舞（jig）是一種愛爾蘭傳統舞蹈。

唯一要做的，是必須提前計畫好錢要花在哪裡（即使只是寫在餐巾紙背面也可以）。花幾個小時準備一下，這樣你就可以將錢花在喜歡的東西上，這值得吧？這可以使你的儲蓄和投資都自動化，並使更清楚自己的消費決策。

撿便宜和有意識消費的區別

不久前，我和幾個朋友在討論今年要一起去哪裡旅行，其中一個說了一句令我吃驚的話：「你可能不會同意，但我想去加勒比海。」

為什麼我會不同意？我有時會聽到這樣的話。當有人發現我在寫理財的內容，就突然覺得我會評判他如何花錢。

我問過一些私人教練朋友，當他們外出用餐時，是否也會聽到同樣的話：「其他人會因為他們在你面前點的食物而道歉嗎？」

其中一個看著我說：「每次都這樣。但我才不管他們點什麼菜！我只是想好好吃午飯。」

很顯然，我的朋友認為我就是愛指手畫腳批判人，好像我默不作聲地反對他將錢花在「瑣碎」的東西上。換言之，寫個人理財文章的人自然而然會是「那個告訴我不能做這做那的人，因為太花錢了。」事實上，我喜歡人們花錢在自己喜愛的事物上且毫無內疚。你喜歡時尚，想買 400 美元的義大利奢侈品牌 Brunello Cucinelli T 恤？太棒了。

但當你犯錯時，我還是會罵你。如果你相信花 400 美元喝七天消脂果汁能有助於減肥，那你就是個白痴。不過我不是嘮叨的家長，會告訴你不要再花錢買拿鐵了。我花了很多錢外出用餐和旅遊，但從不感到內疚。與其只是主張「不要把錢花在昂貴的東西上！」，我相信還有更精準的方法。

讓我們先屏棄一種觀點：拒絕花錢在某些事物上，就表示很小氣。如果你覺得在外食時花 2.5 美元買可樂不值得，寧願每週省下 15 美元去看一部電影，那可一點都不算小氣。這是有意識地決定你重視些什麼。不幸的是，大多數美國人從未被教導如何有意識地消費，也就是絕不花錢在不喜歡的東西上，但大舉花在喜歡的事物上。

美國人反而被教導要對所有支出都採用「不要花錢在那上面」的原則！然後虛應其事地削減開支、失控，然後內疚地責怪自己，然後繼續在我們漠不關心的事物上超支。對於不關切的事物應該要勇於說不。但對於喜愛的事物要勇於說「要」。

很諷刺的是，我們唯一真正學到關於金錢的事就是如何節約，通常是叫我們少買咖啡和囤積衛生紙這類的建議。每個人都在談論如何省錢，卻沒人教該如何花錢。

美國人的開支都超過了他們的收入，實際上似乎也沒有什麼能改變行為。即使可能會在經濟低迷時期勒緊錢包，但很快就會恢復平常的消費習慣。坦率地說，沒有人有興趣改變現狀，消費性支出占美國經濟的七成。

有意識的消費不僅僅是我們自己的選擇，也有社會的影響。我們稱為「慾望城市」效應，朋友的消費會直接影響到自己。下次購物時，隨意看看周遭結伴逛街的人。很有可能他們的穿著很相似，但收入卻差很大，要跟得上朋友可不能掉以輕心。

很多時候，朋友會在不知不覺間讓自己變成無意識的消費者。例如，我和兩個朋友去吃飯。其中一個正在考慮買新的 iPhone，她拿出舊手機告訴我們為什麼要買新的。我的另一個朋友難以置信地瞪著眼睛說：「妳已經四年沒買新手機了？怎麼回事？妳真的需要買支新 iPhone。」儘管只有三句話，但傳達的資訊卻很清楚：你沒有買新手機（不管你是否需要它）就是有問題。

把錢花熱愛的事物上

削減所有事物上的開支持續不了兩天，有意識消費其實很簡單，就是選擇你愛的東西，盡情地消費，然後在不愛的東西上絕對不花一毛錢。

培養有意識的消費，是致富的關鍵。事實上，正如具有里程碑意義的著作《鄰家的百萬富翁》（*The Millionaire Next Door*）的研究人員發現的那樣，在接受調查的一千多位百萬富翁中，有一半的人從來沒有花超過 400 美元買一套西裝、140 美元買一雙鞋，或 235 美元買一支手錶。

再次強調，有意識消費，並不只是削減在各種事物上的花費，而是決定什麼是重要的，值得大花錢。不要盲目地把錢花在每件事物上。問題是幾乎沒有人會去決定什麼是重要的、什麼不是，這真糟糕！這就是我們需要有意識消費的原因。

圖表 4-1　撿便宜和有意識的消費的區別

撿便宜的消費者	有意識的消費者
小氣的人在乎東西的價格。	有意識的消費者在意價值。
貪圖便宜的人試圖把每樣東西的價格壓到最低。	有意識的消費者也會試著在大多數東西上取得低廉的價格，但卻願意花大錢在重視的東西上。
吝嗇的人會影響到周圍的人。	有意識的消費者的節儉只會影響到自己。
小氣的人不會顧慮他人。例如，當和其他人一起吃飯時，如果餐點的價格是 7.95 美元，他們會付 8 美元，儘管他們非常清楚，加上稅和小費之後，消費應該接近 11 美元。	有意識消費的人知道他們必須選擇花錢的地方。如果他們午餐只想花 10 美元，他們會點水而不是冰茶。
小氣的人對待別人的方式會讓你感到不舒服。	有意識消費的人也會讓你感到不舒服，因為你會意識到你應有更好的花錢方式。
吝嗇的人會記錄下朋友、家人和同事欠他們多少錢。	一些有意識消費的人也會這樣做，但肯定不是全部。
因為怕有人說他們在某件事上花了太多錢，所以吝嗇的人不會總是誠實告知他們花了多少錢。	不見得有意識消費的人會說實話。每個人都會謊報開銷。
小氣的人通常都不講理，他們不明白為什麼不能得到免費的東西。有時這是一種行為，但有時不是。	有意識消費的人也會像小氣的人一樣努力爭取好價，但他們明白這就像一場舞蹈，最終他們知道，基本上他們無法取得好價。
小氣者眼光短淺。	有意識消費的人會考慮長遠。

為什麼朋友都可以開心花大錢？

我希望你有意識消費，這樣當看到信用卡帳單時，就再也不會說「我居然花了那麼多錢」。有意識的消費意味著你要準確地決定把錢花在哪些地方，像是外出、儲蓄、投資、房租，這樣你就不會對消費感到內疚。除了讓你對自己的支出感到自在，計畫還能讓你朝著目標前進，而不再僅是夢想。

事實顯而易見，大多數年輕人沒有意識到自己的消費，通常很隨意，然後被動地感覺好或壞。每當我遇到有消費意識計畫的人（他們說：「我會自動把錢存入投資和儲蓄帳戶，然後在我喜歡的東西上毫不手軟地花錢」），我都會被深深迷住，我對他們的喜愛，可比沙賈汗對妻子慕塔芝・瑪哈*（去查一查）。

我要告訴你三位朋友的例子，他們花了很多很多錢在一些你認為浮誇的事物上，比如鞋子和出遊，但是他們的行為完全合理。

瘋狂買鞋的麗莎

我的朋友麗莎每年花 5,000 美元買鞋子。因為她喜歡的鞋子售價都超過 300 美元，她每年大約新購十五雙鞋。你可能會說：「這太荒謬了！」表面上看來，這個數量確實很大。但如果你在讀這本書，你可以看得更深一點：這名年輕女子收入不錯（年薪達六位數美元）、有一名室友、公司供應免費伙食，而且不花太

---

* 沙賈漢在位期間，為他最喜愛的妻子慕塔芝・瑪哈（來自波斯貴族家庭，死於難產，為奧朗則布皇帝的母親）修築了舉世聞名的泰姬瑪哈陵。

多錢購買昂貴的電子產品、健身房會員或高檔晚餐。

麗莎非常喜歡鞋子。她會在 401k 帳戶和應稅投資帳戶存款（她賺的錢太多了）。每個月都會把錢存起來，用於度假和其他儲蓄目標，並把一些錢捐給慈善機構後，還有剩餘的錢。有個有趣的地方，你可能會說：「但是，拉米特，她有錢、存款、投資這些都無關緊要。花 300 塊錢買鞋子真的很可笑，沒有人需要在鞋子上花那麼多錢！」

在你責備她鋪張浪費前，先問自己是否已為儲蓄帳戶存款，並額外開設了投資帳戶呢？你完全知道自己的錢都花在哪裡嗎？你有沒有做出策略性決定，把錢花在喜歡的東西上？

很少有人預先決定如何花錢。相反地，他們把錢花在亂七八糟的東西上，最終眼睜睜地看著錢慢慢不見。同樣重要的問題是，你已決定自己不愛哪些東西了嗎？例如，麗莎不喜歡住在豪華的地方，所以她選擇住在小公寓裡的小房間。她決定住在一個小居所，每個月比她的許多同事少花 400 美元。在計畫好長期和短期目標後，她有剩餘的錢花在喜歡的事情上。我認為這種做法是對的。

對我來說，最大的轉變是我的思維方式，特別是有意識地消費（在優先事項上花大錢，其他的則儘量節省）和財務自動化，我都已做到了。我把所有的錢都轉到了一個有利息的帳戶，並把所有的帳單都設定自動化付款了。

—— 麗莎．詹岑（Lisa Jantzen），45 歲

喜歡跑趴的約翰

我的朋友約翰每年花 21,000 美元出門去娛樂。你可能會說：「天哪，那真是一大筆錢！」讓我們來分析一下。假設他每週四次外出吃晚餐和到酒吧，平均每晚花費 100 美元。我保守估計這些數字，因為每人晚餐的費用可達 60 美元，而飲料則為每人 15 美元。我還沒計入開瓶服務費，這可能要 800 美元或 1,000 美元（他住在一個大城市裡）。

約翰的薪水也達到了六位數美元，所以他能夠毫不費力地制定一個消費意識計畫。但即使是如此，他也必須決定不想要花費的事物。例如，當他的同事週末去歐洲旅行時（我不是在開玩笑），他禮貌地婉拒同行。事實上，因為他工作很努力，他幾乎從不休假。同樣地，因為他總是在上班，所以他不在乎公寓的裝潢，幾乎完全不花錢在裝修上，他仍然使用鐵絲衣架吊掛他那幾套廉價西裝，甚至連一把炒菜鍋都沒有。

對約翰來說，時間是限制因素。他知道，如果必須親自匯款，他永遠無法定時把錢匯到任何地方，因此他把投資帳戶設定為自動匯款，這樣他永遠就不必親力親為。關鍵是約翰了解自己，並建立起一些系統來彌補自己在理財上的弱點。

在消費方面，他努力工作，認真玩樂，平日外出兩次、週末兩次。然而，儘管他花了超多的錢在餐廳和酒吧裡，但在短短幾年內，約翰省下的錢比我幾乎所有朋友都多。儘管 21,000 美元表面上聽來有些離譜，但你必須考慮到他的薪水和生活重點。其他朋友可能會花數千美元裝潢公寓或度假，而約翰則在達到投資目標後，選擇把這些錢花在外出娛樂上。

關鍵是不管我是否同意約翰的選擇，他都已考慮過了。他坐下來，考慮如何消費，並確實執行計畫。在我交談過的年輕人中，他做的已超過 99% 的人。如果他決定每年要花 21,000 美元買毛茸茸的毛驢戲服和骨董俄國王室彩蛋，那也不錯，至少他有計畫。

在過去的三年裡，我對每週買幾次拿鐵和午餐的內疚感有所減輕，因為我現在已意識到我的錢花在哪裡了。我每個月花 300 美元在外面吃飯和喝咖啡，當我用完這些錢時，我轉而喝即溶咖啡和自己打理午餐。

—— 詹姆斯・卡瓦洛（James Cavallo），27 歲

我的富裕生活是沒有罪惡感的消費。我不再說我買不起 X、Y 或 Z。我會說我選擇不花在這上面。

—— 唐娜・艾德（Donna Eade），36 歲

有錢能讓人快樂嗎？

會的！

我知道你可能聽説過一項研究，金錢能讓我們快樂，不過大於 75,000 美元就會漸漸無感。事實上，美國經濟學家迪頓（Deaton）和心理學家康納曼（Kahneman）2010 年的研究發現，「情感幸福」的峰值是 75,000 美元。但如果用另一個衡量標

準「生活滿意度」，你會發現不論是年薪 75,000 美元，或 50 萬美元，甚至 100 萬美元，都不會達到高峰期。

正如美國記者迪倫．馬修斯（Dylan Matthews）在一篇精彩的 Vox* 文章中指出：「有大量資料顯示，你賺得越多，對自己的生活就越滿意。對開發中國家和已開發國家來說，更富有與更高的生活滿意度相關。」

如果你想知道如何用金錢過上更幸福的生活呢？哈佛商學院副教授阿什利．威蘭斯（Ashley Whillans）等人告訴《紐約時報》：「那些花錢為自己爭取時間的人，例如把不喜歡的工作外包出去，總體生活滿意度更高。」

總之不要相信頭條新聞。金錢是富裕生活的一小部分，但很重要。你可以策略性地利用錢來過一種更滿意的生活。

一般上班族

你不必拿六位數的薪水，也能成為有意識的消費者。我的朋友朱莉在舊金山一家非營利性公司工作，年收入約四萬美元，但她每年能存下六千多美元，遠遠超過大多數美國人。

她藉由嚴格遵守紀律來做到這一點：她在家做飯，與人合租一套小公寓，利用雇主提供的所有福利。當她受邀出去吃飯時，會檢查信封系統（見第 192 頁），看看她是否能負擔得起。如果不能，她會禮貌地拒絕。但當她外出時，從不為花錢而感到內

* Vox 是美國沃克斯傳媒旗下的新聞評論網站，持自由主義立場。

疚，因為她知道自己能負擔得起。

然而，光靠房租和食物來省錢是不夠的。她還積極儲蓄，存最多的錢到羅斯個人退休帳戶，並為旅行預留額外的錢。每個月這些錢都是第一筆自動轉出的款項。

在聚會上或晚餐時與朱莉交談時，你永遠不會知道她比大多數美國人存下更多錢。我們利用最粗略的數據，就人們的花費做出武斷的定論，我們以為憑他們的工作和衣著就足以了解他們的經濟狀況，但朱莉證明表面數據並非一定能全面了解。不管她的處境如何，她都選擇把投資和儲蓄放在首位。

物質上，我可以毫無愧疚地沉溺於我對時尚的愛好，住在一個安全、舒適的公寓裡。我可以選擇最健康的食物和日常運動。我已經能夠放棄朝九晚五的工作，並嘗試開創自己的事業。而且我的心理健康（和婚姻）也好多了，因為我們不再總是為錢而緊張。

——希拉里·布克（Hilary Buuck），34 歲

利用心理學來省錢

我有一位讀者一年賺 50,000 美元，在考慮了我的一些建議後，發現她 30% 的稅後收入都用於訂閱付費。訂閱可以是任何東西，從 Netflix 到手機費用，再到有線電視帳單。訂閱是企業最好的朋友，讓公司自動從客戶身上賺取可預測的收入。你上一次檢查每月的訂閱並取消訂閱是什麼時候？可能永遠不會。我提供你一個「點餐法」。

點餐法利用心理學來削減開支。實行的原理是取消所有可以自由支配的訂閱，例如雜誌、有線電視，甚至健身房。然後，按照菜單選購你需要的東西，與其花錢買一大堆你從不在有線電視上看的頻道，不如從 iTunes 上只買想看的影集，每集只要 2.99 美元。每次去健身房只買單日券（大約 10 美元或 20 美元）。

點餐法會奏效的原因有三：

1. 訂閱可能讓你多付錢。我們大多數人都大大高估了訂閱的價值。例如，如果我問你一週去健身房多少次，你可能會說：「喔，一週兩、三次吧。」這可是胡扯。事實上，一項研究顯示，健身會員對於他們的會員使用次數高估了 70% 以上。選擇月費約七十美元的會員平均每月只用了 4.3 次，等於每次去健身房的費用都超過 17 美元。實際上，他們如果每次花 10 美元進健身房，成本反而會省得多。

2. 必須謹慎看待自己的消費。你可能只是被動地看著信用卡帳單說：「對了，我記得還有有線電視的帳單。」但如果每次你想觀看一個電視節目時才花 2.99 美元購買，情況則會完全不同。當你積極思考每一筆費用時，消費支出就會下降。

3. 你會看重當下所付出的錢。你對自己掏腰包購買的東西，會比訂閱而來的東西看得更重要。

如何執行「點餐法」：

① 計算一下你過去一個月花了多少錢在訂閱上（例如，訂音樂、Netflix 和健身房）。

② 取消那些訂閱，開始運用點餐法來購買這些東西。

③ 一個月後，檢查並計算上個月你在這些項目上花了多少錢。然後你就可清楚的了解了。

④ 現在你已取得解決方法了。如果你花了 100 美元，試著減到 90 美元，然後再減到 75 美元。不過也不要減到太低，你希望這樣的支出可以持續下去，也不想完全失去與這世情變化的聯繫。但是你可以精準地控制你租了多少部電影，或者你買了多少雜誌，因為每一種都是你掏錢買的。

記住，這不是要苛刻你自己。理想的情況是，你意識到每月花 50 美元訂閱你並不真正想要的東西，現在你可以有意識地將這些錢重新分配給你喜歡的東西。

「在讀這本書之前，我最大的心理障礙是要談判價格。我只是覺得東西的價格就是固定的。我對這本書採取的第一步是列出我的訂閱和水電費用，並打電話重新協商每一項。回首往事，這是我第一次真正掌控我的財務狀況。」

—— 馬特 · 阿伯特（Matt Abbott），34 歲

有意識的花錢

我前面提到的朋友對於大多數人來說都是例外。他們都有計畫，不會為新手機、新車、新假期和新的開銷疲於奔命，而是計畫把錢花在重要的東西上，然後把剩下的錢存起來。

我那位愛鞋的朋友住在一個小房間裡，她幾乎都不在家，每個月都能省下幾百美元。我喜歡跑趴的朋友使用公共交通工具，他的公寓幾乎沒有裝修。我那位一般上班族的朋友非常詳細地規劃每一項開支。

他們每個人都會先把該付的錢付清，不管是每個月要付 500

美元，還是 2,000 美元，他們都已經建立起自動支付的基本系統，這樣當錢最終進入他們的支出帳戶時，他們知道自己可以毫無愧疚地花掉它。他們花在擔心金錢上的時間比大多數人更少！他們都已熟練地利用網路儲蓄帳戶、信用卡和基本資產配置。他們不是專家，只是率先起跑了。

對我來說，這是一個很令人羨慕的狀況，也是本書的重點，讓你自動儲蓄、投資，並享受金錢，而不會為了購買那些新牛仔褲感到內疚，因為你只花了你所擁有的錢。

你只需要一個計畫能做到，就是這麼簡單。

真的想批判朋友的花費嗎？

每當想要批判朋友的消費時，我們都只看表面，然後就迅速做出批判。「你花了 300 美元買牛仔褲！」「你為什麼在全食超市*購物？」「你為什麼決定住在那個昂貴的地區？」

事實上，我們的大多數的批判都是正確的：因為年輕人通常不會為了長期目標仔細考量對金錢的支配 —— 不會先把該付的錢付掉，也不會制定投資和儲蓄計畫。所以，當你認為你的朋友買不起 300 美元的牛仔褲時，你可能是對的。

我一直在努力少批判這種事情，不過還是會忍不住。但我現在關注的是一個事實，價格其實並不重要，重要的是處在何種情

* 全食超市（Whole Foods），美國連鎖有機超市。

況：是想揮霍一下品嚐特別的菜餚，還是一瓶昂貴的葡萄酒嗎？你今年 25 歲而且已經存了 20,000 美元？太棒了！但是，如果你的朋友每週出去四次，只拿 25,000 美元的年薪，我敢打賭他們不會有意識地花錢。

所以，儘管評判你的朋友很有趣，但要記住，他們是處在何種情況下很重要。

有關處理金錢和人際關係的更多策略，見第 366 頁。

建立消費意識計畫

你能和我一起做個練習嗎？大約需要三十秒。

想像有一個圓餅圖，代表你每年賺的錢。如果你能揮舞一根魔杖，把餅分成你需要和想花錢的東西，會是什麼樣子？不用擔心確切的百分比，只要想想房租、食物、交通，還有助學貸款等主要類別。

儲蓄和投資呢？還有你一直想去的旅行呢？請記住在練習中，你有一根魔杖，所以也將那些也放進去吧。有一些讀者告訴我這是書中最具挑戰性的部分，但我相信這也是最具回報的部分，因為你可以有意識地選擇想怎樣花錢，以及想如何過上富裕的生活。

所以讓我們來談談如何制定一個消費意識計畫。不需要被龐大的預算系統給壓垮了，只需要今天就準備好簡單的版本，隨著時間的推移再不斷地改進。

給你一個建議，一個消費意識計畫包括四個主要部分，你的錢會分配到：固定成本支出、投資、儲蓄和不會感到內疚的消費支出上（見圖表 4-2）。

圖表 4-2　支出類別

類別	實得薪水占比
固定成本 租金、水電費、債務等。	占 50% ～ 60%
投資 證券活期儲蓄存款帳戶、基金信託帳戶等。	占 10%
儲蓄目標 假期、禮物、購屋頭筆款、應急基金等。	占 5% ～ 10%
無內疚的消費支出 外出用餐、喝酒、看電影、買衣服、鞋子等。	占 20% ～ 35%

每個月固定成本

固定成本是你必須支付的金額，比如你的租金、房屋抵押貸款、水電費、手機和學生貸款。一個很好的經驗法則是，固定成本應該是實得薪水的 50% 到 60%。在消費其他東西前，必須先弄清楚這些開支加起來有多少。你可能會認為這很容易搞清楚，不過事實證明，這是個人理財中最棘手的問題之一。

為了找到答案，讓我們一步一步處理。見圖表 4-3，上面列出了一般人的基本開支（這是一般人都可以用來生活的最低限度）。

如果發現你的主要支出類別沒在上面，就加上去。請注意，我沒有把「外出用餐」或「娛樂」包括在內，因為這些都是不會感到內疚的消費類別。為了簡單起見，我也沒有包括稅。在這些例子中，我們使用的是實得薪水。

圖表 4-3　開支項目

每月支出項目	每月費用
租金／抵押貸款	
水電費	
醫療保險和帳單	
汽車分期付款	
公共交通費用	
償還債務	
日常雜貨	
購買衣物	
網路／有線電視	

先把你知道的金額填上。

接下來，要填上還沒算清楚的成本和類別，得要更深入一點查一下過去的花費，填寫所有的金額，並確保已涵蓋了每一個類別。只要填入過去幾個月內的資料，保持簡單即可。想知道你在哪裡花了多少錢，最簡單的方法就是看信用卡和銀行對帳單。當然這樣做可能無法掌握到最近的每一筆費用，但你已取得85%的資料，這就夠了。

最後當你把所有的開銷都填好後，還要再加上15%還沒算上的開支。這一項很必要，因為你可能沒有算到「汽車修理費」，每年可能要花費400美元（也就是每個月33美元）或是衣物乾洗、緊急醫療、慈善捐款。加進15%可以彌補沒有考慮到的事項，隨著時間的推移，估算會變得更加準確。

實際上，我的財務系統中有一個名為「愚蠢錯誤」的類別。當我剛開始這項工作時，我每月會準備20美元以備不時之需。然後不到兩個月，我不得不花600美元去看醫生，結果被開了一百多美元的交通罰單。計畫總是趕不上變化，因此我現在每個月都準備200美元，以備緊急用途。到了年底，如果還沒花完，我就會存下其中一半，並花掉另一半。

一旦有了相當準確的數字，就從實得薪水中扣掉。現在你已知道還有多少錢可以花在其他類別，像是投資、儲蓄，和不會產生內疚感的消費上了。另外，你會對某些消費有些想法，你可以削減這些開支，讓自己有更多的錢來儲蓄和投資。

長期投資

這個桶子內包括每個月存款到投資帳戶的錢。一個很好的經驗法則是長期投資實得薪資的10%（這些是稅後資金，也就是你每個月薪資單上的金額）。

如果你不知道該給你的投資項目分配多少，你可以到

「Bankrate」網站打開投資小算盤（試著搜尋「投資小算盤」）並輸入一些數字。試著輸入每月存款 100 美元、200 美元、500 美元，甚至 1,000 美元。假設報酬率為 8%。你會看到四十年間可產生的巨大差異。要記住你現在儲蓄得越多，以後獲得的報酬也會越多。

儲蓄目標

這一桶包括短期儲蓄目標（像是節慶禮物和度假）、中期儲蓄目標（幾年後舉行婚禮）和更大、更長期的目標（例如房子的頭期款）。

為了確定你每個月應該存多少錢，來看看以下會令你震驚的例子。

我的生活原本很簡單，節慶時，我們經常會送禮物給父母和兄弟姐妹。後來我的家庭多了侄女、侄子和親戚，突然間我每年都需要買更多的禮物送家人。

不要讓禮物之類的花費嚇到你。你或許早就知道會買一些常見的禮物，像是節慶和生日禮物。那紀念日或畢業典禮之類的特殊禮物？

對我來說，富裕的生活包括準備好可預見的開支，這樣就不會被驚嚇了。提前計畫並不「怪異」，而是明智之舉。你已經知道每年十二月都要買聖誕禮物，在一月份就可先做計畫。

現在讓我告訴你如何將這原則應用到更大的開支上。

60% 解決方案

你已聽過我談 85% 的解決方案，重點是實現大部分目標，直到你達成「足夠好」就可以了，而不是執著於實現 100% 的目標，結果搞得不知所措，最終什麼也做不成。

MSN Money 前主編理查德．詹金斯（Richard Jenkins）寫了一篇題為「60% 解決方案」的文章，建議你把錢分成幾個簡單的桶，最大的基本開支（例如食物、帳單、稅負）占你總收入的 60%。剩下的 40% 再分成四種去向：

1. 退休儲蓄（10%）
2. 長期儲蓄（10%）
3. 用於非常態費用的短期儲蓄（10%）
4. 娛樂經費（10%）

這篇文章被廣為傳布，但奇怪的是，我的朋友都沒有聽過。我的消費意識計畫與詹金斯的 60% 解決方案有關，但更適用於年輕人。我們花了大量的錢在外面吃飯和出遊，而住房成本也較低，因為我們可以和家人同住或合租，比上一代來得輕鬆。

如何停止對金錢感到內疚？

如果有一件事是個人理財作家喜歡做的，那就是讓你對花錢感到內疚。我是說，你讀過他們寫的東西嗎？

「和朋友出去喝一杯？為什麼不喝水？」

「去度假？何不去公園散散步？」

「為什麼要買新牛仔褲？有汙漬更有個性。」

按照他們的說法，我們都該在自家後院種糧食，成為自給自足的農民。聽著，我和其他人一樣喜歡《憤怒的葡萄》這本書，但那不是我想要過的生活。

有趣的是，個人理財作家現在流行以單筆的花費，推論出如果你把這些錢用來投資四十年，最後會值多少錢，然後讓你感到內疚不已。例如，如果你把原本計畫花在度假上的 2,000 美元存起來，投資四十年，價值會成長到超過 40,000 美元。

我想那是真的，就像我下次去海邊的時候，我可以用保溫瓶收集海水，步行 500 英里到一家海水淡化廠，然後求前台的人幫我洗乾淨水。為什麼不呢？你以為我在開玩笑？《今日美國》（*USA Today*）的一名作家就寫了一篇題為〈一個三明治多少錢？你會損失 90,000 美元的存款〉的文章

當談到你的富裕生活時，如果還在數硬幣或計算一個三明治值 90,000 美元，那可能走錯方向了。幾十年來不斷閱讀這些文章確實會產生一些影響。那就是你開始信了，開始認為管理金錢的唯一方法就是把錢囤積起來，並列出一張越來越長的「不消費」名單。很快地，這種內疚感不僅是來自金融專家和外部世界，甚至連你的內心也這麼想。例如，我認識很多本書的讀者，他們的年收入超過 20 萬美元，卻不敢花錢。他們覺得即使每六個月在一家好餐館吃飯也是種「浪費」。

他們建立了節儉的監獄。你不會想要最後像這個人在經濟獨立副刊上寫的：「回顧過去幾年我的生活和銀行帳戶，如果我可以體驗更多這世界，找到更多的激情，我會很樂意把大量的錢捐給

別人，並工作更長的時間。我累積了積蓄，但我從來沒有建立自己的生活。」

你是否注意到很多理財專家都用「擔心」、「恐懼」和「內疚」這樣的詞彙？他們為何不一開始就告訴你所有不該花錢去做的事？因為他們都是採取守勢。

我有不同的方法。

我相信如果把生活的贏面布署好，就不用擔心午餐貴不貴了。更好的是，你甚至不必在提到「錢」時，就充滿了「擔心」和「內疚」。你會有不引起內疚感的錢，可以花在任何你想要的東西上，不僅是三明治，還有難忘的假期，送給家人的驚喜禮物，給予你和家人安全感。這一切都由你決定，而且完全沒有罪惡感。

婚禮平均花費超過 30,000 美元，根據我的經驗，如果把所有的花費都考慮進去，會接近 35,000 美元。（更準確來說，根據威爾・奧勒默斯（Will Oremus）在美國網路媒體《石板報》（*Slate*）上所寫：「在 2012 年，平均婚禮費用為 27,427 美元，中位數為 18,086 美元。在曼哈頓，報導大多指稱平均值為 76,687 美元，中位數值為 55,104 美元。」從財務角度看，我總是假設最壞的情況，這樣才可以保守地規畫。我和妻子一起策劃了一場盛大的婚禮，我很清楚實際開支很容易超過你的預期。）所以讓我們簡單採用 30,000 美元作為平均數。

因為知道美國人結婚的平均年齡，所以假設在沒有人幫忙或舉債的情況自行負擔，你可以準確地計算出你需要存多少錢。如果你25歲，每個月需要為婚禮存到1,000美元以上。如果你26歲，需要每月存2,500美元以上（我在374頁詳細介紹了如何籌錢辦婚禮，包括我自己的婚禮）。

我採用的一個最重要的建議，就是不花一毛錢在對我不重要的東西上，由於已經做好預算，花錢在對我重要的東西時就絲毫不感覺內疚。我不會把錢花在有線電視上，也不會買漂亮的新車和時髦的衣服，但我確實會把錢花在旅行上，而且當我準備好這些步驟時，我已經為婚禮和房子頭期款存了不少錢。

——傑西卡·菲策（Jessica Fitzer），28歲

如果你想在幾年後買房，假設社區的平均房價是30萬美元，而你想按一般的20%的房價支付頭期款，也就是60,000美元。因此，如果你想在五年內買房，你應該每個月存1,000美元。

瘋了，對吧？沒有人會這樣想，但當你規劃未來幾年的支出時，這確實會讓人嚇一跳，這感覺有如泰山壓頂。

但好消息是，首先你需要為這些事情存錢的時間越長，每個月要存的錢就越少。如果你決定要等十年才買房子，每個月要存的頭期款就只要500美元。但時間也可能對你不利，如果你在20歲時就開始籌劃一場普通的婚禮，你每個月就得存下333美元。如果到26歲才開始，就必須每個月存2,333美元。

第二，我們經常會有貴人相助，另一半或父母也許會施以援手，但你不能指望別人來幫你。

第三，理論上你可以用部分投資資金來支應這些儲蓄目標。

這並非理想做法，但你能這樣做。

不管你到底在為什麼存錢，一個很好的經驗法則就是把你的實得薪資的 5% 到 10% 存起來，以達成你的目標。

毫無內疚感地花錢

在完成所有這些支出、投資和儲蓄之後，這個桶子裡還剩了一些閒錢，這些錢就可用來滿足你的欲望，一點都不必感到內疚。這些錢可以用在高級餐廳和酒吧、搭計程車、看電影和度假。不論你如何安排你的閒錢桶，一個很好的經驗法則是，你可以用實得薪資的 20% 到 35% 消費，一點都不必感到內疚。

改良消費意識計畫

現在已經制定出了有意識消費計畫的基本原則，還可以做些特定的修正來調整支出，好把錢分配到你希望的地方。你的計畫不再是一團令人煩惱的罩頂烏雲，像是「我知道我花了太多錢」，你的計畫會成為一個生氣蓬勃的呼吸系統，在發生故障時會向你發出信號。如果警鈴不響，就不必浪費時間窮操心了。

控制花費最高的支出

要升級消費意識計畫看來是個大工程，但其實不一定如此。你可以做一個 80 ／ 20 的分析，會發現胡亂花掉的 80%，只占你支出的 20%。這就是為什麼我更喜歡專注於解決一、兩個大問題，而不是試圖從一堆小項目中去削減 5%。

以下是我對自己消費的規劃。隨著時間的推移，我發現我的大部分開銷都是可預測的。每個月花在房租上的錢是一樣的，花在購買捷運票的錢也大致相同，甚至每個月花在禮物上的數目也基本相同（以一年平均花費而言）。

既然我知道年平均消費，我就不必浪費時間為了買張 12 美元的電影票而煩惱。但我確實想檢視其中的兩、三項消費領域，包括在外面吃飯、旅行和衣著。因變化很大，我需要好好控制。

根據季節的不同，或我看上的羊毛衫漂亮程度，我發現這些數字每個月可能差上數千美元。這些就是我所關注的地方。

如果你想自己做 80 ／ 20 分析，請在 Google 中搜索「帕累托分析*」。讓我們舉個例子，布萊恩每年稅後所得是 48,000 美元，亦即每個月 4,000 美元。根據他的消費意識計畫，支出應該是這樣的：

- 每月固定成本（60%）：2,400 美元
- 長期投資（10%）：每月 400 美元
- 儲蓄目標（10%）：每月 400 美元
- 無內疚消費（20%）：每月 800 美元

開銷時，他發現每個月實際上需要 1,050 美元才夠花。他該

* 帕累托分析（Pareto Analysis）又稱作八二法則，意指 20% 的主要原因，會造成 80% 的結果。

怎麼辦？

錯誤的答案：大多數人只是聳聳肩說「我不知道」，吃塊英國鬆餅，然後登入美國社交新聞網路平台「Reddit」去抱怨經濟狀況差。從未想過要多賺些錢，賺錢對他們來說全然陌生。

稍微好一點、但仍不夠好的答案：布萊恩可以減少注資到長期投資和儲蓄目標。他是可以這樣做，但這會付出代價。有個更好的方法可以解決他每月支出中最有問題的「每月固定成本支出」和「無內疚感的消費」這兩部分。

正確的答案：布萊恩決定挑出最大的三項開支，加以改進。

首先，他看了看每月的固定成本支出，了解到他一直都只付信用卡每月最低還款金額，利率高達 18%，目前還欠了 3,000 美元的卡債。根據他現在的計畫，得要花大約 22 年的時間，以及 4,115 美元的利息來償還債務。但他可以打電話給他的信用卡公司要求降低利率（見第 68 頁）。新的適用利率降到 15% 之後，他只需要用 18 年的時間支付 2,758 美元的利息就可還清卡債。省下了 53 個月和 1,357 美元的還款。每月差額雖不大，但 18 年下來，總數還是差很多。

接下來，他查了自己的訂閱，發現一直在付費給一個 Netflix 帳戶和一個星際大戰會員網站，但他很少使用這些帳戶。取消了這些訂閱後，每月節省下 60 美元，也提高了自己交女朋友的機會。

最後，他登入到理財 app，發現他每個月花在外食的費用高達 350 美元，加上花在酒吧的 250 美元，總共 600 美元。他決定在接下來的三個月內，他要把這個金額降低到每月 400 美元，每月為自己節省 200 美元。

這樣一來，每個月節省的金額就達 260 美元。藉由調整支出，布萊恩已擬定一個對自己奏效的消費意識計畫。

布萊恩很聰明，只專注於改變重要項目。他不打算在外用餐時絕不喝可樂，而是選擇改變真正影響總收入的項目。

類似的情況很常見，人們會受到預算的鼓舞，外食時不再點開胃菜來省錢，或者他們會買餅乾來充飢。這很好，我絕對鼓勵你這麼做，但這些小改變對總開支影響很小。這只能讓人自我感覺良好，一旦人們意識到自己仍然沒有錢，這種感覺就只能維持幾個星期。

試著把注意力集中在能帶來巨大、可衡量變化的重大項目上。我每個月都只專注兩到三個重要項目上，像是外出用餐、衣著和旅行。你可能也知道重點支出花費會讓你嚇一跳，然後你會聳聳肩、翻白眼，接著說：「我可能花太多錢在________上了。」

設定實際的目標

我經營的企業是在個人理財、創業和心理學等領域製作有關自我發展的視頻課程。不久前，我們在測試一個健身項目，招收了幾十名學生當受測試者，並致力幫他們減肥。

舉個常見的例子，約翰超重約二十公斤，他吃得很差，而且已經好幾年沒有鍛鍊了，現在他準備要改變自己。事實上，他已經充分準備好了，他告訴我們想減少攝取一半的熱量，開始每週鍛鍊五次。

我們告訴他：「這太超過了。慢慢來吧。」但是他堅持要立刻改變，由從來不運動變成一週鍛鍊五次。不出所料，他在三週內就放棄了。

你知道有種人會熱中新事物，以至於完全失去理智，最後搞得精疲力竭的嗎？我寧願做得少一些，但要永遠持續下去。曾經有位女士寫信給我說：「我總是告訴自己，要一週跑三次，但我從未採取行動。」我回信說：「何不每週去跑一次？」她回信說：「每週一次？那有什麼意義？」她寧願幻想一週跑三次，也不願真正的一週跑一次。

大贏面：不再付費

我最近和一位朋友共進早餐，他告訴我一個最有趣的故事。他和女朋友交往了兩年後，才談到財務問題。他說：「我花了那麼長的時間，才贏得她的信任。」她是一名薪水不高的教師。當他查看她的財務狀況時，他注意到有很多透支費用。他讓女友估計一下在這些支出上花了多少錢。她猜說：「大約 100 美元，還是 200 美元？」。

事實上，去年她的透支費總計 1,300 美元。他有沒有抓狂，還是開始大吼大叫要去跟銀行談判手續費？並沒有，他只是輕鬆地點出：「何不先專心處理透支呢？如果妳能取消掉這些費用，生活會變好很多。」只要能簡單地避開透支費用，對她來說就是勝利了。

這種能夠持續改變的思想，對於個人理財至關重要。有時我會收到一些人的電子郵件，他們說：「拉米特！我開始理財了！以前，我每週要花 500 美元！現在我只花 5 美元，剩下的我都存起來了！」我讀到這種信，都會歎口氣。

儘管你可能認為我會對某人每月可以存下 495 美元感到非常興奮，但我已了解到，當一個人完全改變平時的行為時，這種極端的變化很少能夠持續。

這就是為什麼當我看到個人理財專家給家庭提出建議，讓他們把儲蓄率從 0% 拉高到 25% 時，我只能搖頭（他們總說：「你能做到的！」）提出那樣的建議是沒有用的。習慣不會在一夜之間改變，就算改變了，也很可能無法持續。

當我做出改變時，我幾乎總是從對我很重要的領域著手（見 185 頁），並開始循序漸進地推展。例如，當我開始追蹤自己的開支，發現每月短少 1,000 美元（這種情況多到超乎你想像），我會選擇兩個大贏面，也就是兩個花了最多錢的支出項目，我知道只要努力就可以少花些，然後集中精力嚴控這些項目。假設我每個月花 500 美元在外面吃飯，情況如下：

第 1 個月：475 美元在外用餐

第 2 個月：450 美元在外用餐

第 3 個月：400 美元在外用餐

第 4 個月：350 美元在外用餐

第 5 個月：300 美元在外用餐

第 6 個月：250 美元在外用餐

這不是比賽，但不到六個月，我就能把外出就餐的開支削減一半。把同樣的策略用於第二項大贏面，我們每月就可節省數百美元。這樣的做法更可能持續下去。

另一種方法就是直視你現在的開支後，嚇到抓狂後企圖把總開支削減掉一半。你突然被迫以完全不同的方式消費，會不知所措。你認為這種野心勃勃的消費目標能夠持續多久？

你有多少次聽朋友說「我打算一個月不喝酒」之類的話？我不明白這種突發奇想有何意義。一個月後，就算你只花了平時的一半，那接下來又會如何呢？如果你無法堅持下去，又恢復了平常的消費習慣，請問到底達成了什麼？我寧願人們能夠削減10%的開支，並且維持三十年，而不是削減一半，僅僅維持一個月。

不管你是想改變個人財務狀況、飲食習慣、鍛鍊計畫，還是其他什麼。今天就試著做出最小的改變。可以從你幾乎不會注意到的消費著手，然後按照你自己的計畫逐步增加。這樣的話，時間就是站在你這邊，因為每個月都比前一個月好，最後加總起來成果斐然。

信封系統

所有這些消費意識計畫和如何加強在理論上聽起來不錯，但是要怎麼做到呢？我建議使用信封系統。在這個系統中，可以將錢分配給某些類別，例如外出用餐、購物、租屋等。一旦你把那一個月的錢花光了，那就表示不能再消費了。

如果真的是緊急情況，你可以用其他信封來支應，比如你的「外出用餐」信封，但你必須削減開支，直到把信封再裝滿為止。這些「信封」可以是象徵性的，也可以是你放現金的信封。我認為這是維持簡單消費，而且能持續執行的最佳系統。

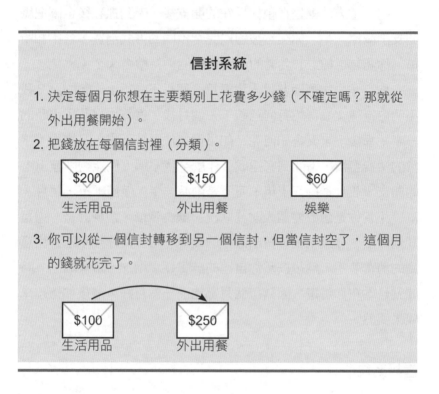

信封系統

1. 決定每個月你想在主要類別上花費多少錢（不確定嗎？那就從外出用餐開始）。
2. 把錢放在每個信封裡（分類）。

3. 你可以從一個信封轉移到另一個信封，但當信封空了，這個月的錢就花完了。

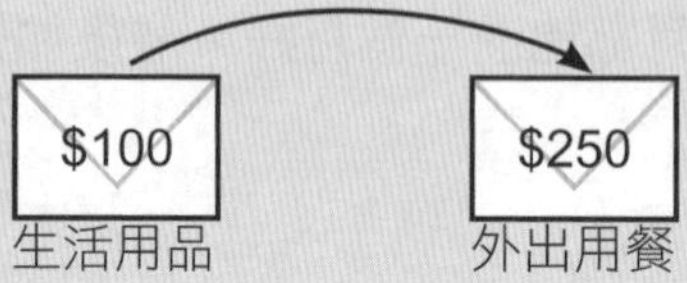

拿我的一個朋友為例，最近幾個月來，她一直在仔細觀察自己的消費情況。當她開始追蹤時，發現每週外出的花費高得令人難以置信。所以她想出了一個聰明的辦法來控制自由支配的開銷。她為簽帳卡開了一個單獨的銀行帳戶。每個月初，她都會把 200 美元轉入這個帳戶，當她出去時，她會把錢花掉。當這筆錢用完了，她就不花了。

這些都是很好的訓練，先養成好習慣，之後就把它變成系統化運作。如果你設立了借記帳戶，請銀行不要讓你的消費超過帳戶餘額。你可以說：「如果我的帳戶上只有 30 美元，當我想要簽帳 35 美元時，我不希望系統允許。」有些銀行可以處理這種要求。如果你不這樣做，你很可能會因為透支被收取大量的費用。

你想用什麼系統來分配這筆錢都可以，只要決定你每個月在主要類別上花多少錢就行了（先選擇你的「最高花費」）。把分配好的錢放進每個「信封」裡。當信封空了，這個月的錢就花完了。你可以從一個信封轉到另一個信封。但是這些錢是來自另一類，所以你的總支出實際上並沒有增加。

我有一些神經質的朋友甚至把他們的系統搞得更詳細。我的一名讀者建立了這張表：

圖表 4-4　信封系統升級版

	外出用餐	計程車	買書
每月次數	12	8	5
每次消費金額	23 美元	9 美元	17 美元

他告訴我：「每個月我都會盡量減少我在某些項目上花費的金額和次數。」在不到八個月的時間裡，他減少了 43% 的開支（他當然知道確切的數字）。在我看來，這種程度的分析對大多數人來說都是過火了，但這也顯示，一旦你制定了一個消費意識計畫，你可以獲得非常詳細的資訊。

如果你賺的錢不夠呢？

根據你的經濟狀況，制定一個可行的消費意識計畫對你來說可能並不實際。有些人已經把開支削減到最低限度，但仍然沒有多餘的錢。坦白說，將 10% 的錢存起來用於退休的建議是一種侮辱。當他們沒有足夠的錢為車子加滿汽油時，又怎能指望他們提撥 10% 當成長期儲蓄呢？

有時這是現實，有時只是感覺。許多寫信給我的人說，他們靠薪水過活，但實際上他們的預算比自己想像的有更多彈性空間（例如，自己做飯，而不要天天外食，或者不要每年換一支新手機）。他們只是不想改變支出習慣。

然而事實上許多人真的無法削減更多的開支，因為他們真的入不敷出。如果你根本無法削減預算，消費意識計畫可能只是理論上有用，但還是有更重要的事得做，就是要賺更多的錢。能削減的開支是有限度的，但能賺多少卻沒有限制。一旦收入增加，就可以使用消費意識計畫作為理財指南。在此之前，有三個可以用來賺更多錢的策略。

協商加薪

如果你已經有一份工作，透過談判加薪會是一件輕而易舉的事。

人力資源管理協會（SHRM）指出，每名員工的平均僱用成本為 4,425 美元。如果他們已經花了近五千美元招募你，又花了數千美元訓練你，他們真的會想失去你嗎？

要求加薪需要縝密的計畫，可千萬別像我朋友傑米。當他意識到自己的薪水遠低於應得的報酬時，兩個多月來都怒不可遏，卻一直沒有採取任何行動。當他終於鼓起勇氣向老闆要求加薪時，卻只是最膽怯地說：「你覺得我可以問你加薪的事嗎？」如果你是一個經理，首先會想：「哦，天哪，別再給我添麻煩了。」傑米的老闆將他拒之門外，他很沮喪沒被加薪。

請記住，加薪與財務狀況無關，而是你得向雇主證明自己的價值。你不能告訴他們你的花費太多，因此需要更多的錢，才沒有人會在乎。但是你可以證明你的貢獻促進了公司的成功，並要求得到公平的報酬。以下是你必須做的事。

考核前三到六個月：與上司合作設定期望值，然後盡你所能超越這些期望值，成為績效最佳員工。

考核前一到兩個月：準備你應該加薪的證據。

考核前一到兩週：大量練習與上司的對話，嘗試使用正確的策略和模擬對話。

在你要求加薪前的三到六個月，你要和老闆坐下來，問問若想成為公司的績優員工需要什麼條件。先弄清楚你需要達成什麼目標，並詢問成為一名績優員工會如何影響你的薪資。

您好，老闆，

您好嗎？希望您新年過得愉快！我真的很高興今年就要開工了，特別是我們新的X和Y專案即將啟動。

我真的很想表現出色，我想和您聊幾分鐘，談談我如何才能成為一名績優的員工。我有自己的想法，但我也希望得到您的指導。下週可以聊15分鐘嗎？如果可以的話，我週一上午10點到您的辦公室去如何？

感謝您！
（你的名字）

請注意，這過程需逐步進行。不是直接提出要求加薪，你甚至都不要問成為績優員工要怎麼做，只需要求開會。

在會議上

你：您好，老闆，謝謝您抽出時間和我開會。正如我所提到的，我一直在思考這個職位，以及我能做些什麼來成為今年績效最佳的員工，如果可以的話，我想和您討論一下。

老闆：當然。

你：在我看來，我在這個職位上的角色可以分為三個主要方面：A、B和C。我認為我在A方面做得很好，在學習B方面也相當快。正如我們之前討論的，我在C方面需要一點協助。您認為這些對嗎？

老闆：是的，聽起來沒錯。

你：我一直在思考這三個領域，以及如何更進步。我有一些初步想法，我很樂意談談，但實際上我想先聽聽您的想法。在您眼中，如果要被認為是表現最佳員工，在這三方面要做哪些事最有意義？

老闆：嗯。我不太確定。也許是……。

你：我同意，我們的觀點一致。所以我在想具體來說，我想實現目標 A、B 和 C，而且希望在六個月內就能完成。這聽起來很激進，但我認為可行。您是否希望我能達成這些，同時這也能讓我成為一名績優員工？

老闆：是的，聽起來很完美。

你：太好了，我真的很感激您。我會開始進行，並像往常一樣每個月跟您報告一次最新狀況，好讓您知道所有進展。我最後想談的一件事是，如果我做得非常出色，那麼在六個月後，我希望能討論調薪的事。現在就先這樣，到時再談好嗎？

老闆：聽起來不錯。期待看到你的表現。

你：太好了。我會把談話記錄寄給你。再次感謝！

你已明確說明了自己的目標是「要成為一名績優員工」。你把話說明白，且已取得上司的支持。你還主動採取了後續行動，以書面形式闡明你的目標。

現在是時候行動了，開始追蹤你的每項工作和達成結果。如果你所屬的團隊賣掉了 25,000 個小零件，請弄清楚你為實現此目標做了哪些工作，並盡可能的量化。如果你無法搞清自己要取得的確切成果，就去詢問經驗豐富且知道如何把工作和公司業績連結起來的老鳥。

記得一定要讓上司隨時了解你的進展情況。經理們不喜歡驚喜，他們喜歡每一、兩週就簡單了解一下最新狀況。

在你要求加薪大約前兩個月，再次跟老闆約會面，並提出上個月的業績。問他哪裡還需要改進。你想知道改進的方向是否正確，所以要和上司定期交流你的進展。

在進行薪資談判前一個月，跟老闆提一下，因為你表現很好，你想在下個月跟他開會討論薪資問題。問問你需要做些什麼，好讓這次會談有成效，仔細聽你老闆的指示。

在此時，讓你的同事跟老闆說句好話也有幫助。當然這是假設你已經表現超出目標，並取得了具體成果。從我的史丹佛大學教授那裡學到了這招，他對招生委員會說我的好話。以下範例是同事可以幫你寫的電子郵件內容：

老闆，您好：

我想告訴您，（你的名字）對 Acme 專案的影響有多大。她設法說服我們的供應商把費用降低了 15%，幫我們節省了 8,000 美元。而且她比計畫提前了兩個星期達成，這說明了她很有組織能力，讓我們進行順利。

感謝您！

（同事的名字）

現在你已經準備好了。

在要求加薪前兩週，請幾個朋友來幫你排練薪資談判。這看起來很奇怪，但談判本來就刻意的行動。剛開始，你會覺得非常奇怪和不自在。最好是在面對老闆之前，就選擇先和有經驗的朋友一起排練，他們會給你意見回饋。

具體來說，雖然我希望你的老闆能立即認可你的工作並同意加薪，但有時這並不容易。你得為以下情況做好準備：

- **若你沒有達成預定目標**。如果你真的沒有達到目標，你應該早點和你的老闆溝通並擬定行動計畫。但是，如果你的老闆只是以此為藉口來混淆目標，或者故意讓你達不成，你可以這樣反應：「如果有我需要改進的地方，我很樂意討論。但在〔日期〕，您跟我都同意設定這些目標。從那以後，我每週都有向您報告最新狀況。我全心全意想要超越目標，正如你從〔特定項目〕看到的那樣，我已經做到了，我希望能獲得該有的報償。」

很酷的訣竅：快速發現你賺了多少

如果你想要知道你的年薪，只需把你的時薪加倍，然後在最後加上三個零即可。如果你每小時賺取 20 美元，你每年大約可賺 40,000 美元。如果你每小時賺 30 美元，那麼你每年大約賺 6 萬美元。

倒過來算也可以。要想知道你的時薪，把你的薪水除以 2，然後去掉 3 個 0。所以年薪 50,000 美元相當於時薪約 25 美元。

這是以一般每週工作 40 小時計算，不包括稅負或福利，但卻是一個很好的簡易計算方式。當你在決定要不要買東西時，這招非常有用。如果一條褲子要花掉你八個小時的工作，你認為值得嗎？

- **若老闆說他並沒同意加薪**。你回答：「但正如我們在〔日期〕的討論，我們都同意，如果我實現了這些目標，我

就會是表現優異員工，之後可以討論加薪。」（拿出對談的電子郵件列印本）

- **若老闆說下次再來討論這個問題**。你回答：「我知道加薪有特定時段，現在已過了這個時間。但我已經花了六個月的時間來實現既定目標，而且在這過程中一直有向您報告。我會繼續努力超越我的目標，但我想以書面形式確認一下，我可以在下一次調薪時加薪。」

在談判薪資的那一天，記得帶上你從薪資網站上取得具有競爭力的薪資行情和你的成就清單，準備好爭取公平的報酬。記住，這不是跟媽媽要檸檬水喝，你是一名要求公平待遇的專業人士，想以合作夥伴的身分繼續下去，你的論點是「我們如何進行這項工作？」

這是你進行準備和努力工作的結晶，你絕對做得到！

如果你得到了想要的加薪，恭喜你！這是增加收入的開始。如果你沒拿到，問老闆你該如何做才能在職涯中更上一層樓，或者可以考慮跳槽，到能給你更大發展空間的公司。

換一份薪水更高的工作

這是第二條可以增加收入的途徑。如果發現目前任職的公司沒有提供你成長的機會，或者你正在找一份新工作，談判加薪就更容易了。在應徵的過程中，你會比其他時候都更有談判力。我會在第 385 頁詳細介紹了如何談判薪資的細節。

從事自由業

想賺更多錢最好的方法之一，就是從事自由業。簡單的方法就是成為 Uber 司機，但你可以更進一步。想想你有什麼技能或興趣可以為別人提供服務。你不一定要有待殊技藝。保姆就是一個好例子（而且報酬很高）。如果你在家很空閒，可以在接案網站之類的網站註冊。

當你相信自己可以賺得更多的時候，你會發現最大的驚喜之一就是你已經擁有了別人得花錢跟你買的技能，而你卻從來未查覺到這一點。在我的事業裡，我們圍繞這一觀點建立起一個完整的課程，叫做「賺 1,000 美元（Earn1K）」，我非常欣賞學生把不同的點子變成賺錢的事業。例如，我有位讀者名叫班，他喜歡跳舞。透過我們「賺 1,000 美元」的課程，他學會如何將這種技能轉化為教男人跳舞的事業。在他創業後不久，《早安美國》節目便打電話給他做專題報導。

還有漫畫家茱莉亞，她幫客人畫臉每小時收費 8 美元。我們教她如何把這項工作變成六位數的生意。還有其他成千上萬的賺錢機會，甚至有像家教和遛狗這麼簡單的工作。記住，忙碌的人希望別人能夠伸以援手。美國的分類廣告網站「克雷格列表」（craigslist）是你開始這類工作很好的起點。

如果你在某件事上有專長，那就去找那些可能需要你這樣的人的公司。例如，當我在高中時，曾給五十個不同行業的網站寄郵件，這些網站看來很有趣，但行銷和文案卻都很差。於是我提議幫他們重寫網頁，大約有十五家回應了。我幫一家公司編輯了一份文案，最後這家公司提拔我負責管理他們的銷售部門。

後來在大學期間，我為創投公司提供諮詢，教他們如何運用電子郵件和社交媒體進行行銷。這些都是你我瞭如指掌的東西，但對這些創投公司來說，卻是很陌生，而且很有價值，以至於他們願意付大筆的諮詢費給我。

定期微調消費意識計畫

一旦你已盡力去設計並實施你能接受的消費意識計畫後，給自己一些時間去適應計畫節奏。當然你可以把時間花在重要的資金決策上，例如「我應該提撥 10% 或 12% 當成每月儲蓄目標？」但首先，你得先決定基本的東西。當每個月重複使用新系統時，你會發現一些出乎意料的事。例如總是會有意想不到的現金支出，比如你忘了帶東西，不得不叫車或買一把傘。如果你沒有追到這幾美元，也不要氣餒。當你的系統變得太緊迫而無法使用時，就該停止使用。

我儘量用信用卡購物、漸少使用現金付款，這樣每筆消費就會自動記錄在軟體中。多年來我一直在追蹤我的消費情況，我已知道平均每個月花多少錢。將每個月的平均花費記錄在消費意識計畫中，然後繼續過日子。就像任何事情一樣，這項工作一開始較花時間，但之後就會變得容易得多。把追蹤你的支出作為每週的優先事項。例如，每個星期天下午留半小時來完成。

如何處理意外費用和不定期費用

你的消費意識計畫如果總是被購買結婚禮物、汽車修理費和滯納金等意外支出打亂，一定會感到很沮喪。因此制定計畫的另一個關鍵是要考慮到意外情況，並保留一點彈性。

已知的不定期支出事件（例如汽車維修費、聖誕禮物、假期）。有一個簡單的方法來解決這類不定期的狀況。事實上，這可以成為你計畫的一部分：就是在儲蓄的目標下，把錢分配到你對其成本有個概念的目標上。

這不一定要很精確，但可以試著捉出大概的數字，然後每個月都為這個目標存錢。例如，如果你知道要花 500 美元買聖誕禮物，就從 1 月開始每月節省 42 美元（亦即 500 美元除以 12 個月）。到了 12 月的時候，你就不必因為這項支出而大感受挫了。

未知的不定期支出事件（意外的醫療費用或交通罰單）。這些意外屬於每個月的固定成本，因為無論你多努力想避開這些意外，還是會有意外費用發生。早些時候，我建議在估算固定成本中加上 15% 來應付這些意外支出。此外也建議一開始就每月提撥 50 美元當作意外準備金。

你很快就會意識到虛擬的數字是不夠的，但經過一段時間，你會更能掌握實際該有的數字，並相對調整金額。如果到年底我的帳戶裡還有剩餘的錢，我會省下一半，另一半則獎勵自己，花在一些有趣的事物上。

圖表 4-5　已知與未知的支出

	定期	不定期
已知	租金 支付貸款 公用事業費用	聖誕禮物 車輛登記費
未知	如果你是個賭博成癮的人，你可以在這裡把你的損失做個分類。	結婚禮物 醫療費用 交通罰單

幸運的是，隨著每個月過去，你會對你的支出有更準確的了解。大約一、兩年後（要考慮長遠點），你會對如何做預算有非常準確的理解。一開始會很困難，但之後就會變得很容易。

額外收入的「問題」

正如同會有意外開支一樣，你也會有意外收入。你會忍不住想把一筆意外之財全部花在一些有趣的事物上，但我奉勸你不要受本能所誘。相反地，你要遵循消費意識計畫。

意外的一次性收入。有時候你會有不勞而獲，比如生日禮物、退稅，或意想不到的兼差合約。信不信由你，但我不鼓勵把這些錢都存起來。相反地，每當我收到意外之財時，我會享受其中的一半，通常是買一些我已經想很久的東西。我總是這樣！如此一來，我會不斷地激勵自己去追求一些新穎、創新的想法，並可能因此獲得報償。另一半的錢則會存入投資帳戶。

如果你沒有一個計畫，你只會讓錢無故花掉。像這樣有意識地處理意外的一次性收入，無論是對短期還是長期計畫都更有意義。

加薪。加薪不同於一次性收入，因為你會一直得到這筆錢，因此在財務上做正確的事情就變得更重要了。當你獲得加薪的時候，有一件關鍵的事要記住：生活水準可以提高一點沒關係，但剩下的得要存起來。例如，如果你得到了 4,000 美元的加薪，拿 1,000 美元去花吧！但剩下的 3,000 美元就存起來或做投資。

你很容易以為一次加薪就能讓你一步到位，達到完全不同的財務水平。如果加薪了，你得現實點，這是你應得的，要享受努力工作的成果和渴望已久的美好事物，並永遠記得這件事。然而，在那之後，我強烈建議你盡可能多儲蓄和投資，因為一旦你開始習慣某種生活方式，就再也回不去了。買了賓士之後，你還能再開豐田 Corolla 嗎？

我在零售業工作了 5 年，我的目標是存 10,000 美元投資股市。我決定把我 28 歲之前存下的錢都用來買賣股票；28 歲以後的資金則都要放在一個組合式投資基金裡，以免被我不專業的投資方式所影響。我把每次加薪的一半投入 401k 帳戶，從微薄的零售業薪水上存下了 10,000 美元。每當薪水提高 4%，我的退休計畫就增加 2%。

—— 傑森．亨利（Jason Henry），33 歲

有意識消費的好處

建立一個有策略的消費意識計畫，最有益之處就是能引導你的決定，讓你可以很容易拒絕：「對不起，這不在我這個月的計畫中。」同時讓你不會內疚的自由地支配既定的開銷。當然也會有難以決擇的時候，像是要決定改變自己消費方式，這就是本書最艱難的部分。這包括你要做出選擇，對某些事物說不。然而你的系統會讓這種痛苦減輕很多。如果有個朋友約你出去吃飯，而你沒有足夠的錢，你就可以禮貌地婉拒。畢竟這非關個人，而是你的系統如此制定。

根據定義，大多數人都只是普通人。他們一生都有一種備受折騰的感覺：覺得「應該」對自己的錢財做點什麼，但都不立刻採取行動。大多數人直到四十多歲才考慮儲蓄。相比之下，你現在已出類拔萃，因為你已知道只要建立起簡單的系統，就可以讓你先解決棘手的問題，然後毫無愧疚地花錢。

第四週行動步驟

1. 拿到薪水後，確認你花了多少錢，弄清楚該如何制定消費意識計畫（30 分鐘）

現在就做，別想太多。把你的稅後收入分成固定成本（50% ～ 60%）、長期投資（10%）、儲蓄目標（5% ～ 10%）和無內疚感的支出（20% ～ 35%）等部分。看看計畫是否合適？

2. 改良你的消費意識計畫（2 小時）

更深入研究你的儲蓄目標和每月固定成本。試試採用點餐法。你的保險實際要花多少錢？還能做些改進嗎？今年你會花多少錢買聖誕禮物和度假？把這些費用拆解成每月支出的部分，然後重新計算你的計畫。

3. 選擇你的改善支出項目（5 小時）

使用記帳 app。假設你想每月削減 200 美元的開支，你會想從哪一項、或哪兩項目標下手？接下來開始使用信封系統。

4. 維持你的消費意識計畫（每週 1 小時）

每週在你的系統中存入所有現金收入。調整你的支出計畫中每個部分的百分比（我們將在下一章中詳細介紹）。最重要的是，要確認你的系統設要夠實際，這樣才能長期堅持下去。

好了，深呼吸。你已做到了本書中最困難的部分！現在你已擁有一個有策略性的消費意識計畫，不再需要一直擔心你花了多少錢。再也不會說一些話，像是「我能負擔得起嗎？」，以及

「我知道我以後會擔心這個，但現在……」。現在我們要讓這個系統自動化，如此一來，每一塊新收到的錢都能立即被分派到正確的地方，像是固定成本、投資、儲蓄，或是無內疚感的消費。

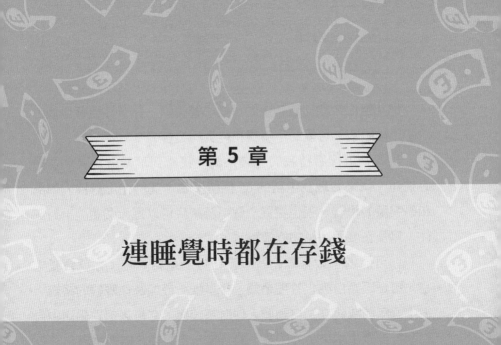

第 5 章

連睡覺時都在存錢

你知道你會如何看新生的可愛小寶寶嗎？你會注視著他們的小手、大眼睛、可愛的小噴嚏和純真的笑容嗎？

我就是這樣看待我的金錢系統。我看到了系統之美，還精心構建一個來管理我申請的 65 個獎學金、支付在史丹佛大學部和研究所的學費。我也建置一個系統讓我可以每天閱讀兩千封郵件，以及在度假時植物能被澆水。

你可能還不太喜歡系統，但在這一章結束時，你就會愛上它。這是因為自動化管理金錢，會是唯一最能為你賺錢的系統。從十五年前我建立了自動個人理財系統後，它每天都在生活中自動運行，產生越來越多的錢，而且幾乎不需要花時間維護。

你也可以這樣做，並徹底改變你對儲蓄、投資甚至消費的看法。其他人只會歎口氣說：「我需要定下心來，好存更多的錢。」（但他們幾乎從來做不到）他們只想採取守勢。

相反地，我們要採取攻勢，建立一個符合我們正常人類行為的系統（我們會感到無聊、分心和缺乏動力）並使用科技來確保我們的錢財仍在繼續成長。換言之，如果你現在就做這項工作，就能自動受益無窮！你可以掌控一切。

你可能會說：「如果你有穩定的收入，那就好了。」但如果你的收入不穩定呢？我知道有些自由工作者每個月可賺到 12,000 美元，然後接下來的三個月沒有任何客戶。當你的收入變動如此之劇時，應該如何使你的財務自動化呢？（我將在第 226 頁提供解答。）

在最後一章中，你會建立消費意識計畫，並確定在每一類別（固定成本、投資、儲蓄目標和無內疚感的支出）中要花多少錢。你該不會認為每個月都要手動轉帳吧？完全不必這樣做。在本章中，我們要建立一個自動化金錢系統來管理錢。它會利用你開好的信用卡帳戶、支出帳戶、儲蓄帳戶和投資帳戶，設定好自動轉帳，讓你的錢流向該去的地方。

我的大部分財務都已自動化，這樣我就不必擔心每個月的預算問題了。對我來說，最大的收穫就是不必每週考慮財務問題。我每年大概只要回顧我的投資並思考一下自己的消費習慣幾次。

——珍娜・克里斯坦森（Jenna Christensen），26 歲

一勞永逸的自動化金錢系統

我不知道你怎麼想，但我希望在人生中，工作能越來越少。當我在職場上遇到工作越來越繁重的人時，我總是感到困惑。這就像是現實版的瑪利歐兄弟，隨著你通過每一關，生活就越來越艱辛。你怎會想要這樣的人生？

這就是我喜歡系統的原因，現在就把工作擺在最重要的位置，然後每年都可以受益無窮；現在就進行一些投資，以後就不必做大量的投資。當然這說起來容易做起來難，不知何故，我們永遠都無法始終如一地管理我們的金錢。老實說，這永遠不會改變，因為誰會真正在乎理財呢？就像在你餘生中每個星期都要打掃車庫一樣，完全讓你不想行動……。因此我們會想擁有一個能處理大部分待辦事項的自動化系統；而且要確實可行。

如果遵循我所提出的自動化建議，你就可以實現這個夢想。這一切都是由一項原則所驅動的，我稱之為先勞後逸曲線：

圖表 5-1　先勞後逸曲線

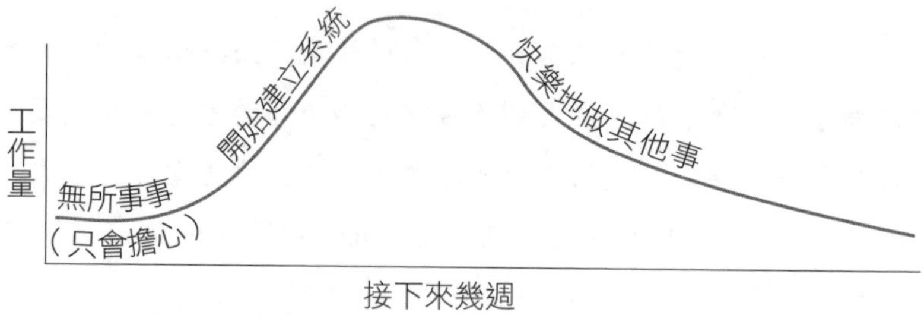

這和你把時間花在哪裡，以及把錢投入何處一樣重要。設定一個自動化資金流程需要花幾個小時，可能什麼都不做會更輕鬆，但如果不設定就代表你必須在餘生中，隨時管理你的錢。只要預先花幾個小時，你最終將可以節省大量的時間。資金流程自動化後，每次收入，就會自動轉到第 4 章說的「消費意識計畫」中正確的帳戶，完全不必擔心。

這幾個小時帶來的收益很大，因為這個自動系統讓你可以專注於享受生活中的樂趣。不必擔心是否已支付了帳單，或者是否會再次透支。你會開始把金錢視為達到目標的工具，而無需費力追蹤各類收支、每週把錢從一個帳戶轉到另一個帳戶。

我在 23 歲時讀了這本書，當時我有 17,000 美元的積蓄。我建立了一個強大的自動儲蓄系統，來實現長期目標（例如：退休、緊急儲備金）和中短期目標（例如：汽車維修、度假，甚至聖誕節禮物）；十年後，我存下了 17 萬美元。我還運用這本書的建議，在買車和協商手機帳單時取得了最好的交易條件，並省下了好幾百美元。

——麗莎．倫斯福德（Lisa Lunsford），33 歲

預設自動化的力量

我們知道大家都非常懶惰，只想什麼都不做，結果為此付出財務的代價。想想看，每年有多少美國人因為不利用 401k 帳戶相對提撥而損失了數千美元。總的來說，我們因為無所作為而損失了多少錢？

採取行動的關鍵很簡單，就是讓理財自動化。你覺得你每週都會關切資金的調度嗎？你才不會、你根本不在乎。當下可能會在意，但兩週後你只會關心 Twitter 和 Netflix。沒人真正關心理財，我根本不在乎，只希望銀行和投資帳戶別再寄來無止無境的郵件。

你的資金管理必須設定為預設，可以被動地讓儲蓄和投資帳戶資金增加，無需採取任何行動。事實上，藉由設定一個自動支付計畫，你實際上很難停止存款到退休帳戶！不是因為你不能調整，而是因為你太懶，以至於不會如此做。你只需要知道如何利用這個系統，一旦建立起來後，這個系統完全不受干擾，即使你被一條科莫多巨蜥活吞，你的金錢系統還是會繼續在預設情況下，把錢從一個帳戶轉到另一個帳戶，像幽靈般提醒著人們你在財務方面的先見之明。這很嚇人，但也很酷。

如果你想在有生之年累積財富，唯一確定的方法就是讓你的計畫自動運作，並讓你生活中所有財務上重要事項都自動完成。我建議人們將生活中一些財務事項設成自動化進行。你可以在不到一個小時內就完成設定，然後繼續過你的生活。

——大衛・巴赫（David Bach）
《自動千萬富翁》（*The Automatic Millionaire*）作者

一個月只花 90 分鐘管錢

我希望我現在已經說服你，自動化是一條必行之路。在第 4 章中，你已建立起一個基本的系統，也就是消費意識計畫，知道該把錢分配到哪裡。現在來複習一下，請看看圖表 5-2 中分配給四個類別（或桶子）的大略百分比。

現在，讓我們來把你的消費意識計畫變為自動化。在此我採用了名為下一個 100 美元的概念。簡單說，你接下來賺的 100 美元要用到何處？這些錢會全部存到投資帳戶嗎？你能把 10% 存到儲蓄帳戶嗎？大多數人只是聳肩，不想花時間去思考錢要如何分配，然後輕率地就花掉，太讓我傷心了。

但你有更好的選擇！包括實際使用消費意識計畫中所確立的指導方針。如果你在第 4 章中做得對，你應該已經知道你有多少錢可以用於你的固定成本，還剩下多少錢可以用來投資、儲蓄和消費。

圖表 5-2　支出類別

運用這些作為你開銷的指南，並根據需要進行調整	
	實得薪資占比
固定成本 租金、水電費、債務等。	50% ～ 60%
投資 證券活期儲蓄存款帳戶、基金信託帳戶等。	10%
儲蓄目標 度假、禮物、購房頭筆款、意外開支需用現金等。	5% ～ 10%
無內疚的消費 外出就餐、喝酒、看電影、買服飾等。	20% ～ 35%

所以，如果你賺了 100 美元，而你的計畫和上面的例子相似，可以把 60 美元用於固定成本、10 美元放到投資帳戶、10 美元存入儲蓄帳戶，然後你可以把剩下的 20 美元花在你想買的東西上。這是不是很酷？還不止如此，一旦一切都自動化了，這些錢就會從你的支出帳戶直接轉到適當的帳戶裡，你甚至都不必去管。

為了更進一步了解，讓我以朋友蜜雪兒為例。蜜雪兒每月領一次薪水，雇主會自動從她的薪水中扣除 5%，她先和人力資源部協商確定這個金額，並將其存入 401k 帳戶。蜜雪兒剩下的薪水就直接存入她的支票帳戶（為了簡單起見，我不把稅負計入，但你可以和人力資源部溝通來控制雇主從每月薪水中扣多少款項來繳稅）。

大約一天之後，她的自動資金流程開始從她的支票帳戶轉出資金。她的羅斯個人退休帳戶會自動提取 5% 的薪水。（再加上 401k 帳戶的存款，就可以把 10% 的實得薪資分配到投資上。）

1% 的款項會存入婚禮儲蓄帳戶、2% 存入購屋頭期款儲蓄帳戶、2% 會被標記為她的應急準備金（這就實現了她每月的儲蓄目標，總共有 5% 的實得薪水會用於儲蓄）。

我每個月花大約一個小時來管理我的錢，包括支付帳單、檢查我的信用卡和銀行帳戶的餘額，並觀察我的投資組合中的一些資產變化（我不常買進賣出，只是保持對情勢的了解）。一個月一次，我可能會評估一下我的儲蓄計畫，看看我是否可以計畫一次度期或購買更多的東西。

—— 詹妮弗．張（Jennifer Chang），32 歲

她的系統也會自動支付固定費用。她已經設定好大部分的訂閱費和帳單，全都是以信用卡自動支付。她的一些帳單不能用信用卡付，比如水電費和貸款，則會自動從她的支出帳戶中支付。最後，她的信用卡公司會自動寄給她一份帳單影本，讓她花 5 分鐘檢查一下。在她看過之後，帳單就會自動從她的支出帳戶全額付清。她帳戶裡剩下的錢就可以用來消費，不會產生內疚感。她知道，不論如何，她已經達成了自己的儲蓄和投資目標，然後她可以開始花剩下的錢，真正享受購物的樂趣。

為了確保自己不會超支，她專注於外出用餐和購買新衣服這兩大要項。她在記帳 app 中設定了預警，如果她超過了支出目

標，就會接到警示，她還在支出帳戶中保留 500 美元的儲備，以防萬一（有幾次她發生了超支，於是動用了自己儲蓄帳戶裡的「意外開支」來支應這些開銷）。

為了更方便追蹤消費，她盡可能用信用卡支付所有娛樂性消費。她從自己的消費習慣中得知，她經常每個月花 100 美元現金買咖啡和付小費，於是就把這些納入無內疚消費項目中。如此一來，她不需要再一張張對收據，或手動記錄消費。

在月中，蜜雪兒的行事曆會提醒她查看財務軟體，確保沒有超支。如果她控制得很好，就繼續如常過生活。如果她超支了，她會決定需要削減哪些開銷，好讓這個月過得正常。幸好，她還有 15 天的時間來矯正自己的開銷，像是婉拒外出用餐的邀請，好讓預算回歸正軌。

使用「YNAB」記帳 app，讓我得以更詳細地了解我的財務狀況。在這個網站中，我很容易標記可以自由支配的金額，以及需要支付的帳單款項，這確實讓我很方便分析。

——凱爾．斯萊特里（Kyle Slattery），30 歲

到了月底，她花不到兩個小時來監控自己的財務狀況，而且她已經投資了 10% 所得、存了 5%（用於婚禮、購屋頭期款和應急基金的備用金）、按時支付了所有帳單、全額還清了信用卡款項，還花了她想花的錢。她只婉拒了一次邀約，但那沒什麼大不了。事實上，沒什麼是必須的。

圖表 5-3 財務自動化中常見的潛台詞

說到自動化，聽來不錯，但我們幾乎沒有人這樣做，原因如下：	
潛台詞	**真實意涵**
「當我知道自己可以在市場下跌時進行投資，我感覺更有掌控。」	我能理解你對財務自動化感到緊張。 事實上，你掌握了一切。你可隨時檢查，並停止或改變任何設定。 更重要的是，你是否每個月都持續投資？所有的錢都花在該花的地方了嗎？你會自動重新平衡支出嗎？ 如果答案是否定的，你就損失了。 我們先來解決這個問題。
「我剛開始只有一點錢。這似乎不值得我這麼做。」	現在就開始養成這個習慣。隨著你收入增加，習慣會隨之調整，你的系統也會隨之自動成長。
「我是根據我的變動收入來進行投資。當收入變化很大時，很難實現自動化目標。」	這個自動化系統可以處理非經常性收入。見第 226 頁。
「老實說，我不知道該怎麼做。」	謝天謝地，終於有人給出了一個真實的答案，而不是一些捏造出來的廢話，像是他們想要「控制」他們的投資。各位，我們談的是投資報酬！不懂這些沒什麼不對，繼續讀下去。
「我自己做，費用比較低。我較能掌控錢的去向（至少我感覺是這樣）。我也較能強迫自己追蹤目標和進度。」	「感覺」令人嘆氣啊。有時你的感覺是你應該傾聽的本能。但有時你的感覺卻是反復無常，甚至誤導你，讓你誤入歧途，你真的應該正視證據。而我提的例子就是一個有力的證明。不用多就一句話：財務自動化會給你更多的時間、更多的金錢，以及更高的投資報酬。

創造自動化金錢系統

現在已知道了系統如何運作，是時候實現自動化金錢系統了。首先將所有的帳戶連結在一起。然後設定在不同日子自動轉帳。我將假設你每個月拿到一次薪水，但是如果你是兩週一次拿到薪水，或者你是不定期收入的自由工作者，我也會介紹一些微調的方法。

要進行設定之前，你需要一張完整的清單，其中包括你的所有帳戶、URL，以及登入帳號和密碼。如前所述，我使用「LastPass」來安全地儲存所有這些資訊。不管你選擇如何儲存，你只要花半個小時把隨時需要的帳號放在同一個地方，這樣就不必再費事了。

提醒你如果還沒有直接存款帳戶，請跟人力資源專員聯繫，並用支出帳戶來進行設定（這很簡單。基本上只需把你的支出帳號給你的雇主即可）。此外，可能得要根據你全新的消費意識計畫來調整每個月的存款金額。

我把我的財務自動化了，而且毫不猶豫地為退休、結婚和緊急情況存錢。這是全新的情況，我每個月都可以自由地花錢在不同的事物上，而不必擔心自己的預算太少。當我讀這本書時，我並不認為為婚禮存錢很重要，但現在我快訂婚了，我明白了舉辦婚禮有多貴！我男朋友才剛意識到這一點，而我多年來就已經不斷在存錢。這本書無疑給了我很大的幫助。

——朱莉婭．瓦格納（Julia Wagner），28 歲

連結所有帳戶

現在是時候把你的帳戶連結在一起，這樣就可以設定從一個帳戶到另一個帳戶的自動轉帳。當登入到任何帳戶時，通常會發現一個叫做「連結帳戶」、「轉帳」或「設定付款」的選項。

以下是你需要建立的所有連結：

- 如果你還沒有這樣做，你得把薪水和支出帳戶連結起來，這樣每個月就會自動存款到這個帳戶。
- 把你的支出帳戶和儲蓄帳戶連結起來。
- 將你的支出帳戶連結到你的投資帳戶和羅斯個人退休帳戶（從投資帳戶去做連結，而不是從銀行帳戶）。
- 將你的信用卡與你透過支票帳戶支付的所有帳單都連結起來（如果你還在用筆開支票付帳單的話，要知道人類已經發現了火和可燃發動機，請加入現代社會）。例如，如果你每月都用支票支付有線電視帳單，請登入並切換支付方式，帳單就可以用信用卡支付了。
- 有些帳單，例如租金和貸款，不能用信用卡支付。你可以把這些普通帳單和你的支票帳戶連結起來（請登入該公司網站，並啟動從你的支票帳戶轉帳到該公司的功能）。
- 設定以上這些，這樣你所有信用卡帳戶都可以從你的支票帳戶支付（這是從你的信用卡「轉帳」或「連結帳戶」頁面做設定）。

你可能有些付款根本無法從你的支票帳戶中自動提取。例如，如果你是跟一位老太太租房，她可能沒有完善的金融設施，包括你可以在上面輸入支票帳戶帳號，並採用每月自動轉帳的網站。可惜啊！

總結以上，見圖表 5-4。

圖表 5-4　自動化金錢流向

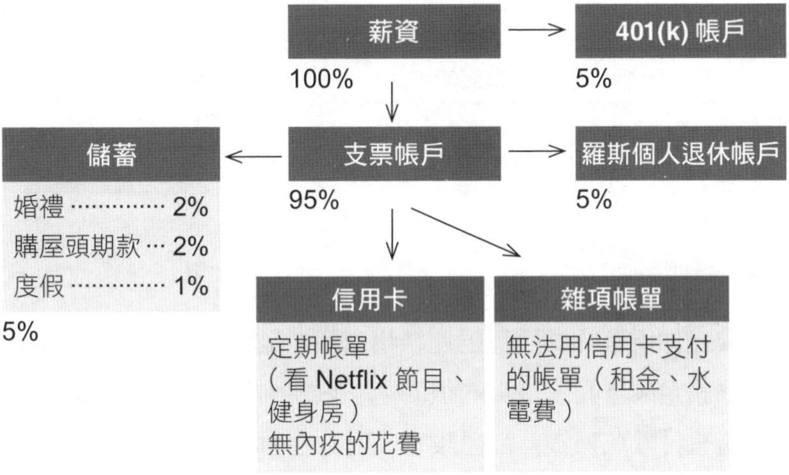

註：為了簡單起見，此圖表不含稅。

不管怎樣，你仍然可以使用支票帳戶的帳單支付功能來達到自動支付，幾乎每個帳戶都提供免費服務。例如，如果你每個月都是開支票，並放入信封中來支付租金，請登入支出帳戶，設定自動支付功能來繳房租。你的銀行會每月幫你開一張支票寄給你的房東。只要確定你安排好時間，讓銀行有足夠的時間在到期日前郵寄給你的房東。

圖表 5-5　該如何連接帳戶？

這個帳戶的資金	應該轉入這個帳戶
薪資	• 勞工退休金個人專戶 • 支出帳戶（直接存款）
支出帳戶	• 儲蓄帳戶（依儲蓄目標細分） • 信用卡 • 無法以信用卡支付的固定成本（例如租金） • 偶爾開支的現金
信用卡	• 固定成本 • 不會感到內疚的消費

設定自動轉帳

現在你所有的帳戶都已連結起來了，是時候把所有的轉帳和付款都設定成自動。這真的很簡單：只要到每個帳戶的網站上，確認所有付款或轉帳，都已設定成對的金額和日期。

你要注意的是要選擇正確的轉帳日期。這是關鍵，但是大家經常忽略了。如果設定在怪異的時間轉帳，則會引發更多問題。例如，如果你的信用卡在每月第一天到期，但要到 15 日才能領薪水，那該怎麼辦？如果你不同步所有的帳單，就必須在不同的時間付款與對帳，你不會想這樣做。

避免這種情況最簡單的方法，就是把所有的帳單都安排在同一個時間表上。要做到這一點，將所有的帳單集中起來後，打電話給這些公司，讓他們改變你的帳單日期，大多數只需要五分鐘就能完成。當你的帳戶調整後，可能會有幾個月的帳單不足一個月，但之後就會回復正常。

如果你的薪水是在每月 1 日入帳，我建議你把所有帳單的到期日都換成這一天或大約這個時間。打電話跟對方說：「我現在每個月的帳單結帳日是 17 日，我想改成每月 1 日。除了打電話說之外，我還需要做什麼嗎？」（當然，你可以根據自己的情況，要求把結算日換到任何對你方便的日期）。

現在你已經做好了所有安排，是時候設定轉帳了。以下是如何安排你的自動金流，假設你在每月的第一天拿到薪水。

每月的第二天：一部分薪水會自動送到勞工退休金個人專戶帳戶。剩餘部分（實得薪水）則直接存入支出帳戶。即使你是在 1 日收到薪水，但這錢可能到第二天才會出現在帳戶，所以一定要搞清楚。記住，要把支出帳戶當成你的郵箱，所有的東西都會先進到這裡來，然後才分配到適當的地方。注意：第一次設定這項時，請在支出帳戶中留一筆備用金，我建議留個 500 美元，以防轉帳不順利。你可以在幾個月後把這筆錢提出來。別擔心，如果真的出了問題，你可使用第 129 頁的談判技巧，來免除因透支發生的費用。

每月的第五天：自動轉帳到儲蓄帳戶。

登入你的儲蓄帳戶，並設定每月第五天從支出帳戶自動轉帳到儲蓄帳戶。把日期設在每月第五天能給你一些緩衝空間。如果由於某種因素，你沒在當月第一天拿到薪水，就會有四天的時間來更正或取消當月的自動轉帳。

不要只是安排轉帳移，也要記得設定金額。（計算金額時，使用你在消費意識計畫中 儲蓄所設的每月收入百分比，通常 5% 到 10%）。但如果你現在付不起那麼多錢，別擔心，只要先設置 5 美元的自動轉帳，來證明這項設定有效。數額並不重要，5 美元不會搞丟，但當你看到設定的效果，就可以逐步往上加。

每月的第五天：自動轉帳到投資帳戶。

要進行設定時，請登入投資帳戶，並設定由支票帳戶自動轉帳到投資帳戶。你可以參考你的消費意識計畫來計算轉帳金額。理想情況下，應該是實得薪水的 10%，減去你轉入勞工退休金帳戶的金額。

每月的第七天：自動支付你每月的帳單。

登入你所有定期付款的帳戶，例如有線電視、水電費、汽車分期付款，或學生貸款，並設定在每月第七天自動付款。我比較喜歡用我的信用卡支付帳單，因為我可以獲得積分，還可以自動獲得消費者保護，而且我可以使用記帳 app 之類的工具輕鬆追蹤我的支出。但是如果你的商家不接受信用卡，他們應該讓你直接從你的支票帳戶付帳，所以如果需要的話，你可以從支票帳戶設定自動付款。

每月的第七天：自動轉帳支付信用卡費。

登入信用卡帳戶，並設定直接從支票帳戶中取款，並在每月第七天全額支付信用卡帳單（因為你的帳單是每月第一天到，使用這個系統，將永遠不會產生滯納金）。如果你有卡債且無法全額付款，不用擔心，你仍然可以設定自動付款。只需將其設定為每月最低付款額或任何金額即可（見第 65 頁，你就了解為什麼這是一個非常好的主意）。

圖表 5-6 資金流

在這個日子	資金會這樣流動
當月第一天	• 薪水直接存入支出帳戶
當月第二天	• 一部分薪水會轉入勞工退休金專戶
當月第五天	• 支出帳戶自動轉帳至儲蓄帳戶 • 支出帳戶自動轉帳至投資帳戶
當月第七天	• 支出帳戶和信用卡自動支付其他帳單 • 支出帳戶自動轉帳支付信用卡帳單

順便說一句，當你登入到信用卡帳戶時，也要設定一個電子郵件通知（通常在「通知」或「帳單」項下），每月向你發送帳單連結，這樣就可以在錢自動從支票帳戶轉出之前查看帳單。如果當帳單意外超出你支票帳戶中的可用金額時，這有助於你調整當月支付的金額。

自動投資原則使得儲蓄變得容易許多。我過去常常與人爭論該買哪只股票、買多少、限價等等。我在這些事情上花費了大量的精力，但仍然經常被市場或那些比我有更多時間的人打敗。我也有一個管理型投資帳戶，在過去的八年裡，自動化投資成效已經超過管理型帳戶。

—— 里安・利特（Ryan Lett），38 歲

配合不固定收入的金錢系統

這是基本的自動資金流程表。你可能會想：「如果是固定的收入，這個系統就太好用了。但我不是每個月都會有固定收入。」這不是問題。你只須調整上述系統，來配合你的付款時間表即可。

如果你一個月領兩次薪水：你可以把上述系統複製用於每月第一天和第十五天，每次只配置一半的錢。關鍵是要按時支付帳單，這就是為什麼把帳單的到期日移到月初第一天很重要。為了方便解釋，現在我把它簡化，用你當月的第一份薪水支付帳單，用當月的第二份薪水為儲蓄和投資帳戶存款。

如果你一個月領兩次薪水，我還有兩個選擇供你使用這個系統：

- 另一種運作系統的方法，是用第一份薪水支付一半的款項（例如退休金、固定成本），用第二份薪水支付另一半的款項（例如儲蓄、無內疚的消費），但這可能比較笨拙。
- 你可以存一筆「緩衝」資金，用來模擬每月收到一次薪水。你基本上是用一堆錢來支付帳單，並為儲蓄和支出帳戶存款，然後每個月用薪水來填補這些款項。例如，如果你的實得薪水是每月 4,000 美元（或每半個月拿到 2,000 美元），你可以在你的支出帳戶裡存 6,000 美元，然後按照本章所述的自動化系統進行操作。為什麼要 6,000 美元？因為每個月，你的自動化系統都會開始為帳單、儲蓄和支出轉帳，還會準備一點額外的備用金，以防出問題（比如遲領薪水）。如果你有能力這樣做，這是一個很好的方法來簡化系統和模擬每月收到一次薪水，即使你是每月兩次收到薪水。

如果你有不定期收入：我認識很多自由工作者和其他人，他們一個月賺 12,000 美元，接下來的兩個月什麼也沒有。該如何應對變化劇烈的收入狀況？

好消息是：只需要多做一個步驟，這個系統就可以滿足不定期收入者的需求。

以下是你要做的簡單摘要：在賺得很多的月份，你得存錢，並為收入低迷的幾個月建立起一個緩衝準備。隨著時間的推移，你會建立起足夠的緩衝準備來模擬穩定的收入，讓你可以按照設計使用這個系統。即使在不景氣的幾個月裡，也可以用緩衝資金來支付所需。

以下是你該採行的方法。

首先，這與消費意識計畫不同，你必須弄清楚每個月需要多少錢才能過活。花點時間寫下房租、水電費、食物、支付貸款，這些都是生活的最基本的需求。

現在，回到消費意識計畫上。在做任何投資之前，先增加一個「三個月基本收入」的儲蓄目標。例如，如果你每月至少需要 3,500 美元的生活費，就需要有 10,500 美元的儲蓄作為緩衝資金，可以用來度過收入低迷的月份。

在你的儲蓄帳戶中，應該要為這筆緩衝資金設立一個子帳戶。為了籌集這筆資金，你可以從兩個地方集資。首先，在建立緩衝資金之前，先不考慮投資，而是把你原本要投資的錢先存入儲蓄帳戶。第二，在良好收入的月份多賺的錢，都應該存入緩衝儲蓄帳戶。

一旦存夠了三個月的錢作為緩衝準備，恭喜你！（你可以多做一點準備，建立六個月的應急資金）現在你已經擁有了一筆穩靠的緩衝資金，你可以模擬穩定的收入了。

想想看如果你有一個月收入慘淡，甚至更糟糕的是有一個月完全沒有收入，你可以很容易地支付你的花費。當在收入非常好的月份時，你可以簡單地重建起三個月或六個月的目標。藉由自動儲蓄，為自己贏得了時間和穩定性。

現在回到正常的消費意識計畫，你得把錢送進投資帳戶裡。在收入較多的月份要多存一點錢在儲蓄帳戶中，以彌補那些收入較差的月份，這才是明智的作法。

檢查信用卡帳單

我盡可能用信用卡支付消費，因為我可以自動下載交易帳單並對自己的支出進行分類。另外，還可以獲得旅行積分和額外的消費者保護，例如購買任何電子設備，都可以獲得免費的保修服務（見第 74 頁）。

我早期如何檢查我的系統：我以前每週會花五分鐘回顧一下信用卡的所有費用。如果我不採取行動，信用卡會每月一次自動從我的支出帳戶全額扣款。如此一來，不會有延滯費用，也就沒什麼好擔心的。如果我真的找到一項錯誤，我就打電話給信用卡公司修正。

讓我們來談談每週回顧。每當我有給小費的時候，我都會留意信用卡消費帳單，所以每次去餐館時，我都會把收據放在桌子上的一個資料夾裡。每個星期天晚上，我都會檢查資料夾，花大約五分鐘的時間將我的收據和信用卡網站上的內容進行比對。我只需對金額（例如 43.35 美元）按「Ctrl+F」並確認數字是否正確。如果我寫了 43.35 美元作為包含小費的全部金額，但看到餐廳向我收取 50 美元，我就知道有人想從我身上撈一筆。在這種情況下，你需要問自己一個問題：印度人會怎麼做？

答案是：打個電話給信用卡公司就可以解決這個問題。

我現在如何檢查系統：我不再做每週回顧，來揪出多收我 6 美元小費的事了。當你的經驗越多，就越能發現支出的異常狀況，即使有人多收我 6 美元小費，也沒什麼關係。

相信我，我知道這聽來很奇怪。我藉由掌握每筆交易建構起這個系統。但最終你會意識到這個系統的存在是為了幫助你專注於整個大局。在任何有意義的系統中，總會有一定金額的浪費。如果有人在我的小費上多加了 5 美元（我的信用卡公司卻沒有發現），那就算了吧。

我所建立的系統具有適當的保障和檢視機制，但我知道有些缺漏還是會發生。但沒關係，只要能夠掌控大局就好了。

我什麼時候可以花錢？

你已經建立起自動化基本系統：每個月資金都會自動進入你的投資帳戶和儲蓄帳戶，也透過關注幾個大項而削減了開支，所以什麼時候可以花掉這些錢呢？

很好的問題。唯一問過我這個問題的人實際上是擔心存太多錢了。

答案很簡單：一旦你已經掌控了錢並達到了目標，你絕對應該花掉剩下的錢。注意你的儲蓄目標，如果還沒有「去度假」或擁有「新的滑雪板」，也許你應該採取行動了。否則，這些錢是用來幹什麼的？

錢的存在是有原因的，就是讓你做你想做的事。的確，你現在花的每一塊錢以後都會更值錢，這也是真的。但是，只為明天而活是活不下去的。想想一個大多數人都會忽視的投資：那就是自己。想想旅行吧，這對你以後有多大價值？或者參加那個會讓你接觸到你所在領域頂尖人物的會議？我的朋友保羅有個具體的「社交預算」，他每年都會用這些錢去旅行，結識有趣的人。如果你投資於自己，潛在的回報是無限的。

如果你正在實現目標，你可以採取的另一個方法是開始減少儲蓄，並增加無內疚的開銷。

最後一件事，我希望這聽起來不會太俗氣，但我所得到的最好回報之一就是來自慈善事業。無論是奉獻時間還是金錢，回饋社會是極為重要的，你可以回饋自己的社區，也可以回饋給全世界。你可以在當地的學校或青年組織做志工（我在「紐約關懷〔NYC care〕」做志工），或捐贈給支持你所關心志業的慈善機構

（我已經捐贈了「無極之筆〔Pencils of Promise〕*」）。有關回饋的更多資訊，請見第 416 頁。

儲蓄太多是個好問題。幸運的是，你也有很好的解決方案。

我實現了財務自動化，在七年多的時間裡，我已經存了大約 40 萬美元。我還賺了足夠的錢來充實我的退休金帳戶。

——丹．舒爾茨（Dan Shultz），35 歲

最後一點要注意的就是稅：身為自由工作者，你得為自己的自雇稅負責。如果你是一般員工，雇主會幫你處理。自雇的稅負很快就會變得非常棘手，所以我會給你我的經驗法則，並且鼓勵你和專業人士談談。

許多自由工作者不知道關於自營職業稅的規定，當納稅時間到來時，他們會感到驚訝。我認識很多自由工作者，在發現自己要繳一大筆稅款時，都大吃了一驚。根據經驗，你應該把收入的 40% 留作稅金。有些人存了 30%，但我傾向要保守一點，到了年底時，超額儲蓄總比欠錢好。記帳員可以告訴你到底要存多少錢，以及如何做到按季自動化支付，所以請教專業人士是值得的。

---

* 無極之筆由亞當．布勞恩在 2008 年 10 月成立，是一個非營利性組織，在發展中國家建立學校並增加教育機會。

已自動化的金錢系統

恭喜你！你的金錢管理現在已經自動化了。不僅會自動按時支付帳單，而且你每個月都在存錢和投資。這個系統的優點在於你不需要親力親為就可以自動運作，同時它還很靈活，可以隨時添加或移除帳戶。你在預設的情況下就在賺錢了。

我喜歡這個系統有三個原因：

自動化資金流程運配合了人的心理。現在，你有動力來管理你的錢了。想像三個月或三年後的生活，你會變得忙碌，無暇理財，還必須專注於其他事情。這很正常，但是你的系統會讓資金持續增加。已經有數十萬人使用這個系統，而你也應該使用。

系統會和你一起成長。每月繳納 100 美元，系統就可以運作。現在想像一下，當你加薪了，從投資中也獲得穩定的報酬，以及其他意想不到的收入（比如退稅）。事實上，假設你每個月捐出 10,000 美元，甚至 50,000 美元！你的系統還是會照常運作。

系統會讓你從「急躁」變成「冷靜」。我喜歡這個系統，是它能讓你擺脫以往情緒化的「急躁」決定，讓你專注於長期「冷靜」的決策。例如，想一下大部分的人都是怎麼看待日常的消費。通常他們是「掙扎」著「抗拒」甜點，或者對買咖啡感到「內疚」，或者承認如果花大錢買下一個漂亮的手提包，就會感覺「良心不安」。

我討厭那些想法。錢能拿來做許多好事，花錢並不是壞事。要做到這一點，你不能為每個月成千上萬的小小決定而苦惱，你必須把注意力放在更大的事情。

這個系統讓你可以實現你對富裕人生的期待。我相信你可以根據如何支配金錢來描述自己的價值觀。正如我常說的「給我看看某人的行事曆和花費，我就可以告訴你他重視什麼」。現在對「你的支出說明了你是什麼樣的人」的問題，你應該有答案了。

例如，我在衣服上花了很多錢，而且毫無罪惡感！我有一件非常昂貴的羊毛運動褲，穿上後有如穿著一朵雲。有一位朋友知道這件褲子值多少錢時，他嚇壞了。只從價格上來看，確實貴得「離譜」。但從一個包括儲蓄、投資和慈善捐款在內的全自動化金錢系統來看，這條褲子只是一件我喜愛、購買後毫無內疚感的東西。別再用「瘋狂」和「離譜」這樣的字眼了。這些都是我想要的，而且也買得起，所以就買了。

金錢不僅僅是奢華，你也可以用來創造記憶和體驗真正的快樂。結婚時，我和妻子坐下來，一起決定什麼是對我們很重要的關鍵。我們很幸運，雙方父母都健在，我們的夢想之一就是邀請父母一起度蜜月，創造美好的回憶！我們邀請父母去義大利，參加美食之旅、上烹飪課、品酒，基本上把他們當作皇室成員款待。

為了實現創造回憶的目標，我們對自動化金錢系統做了一些改變，然後資金就自動重新定向。我和妻子永遠不會忘記，父母們與我們在一起，有生以來第一次品嘗起司的畫面。這就是我說的，錢是富裕生活中一個很小，但卻很重要的部分。

你可能想知道你所投資的資金會發生什麼變化。現在，隨著你存款到儲蓄帳戶和投資帳戶中，每個月錢都在增加，但只限於在帳戶裡。你需要把錢投資到某個東西上。在下一章中，我們將討論如何讓自己成為投資專家，以及如何從投資中獲得最佳報酬。

第五週行動步驟

1. 將所有的帳戶都列在 app 中（1 小時）

當開始將一個帳戶連結到另一個帳戶時，你需要登入所有帳戶。將所有登入資訊放在一個你可以從家裡和工作中存取的地方，讓你的生活輕鬆點。

2. 連結所有帳戶（3 到 5 天）

設定自動化金流，要將所有帳戶連結在一起。連結帳戶是完全免費，也非常快速，但需要 3 到 5 天讓帳戶連結完成驗證。

3. 設定自動化金錢系統（5 小時）

一旦帳戶連結在一起，請將自動資金流程的核心帳戶設定為自動付款。系統就會自動把錢轉到投資帳戶、儲蓄帳戶和固定成本支出項目，並留下你可以毫無內疚花費的錢。記住，可以重新設置帳單到期日，這樣你就可以建立一個完善的自動化金流。

第 6 章

與其聽信理專，不如靠自己

如果我邀請你參加一個 12 美元的葡萄酒和 1,200 美元的葡萄酒盲測，你能分辨出兩者的區別嗎？

2001 年，波爾多大學（University of Bordeaux）的研究員弗雷德里克・布羅謝（Frederic Brochet）進行了一項研究，在葡萄酒業界造成了衝擊。為了解葡萄酒愛好者是如何決定他們喜歡哪種葡萄酒，他邀請了 57 位公認的專家來評估兩種葡萄酒：紅葡萄酒和白葡萄酒。

在品嘗了這兩種葡萄酒後，專家們描述紅酒為「強烈」、「深厚」和「辛辣」──這些是通常用來形容紅酒的詞語。他們也用同樣標準的詞語來形容白葡萄酒「活潑」、「清新」和「花香味」。但這些專家都沒有發現這兩種酒完全是同一種酒。更糟糕的是，這些酒實際上都是白葡萄酒，「紅葡萄酒」是用食用色素染紅。想想看 57 位葡萄酒專家甚至不知道他們喝的是兩種完全相同的葡萄酒。

就讓我們來聊聊專家。美國人喜歡專家。當我們看到一名穿著制服的高個子飛行員坐在飛機駕駛座時，我們會感到安心。我們相信醫生會開正確的處方籤，相信律師會幫我們解決法律糾紛，也相信那些媒體名人說的話。在我們的觀念裡，專家因有專業訓練和經驗，所以能獲得應有的薪資。畢竟，我們不會在街上隨便雇人來蓋房子或拔智齒。

我們一生都被教導要聽從專家，像是教師、醫生、投資「專業人士」。但歸根結底，專業知識關乎結果。你可以從最好的學校獲得最好的學位，但如果不能在工作中好好表現，你的專業知識就毫無意義。

在崇拜專家的文化中，結果又是如何呢？談到美國的財政狀況，大家都感到相當沮喪。我們在金融知識方面，成績並不及格。最近的調查結果顯示，在全國金融素養測試中，高中生的答對率只有61%，而大學生的答對率也只有69%。請記住，這只是基本的金融知識。我們認為「投資」就是猜下一支表現最好的股票，但事實並不是如此。大多數美國家庭沒有透過儲蓄和投資致富，而是負債累累，這一定是哪裡出問題了。

說到投資，你很容易被小型股、中型股和大型股；房地產投資信託基金；債券；增長型、價值型或混合型基金等選項淹沒。更不用說，你還得考慮費用比率、利率、配置目標和多元化投資。這就是為什麼很多人會說：「我不能雇個人來幫我做這些嗎？」這是一個令人抓狂的問題，因為事實上，金融專家、基金經理和任何試圖預測市場的人，在這方面上往往並不比業餘人士還強。事實上，他們還更糟。絕大多數靠自己的投資，可以比所謂的「專家」賺得更多。所以這說明我們不必靠理財顧問，也不必靠基金經理，只需要自動投資低成本基金（我將在下一章中介紹）。

因此，我將在下面詳細說明，對於普通投資者來說，金融專業知識的價值為什麼是迷思的原因。我建議要思考該如何看待這些專家，他們值得被供在神壇上嗎？他們值得你奉獻數萬美元的費用嗎？如果是，你對他們有什麼樣的要求呢？

事實上，想要致富是由自己來操控，而不是靠專家。你會有多富有，取決於能存多少錢和投資計畫。要承認這一事實需要些勇氣，因為如果不富有，是自己的問題，無法指責其他人。因為你不需要理財顧問，也不需要複雜的投資策略，更不必考慮所謂「市場條件」。長期而言，你是可以準確地控制自己的狀況及財務。

你知道這本書對我來說最有趣的部分是什麼嗎？不是我在外面經常聽到的個人理財口號（像是資產配置之類）。而是讀者們在看完這一章後，寄來的那些難以置信的郵件。每當我指出人們投資昂貴的共同基金或依賴理財顧問投資，卻只拿到低於市場的報酬，這簡直就是浪費錢，我都會收到電子郵件指出：「你胡說八道。」或者他們會說：「看看我的投資報酬，你就知道你說的是假的。」他們搞不清楚在扣除稅費之後，自己實際上賺了多少錢。但他們肯定賺了許多錢，因為如果賺不到很多錢，就不會繼續投資了，對吧？

在這一章中，我要教你如何避開這些金融權威人士的「專業知識」（和費用），採取最簡單的投資方法，進而超越專家。或許很難理解為何依賴「專家」大抵是無效的，但請聽我說下去，我的說法是有根據的，也會教你如何自己投資。

專家無法猜測未來市場走勢

在我們繼續討論如何擊敗專家之前，先更深入地了解他們是如何運作，以及他們的建議為何常常漏洞百出。

最引人注目的金融「專家」是權威人士和投資組合經理（也就是在共同基金中選擇特定股票的人）總是喜歡用對市場走勢是

上漲還是下跌的預測來取悅人們。專家們喋喋不休地談論利率、石油產量，以及一隻在中國展翅飛翔的蝴蝶將會如何影響股市。他們把這些預測稱為「掌握市場時機」，但事實是，他們根本無法預測市場會漲多高、跌多低，甚至市場的走勢。

我每天都會收到一些讀者的來信，想知道我對能源產業、貨幣市場或 Google 的看法。誰會知道呢？我當然不知道，尤其是短期走勢。不幸的是，事實上沒有人能預測市場的走勢。儘管如此，電視上的名嘴每天還是做出浮誇的預測，不管說的是對是錯，永遠不會為此負責。

媒體從每一個微小的市場波動中尋找資訊。有一天，專家們對股市下跌數百點感到悲觀和大難臨頭。而三天後，隨著股市攀升 500 點，頭條又充斥著希望和獨角獸（用來形容在市場上有 10 億美元估值的私人公司）。

看著很吸引人，但你得退一步問自己：「我從中學到了什麼嗎？或是我會因為市場行情忽漲忽跌而不知所措嗎？」有更多資訊有時不見得是好事，尤其當資訊並不確定時，會導致你在投資中出錯。投資的關鍵是要完全忽略這些專家的預測，因為他們根本不知道將來會發生什麼事。

即使你認為專家會更了解狀況，其實基金經理有時也會栽在市場炒作中。你可以從基金本身的交易模式中看到這一點：共同基金常會在股市中「週轉」，也就是會大量買賣股票（要付大筆的交易費，如果不是以享有稅負優惠的帳戶持有，還要再繳稅）。基金經理們追逐最新的熱門股票，自信地認為有能力發現數百萬人查覺不到的東西。

此外，他們還要求特別的酬勞。儘管如此，基金經理們仍有 75% 的時間無法擊敗大盤。你可能會說：「但是，拉米特，我的基金經理人不一樣，他過去兩年創造 80% 的報酬！」這很好，但只因為有人在幾年內贏了市場，並不代表明年仍能打敗大盤。從 2000 年開始，標普道瓊指數進行了一項為期 16 年的研究，發現那些在某一年度超越基準表現的基金經理，很難在第二年獲得類似的報酬率。標普道瓊指數資深分析師里安・波伊爾（Ryan Poirier）表示：「如果你的基金經理人在一年內跑贏了指數，那麼他明年再度超越指數的可能性通常不太高。」

一個令人震驚的例子——「專家」也摸不透市場

權威人士和媒體都知道如何吸引我們的注意力：華麗的圖片、高談闊論的名嘴、對市場大膽卻幾乎永遠都不會實現的預測。這些可能很有趣，但讓我們看實際的數據，你會很震驚。

普特南投資公司（Putnam Investments）研究了標準普爾 500 指數在十五年中的表現，期間的年化報酬率[*]為 7.7%。他們注意到了一些驚人的事：在這十五年裡，如果錯過了 10 個最好的投資日子（股市上漲最多的那幾天），報酬率就會從 7.7% 掉到 2.96%。如果錯過了最好的 30 天，你的報酬率會跌到－ 2.47% 的負報酬率！

* 年化報酬率（annualized return），是將時間單位計算長短不一的投資報酬率，變成以「一年」為計算單位，以利比較各個報酬率。

以實際的美元價值計算，如果投資了 10,000 美元，並在這十五年裡把將錢留在市場上，最終會得到 30,711 美元。如果錯過了 10 個最好的投資日，最終會得到 15,481 美元。如果錯過了 30 個最好的投資日，最終只會得到比本金還少的 6,873 美元報酬。

這項研究結果很驚人。會讓你懷疑朋友和權威人士當初很肯定地告訴你：「『很明顯』市場正在下跌。」別理他們，嘗試預測市場走勢也許會讓人感覺良好。但坦白說，當涉及投資和複利時，感覺只會讓你誤入歧途。

唯一的長期解決方案是定期投資，盡可能將多的資金投入低成本、多元化的基金中，即使在經濟低迷時期也堅持下去。這就是為什麼長期投資者會使用這樣一個詞語：關注投資在市場的時間，而不是把握市場時機。

如果要你說出 2008 年至 2018 年的最佳股票，你可能會猜 Google，但你會猜到是達美樂披薩嗎？如果你早在 2008 年 1 月買進 1,000 美元的 Google 股票，十年後其價值會略高於 3,000 美元。你會想十年內將錢翻三倍真是太棒了。但如果你是拿 1,000 美元買達美樂的股票，投資會增加到接近 18,000 美元。

問題在於沒有人能夠隨著時間推移，一直猜對哪些基金或股票的表現會優於市場，或與市場打平。任何聲稱自己能夠預測的人都是在撒謊。

所以不要理會專家們的預測，也可以忽略那些罕見的市場變動。別理基金過去一、兩年的表現，基金經理人可能在短期內表現出色。但從長期來看，由於投資會有成本、手續費，挑選表現優異股票的數學難度也會越來越高，基金經理人幾乎永遠不會跑贏大盤（本章後面將介紹更多）。當你在評估一支基金時，唯一能真正衡量的方法是看它過去十年或更長時間的表現紀錄。

金融專家會隱藏自己的錯誤

正如我所說，「專家」往往是錯誤的，但更令人惱火的是，他們知道如何掩蓋錯誤的紀錄，這樣我們就不會發現專家的失敗。事實上，這些金融業者，包括管理共同基金的公司和所謂的專家，都比想像中還要狡猾。

他們最常使用的伎倆之一就是，永不承認自己錯的錯誤。

《你讀過的最聰明的投資書》（*The Smarter Investment Book You'll Ever Read*）作者丹尼爾·索林（Daniel Solin），曾描述過一項研究，說明像晨星（Morningstar）這樣的金融評級公司是如何提供股票評級，投資者可以利用這些評級來快速了解多支股票的表現，儘管這些公司提供的根本就是地雷股，還讓股東價值虧損了數十億美元，但他們仍然力挺這些評級。研究發現：

截至公司申請破產之日，50 家諮詢公司中，有 47 家繼續建議投資者購買或持有這些公司的股票。

19 家公司中有 12 家在實際申請破產之日繼續獲得「買入」或「持有」的評級。

像晨星這樣的金融評級公司提供的基金評級，應該是要簡單反映基金的價值，但它的五星級評級實際上完全是胡說八道。為什麼？有兩個原因：

首先，獲得五顆星實際上並不能代表預測正確。研究人員克里斯托弗．布萊克（Christopher Blake）和馬修．莫雷（Matthew Morey）進行的一項研究顯示，雖然在預測不佳的低星級評等股票，還算準確，但高星級評等卻並不準確。他們寫道：「在大部分情況下，幾乎沒有統計證明，晨星評級最高的基金表現，優於排名第二和排名中間的基金。」僅僅因為一家公司給一支基金評了五顆閃亮的星星，並不代表它將來會有優異的表現。

第二，當涉及到基金評級時，公司會依靠倖存者偏差（survivorship bias）來掩蓋一家公司的經營狀況。倖存者偏差的存在是因為失敗的基金沒有被納入未來的基金業績研究中，原因很簡單，它們已經不存在了。例如，一家公司可能發了 100 支基金，但幾年後只剩下 50 支。這家公司可以大肆宣揚這 50 支基金表現多麼好，但卻忽略掉其它 50 支失敗並已被除名的基金。換句話說，當你看到「最佳的 10 支基金！」出現在共同基金網站和雜誌上時，要想到沒看到的事實，也同樣很重要：出現在那一頁上的基金是那些沒有被關掉的基金。但是有些五星評級的基金，卻不在那些成功的基金之列。

一些共同基金管理公司採用了「孵化」基金的做法。一家公司可能會成立 10 支小型新股基金，由不同的內部管理人負責，然後等著看哪一支會成功。假設幾年後只有 3 支基金的總報酬率高於市場平均水準。該公司就會開始積極推銷這些成功的基金，放棄掉其他 7 支基金，並掩蓋掉失敗的記錄。

——墨基爾（Burton G. Malkiel），《漫步華爾街》作者

三位成功擊敗大盤的傳奇投資者

確實有投資者多年來一直跑贏大盤。例如，華倫．巴菲特（Warren Buffett）53 年來的年化報酬率為 20.9%。富達公司的彼得．林奇（Peter Lynch）13 年來的報酬率為 29%。耶魯大學的大衛．斯文森（David Swensen）33 年來的報酬率為 13.5%。他們擁有非凡的投資技巧，並獲得了世界最佳投資者的稱號。但是單僅因為這些人能持續擊敗市場，並不代表我們也能做得到。

理論上，是有可能持續跑贏市場（考慮通膨因素後，市場報酬率通常在 8% 左右）。照這樣說，我也有可能成為重量級拳擊冠軍。從統計上來看，隨著全球數以百萬計的人試著擊敗市場，必然會有一些異常的人出現。誰知道他們的成功是因為統計資料還是出於技術？

但就連專家們也認為，個人投資者不應該期望自己的投資也能達到相等的報酬。例如，斯文森曾解釋說，他之所以能獲得巨額報酬，是因為擁有一流的專業資源，但更重要的是，他獲得了一般人永遠無法擁有的投資通路，像是最好的創投和對沖基金，他用這些來支持自己的資產配置。這些專業人士醒著的每一個小時都在研究投資，且可以獲得專有資訊和交易。一般投資人根本沒有機會和他們一爭長短。

金融公司非常了解倖存者偏差，但他們更關心的是擁有表現優異的基金，而不是讓真相全都露。因此，他們刻意創造了幾種方法來快速測試基金，並且只銷售表現最好的基金，進而確保他們身為「最佳」基金品牌的聲譽。

這些技巧特別陰險，因為你永遠也不知道要注意這些詭計。當你看到一頁滿是 15% 報酬率的基金時，自然而然地會認為將來還會繼續帶來相同的報酬。如果這些基金有像晨星這樣值得信賴的公司給予五星評級，那就更好了。

但現在我們已經知道了倖存者偏差，而且大多數評級都毫無意義，很容易看出，金融「專家」和公司都只是想讓自己的荷包飽滿，而不是確保你的錢能獲得最好的報酬。

如何設計完美的選股紀錄

既然我們知道長期來看幾乎不可能跑贏大盤，那麼用機率和運氣來解釋，為什麼有些基金似乎具有不可抗拒的吸引力。儘管一名基金經理人可能在一年、兩年甚至三年裡都很幸運，但從數學上而言，他不太可能繼續。為了檢驗機率理論，讓我們舉一個簡單的例子，有個肆無忌憚的騙子想把他的金融服務賣給天真的投資者。

他寄郵件給一萬人，告訴一半人 A 股會上漲，同時告訴另一半人 B 股會上漲。他可能會說：「這是一封免費電子郵件，用來證明我有內線消息。」幾週後，他注意到 A 股確實上漲了。

他刪除了 B 股群組，專注於 A 股群組，給他們發了一封郵件，上面寫著：「我告訴過你了」。這一次，他又把寄信的對象一分為二，告知其中 2,500 人 C 股會上漲，同時告知另外的 2,500 人 D 股會上漲。如果 C 股或 D 股有一支上漲，在下回合，至少有 1,250 人以為他成功挑選了兩支股票。每一次都會讓收信者越來越敬畏他的「選股能力」。

因為我們喜歡在沒有秩序的地方創造秩序，儘管這名騙子只是恰巧好運，還是會以為他真的擁有神奇的選股能力，然後就會跟他買「投資成功工具包」。你看到的「五星評級基金」網頁也是如此。

故事的寓意：不要只因為一些令人印象深刻的數據，就輕信所謂的金融專業知識。

你根本不需要理財顧問

你聽過我對媒體炒作投資和多數專業投資者差勁的表現有多憤怒。現在我想提醒大家的還有一類金融專業人士需要警惕：理財顧問。

有些人可能會說：「但是，拉米特，我沒有時間投資！為什麼不能請個理財顧問？」是啊，這是老舊的外包論調。我們把洗車、洗衣和家務都外包出去，為什麼不能也外包理財呢？

大多數年輕人都不需要理財顧問。我們的需求相當簡單，只要有一點時間（比如說，在六週內，每週花幾個小時），就可以創造一個自動化個人財務基本系統。

另外，理財顧問並不總是關心你的利益。他們應該幫你對金錢做出正確的決定，但要記住，他們實際上沒有義務做對你最佳的決策。他們有些人會給你很好的建議，但其中許多人其實相當無用。如果他們是賺佣金，他們通常會引導你購買昂貴、虛胖的基金來賺取他們的佣金。

在我的第一份工作中，我的公司召開研討會，並由一名目前從事投資的前雇員主持。他給的建議都相當標準化（例如，在 401k 帳戶中存錢，使用羅斯個人退休帳戶等）。我去諮詢了一下，在他那裡開了羅斯個人退休帳戶，他還向我推銷了終身壽險的投資優勢。我妻子看過這些後說：「嗯，都不要。」她打電話取消，還拿回了我們的錢。還好我們把所有的錢都拿回來了，因為最初的本金差不多是五位數。那時，我買了你的書，把我的羅斯帳戶從他那裡換到了先鋒。從那以後就再也沒有換回去。

—— 湯姆 · T（Tom T.），35 歲

朋友察覺到被理財顧問欺騙了！

幾年前，我的朋友喬給我發了封信，要求我看看他的投資。他懷疑自己被財務顧問騙了。在和他交談的五分鐘內，我就知道他處境不好。喬是一名高收入的年輕企業家，所以這位顧問把他當作未來四十年的飯票。

我告訴他以下的事情：

- **在投資時，有些關鍵字是主要危險信號，包括「終身保**

險」、「年金」和「普瑞瑪瑞卡」*。這些詞中的任何一個都意味著，你肯定多付了錢，最糟的情況就是你被騙了。

- 你被多收錢了，加上你的收入，支付的費用將高達到幾十萬美元（甚至在你一生中，會被收超過 100 萬美元）。
- 你應該把所有投資移給低成本經紀商。付的費用會比較低，也能取得更好的報酬。當你這麼做的時候，你的理財顧問一定會抓狂，會動用所有能阻饒你的手段。因此，你要用書面溝通。

好戲就要上場了，我坐回椅子上，拭目以待，準備看好戲。在接下來的一週裡，喬和他的顧問來來回回傳郵件。不出所料，我告訴你，這名顧問完全被嚇到了！他的客戶竟然想要解約。

以下是理財顧問使用的一些詞語：「（我感到震驚）特別是在過去幾個月裡，我們談了好幾次，我都沒有聽到你有什麼抱怨或擔憂。」「我承擔起這項重大任務，為你做所有的計畫和投資，似乎不是什麼好事。」

我最喜歡的一段是「不過，如果你還是想解雇我，我可以列出關閉你帳戶的手續。」

最搞笑的是，我的朋友拒絕被這些動之以情的技倆所綁架。他回答說：「我不確定我們一起做的一些決定是否真正符合我的最大利益。無論我是否已失去了信心，以目前的感覺，我們未來很難再有業務上的往來。」

我給喬打了個 A+ 的分。他不僅保住了幾十萬美元的花費，

* 普瑞瑪瑞卡（Primerica），總部位於美國的多層次傳銷公司，主要銷售保險和金融服務。

還展現了為自己的錢做主該有的樣子。

如果你目前正在與一名理財顧問合作，我建議你問問他們是否真的是受託人（亦即，他們是否必須將你的財務利益放在首位）。喬的顧問不是受託人，而是名推銷員。從他建議喬（一位二十多歲的單身男子）「投資」人壽保險這一點，就顯而易見。像喬這樣的人如果需買人壽保險，唯一的理由是他有一個受撫養人，而不是為了讓他的顧問多賺手續費。

如果你發現你的顧問不是受託人，你就該換了。別顧慮他們會用各式各樣的情感手段挽留你，你只要注意換掉顧問的好處，將自己的財務報酬放在第一位。

相比之下，只收取固定費用的理財顧問名聲較好。（兩者都不一定更擅長提供好的投資報酬，或讓你增加收入；他們只是收費不同，卻影響了你的利潤。）

重點是，大多數人實際上並不需要理財顧問——你可以親自操刀，並且練成高手。但如果你不聘請一名理財顧問，就根本無法做投資，那麼你還是請一名顧問吧。財務狀況非常複雜的人，像是那些繼承或累積了大量資金（即超過 200 萬美元）的人，以及那些實在太忙而無法自己學習投資的人，也應該考慮尋求顧問的幫助。付一點錢開始投資，總比不開始要好。如果你決定要找專業人士幫助，那就找只會收費用（通常按小時收費），而不是收佣金的顧問，也就是說他們想幫你，而不是從他們的建議中獲取利益。

但請記住，許多人把理財顧問當作拐杖，只因自己不想花幾個小時學習投資，結果一生中就為此付出數萬美元。如果你在二十幾歲時不學理財，不管你是什麼都不做，或是支付過高的費用請人「管理」你的錢，你都會付出沉重的代價。

哦，天哪！我僥倖得到了一筆天上掉下來的意外之財，並用我的銀行推薦的理財規劃師來做「聰明的理財」（那時的規劃師是聯信銀行，願他們痛苦地死去）。他推薦我投資了一些很糟的基金，表現都不如標普 500 指數，「而且」收費也很高，害我損失了 30% 的錢。最後我把所有投資轉到先鋒指數基金（我自己在先鋒開的一個經紀帳戶）。我一點都不後悔移轉帳戶。只後悔浪費時間和金錢「相信專業人士」。

—— 戴夫・納爾遜（Dave Nelson），40 歲

試圖說服我的理財顧問

幾年前，一位朋友建議我和一名「理財顧問」談談。我拒絕了，但他依然堅持。我朋友問：「為什麼不談呢？」

我回答不知道，也許是因為我寫了一本《紐約時報》投資和個人理財的暢銷書？但我深吸一口氣，提醒自己：「謙虛點，拉米特。」我決定接這通電話。

這位朋友告訴我，這些顧問在我不願透露名稱的財務管理公司工作。

我是在開玩笑，怎麼可能不說他們是富國銀行私人財務管理公司的顧問。讓我暫時離題一下，提醒你為什麼我討厭富國銀行和美國銀行。

這些大銀行都是渾球。他們欺騙你，收取近乎勒索的費用，並用欺騙手段打壓一般消費者。沒有人會站出來反抗，因為金融界的每個人都想和他們做生意。我對和這些銀行往來完全沒興趣。如果你要用他們的話，我勸你不要，這樣做根本就是在自討苦吃。你可以上網搜尋「拉米特最佳帳戶」，就可以找到最好的支出帳戶、儲蓄帳戶和信用卡。這些可不是業配，我只想讓你免於被敲詐。

你真的認為你需要一名理財顧問？

如果你真的想聘請一名理財顧問，可以修改以下的電子郵件後發送：

嗨，麥克：

我正在找一位只收顧問費的理財規劃師，我在理財顧問協會「napfa」網站上看到你。我先簡單介紹一下我自己：我有大約 10,000 美元的總資產，包括 3,000 美元的羅斯個人退休帳戶（尚未做投資），3,000 美元的 401k 帳戶和 4,000 美元的現金。我在尋找能夠極大化長期報酬，同時又能讓成本最小的投資。

如果你可以幫忙，我想跟你約半個小時，問你一些具體問題。我也想聽聽你如何幫那些跟我有相同目標的人理財。下週五 2

月6日下午2點可以嗎？如果不行，我2月9日星期一，整天都有空。

謝謝你！

拉米特

對於這30分鐘的會議，你不必支任何費用，但你得準備好問題再上陣。網路上有數百個範例可用（你只需搜尋「理財顧問問題」），不過至少得詢問以下三個問題：

- 你是受託人嗎？你怎麼收費的？是佣金還是只收手續費？還有其他費用嗎？（你需要的是只收手續費的顧問，他必須是一名受託人，會把你的財務利益放在首位。對於這個問題，除非對方可以明確地回答「是」，否則就不要錄用。）
- 你是否幫情況類似的人規劃過？你推薦了哪些解決方案？（找到推薦人並打電話給他們。）
- 你用什麼方式工作？我們是定期開會，或是我得和助理談？（你會想知道開始合作後，前三十、六十和九十天會有什麼事。）

無論如何，回到原來的話題。當聽到這些人在富國銀行工作時，我知道必須接電話，主要是因為我幾乎討厭所有的理財顧問（我喜歡角色扮演）。

先來快速了解一下「理財顧問」的工作。他們會找到一個有錢的人，問他們一大堆問題，幫助他們規劃財務和投資。聽起來不錯吧？他們還為你提供「貴賓級服務」，例如投資組合分析、幫忙取得國際抵押貸款、稅務規劃服務等。作為交換，他們會根據資產的百分比向你收取費用，通常只是個位數，比如 1% 或 2%。天啊，這是什麼費用！我們馬上就會談到這些。

我和這兩位顧問通了電話。他們在比佛利山莊工作，有著令人讚歎、我最喜歡的圓滑英國口音。他們對我一無所知，所以並沒有預先做任何研究。我心想：「這會很有趣。」

他們問我的職業。我說我是「網路企業家」。他們說和很多企業家和名人一起工作。名人是理財顧問的主要目標，因為名人在「短時間」內賺了「很多錢」，而且只想「找人」幫忙管理。

顧問們開始推銷自己能讓客戶可以專注於手上工作，協助客戶處理所有財務「事務」（言外之意是，我忙於購買藍寶堅尼和品酒，無暇關注我的投資。他們幾乎不知道我喜歡，並且熱愛研究資產配置）。他們還告訴我，知道我將來會需要用到錢，會安全地保管我的錢（這點是利用我對損失的恐懼心理）。

我裝傻，問了很多基本的問題。「這怎麼運作？你會用我的錢做什麼？」我很小心地避免使用「投資利損減免」、「平均成本法」，甚至「複利」之類的字眼。相反地，我只問：「你們能幫我規劃稅務嗎？」我們當時是在通電話，但我幾乎可以感覺到他們的眼睛在發亮，因為他們急切地告訴我可以為我節稅的複雜方法（實際上，富人可鑽的稅務漏洞相對較少）。

然後，他們用優美的口音說了一些聽起來無關痛癢，但實際上卻非常關鍵的話：「我們不想迎合市場，只專注於保全資產。」

你抓到重點了嗎？

值得一讀的專家預言

以下是我喜歡的三位理財專欄作家和一個論壇。

摩根·豪澤爾（Morgan Housel）寫了一個最有趣的關於心理學和理財的部落格。閱讀他的貼文，可以了解你為什麼要做你做的事（以及一般人為什麼會這麼做）。網址：collaborativefund.com/blog。

丹尼爾·索林（Dan Solin）寫過許多很棒的投資書籍，還寫了一個很棒的時事分析，他點名說投資業者根本是在胡說八道。以下是他寫過的幾個議題：〈智能投顧的大漏洞〉、〈主動型基金經理人是魯蛇〉及〈鼓起勇氣敢於與眾不同〉。網址：danielsolin.com。

羅恩·李伯（Ron Lieber）為《紐約時報》撰寫「你的金錢」專欄。我喜歡他寫的各式各樣話題，而且總是支持消費者。網址：ronlieber.com。

最後，我還喜歡**柏格頭（Boglehads）論壇**，可以在那裡找到好的投資建議。他們會引導你避開騙局和一時的狂熱，並重新將注意力放在低成本的長期投資上。網址：bogleads.org/forum。

他們的意思是：「我們的投資報酬，將會低於你從廉價的先鋒基金那裡可得的報酬。」更白話的說：「你原本可以用 1 美元買鹽。但我們會收你 2 美元，給你更差的鹽，不過我們每半年都會用漂亮的皮革托盤端鹽給你。」現在我笑得很大聲。我在電話上按了靜音，這樣才可以繼續玩這個遊戲。

這兩位理財顧問從不問我的目標，比如說為什麼一個三十歲出頭的人，在職業生涯的早期，為什麼會專注於維持財富而不是增加？

更重要的是，我天真地問起他們的服務費用是多少。在這一點上，我無法停止微笑，因為我知道快要發生什麼事。費用是最有趣的部分，我真的等不及了。當我問要花多少費用時，他們的語氣變得輕蔑，如果你曾經跟富人談起某件東西的價格，你就會知道我的意思。他們說：「投資費用只是象徵性的 1%，但我們更關注的是與你建立財務管理的長期關係。」

你懂了嗎？

首先，他們隱瞞了費用。「費用只是象徵性的 1%。」誰在乎 1% 呢？

其次，請注意，他們很快就把談話內容轉移到目標客戶想聽的「長期關係」之類的動聽的用詞。為什麼？以下就告訴你原因（順便說一句，如果我記得的話，費用實際上在 1% 到 2% 之間。讓我們保守點說是 1%）。

提供所有服務只收 1% ？聽來不錯，是吧？

你知不知道，隨著時間的過去，1% 的費用會使你的報酬率減少約三成？這意思是，如果我透過他們投資 10 萬美元，他們的收費會讓我的 21 萬美元減少到 15 萬美元，他們就把 60,000 美元據為已有，那 1% 的費用太昂貴了！我寧願把錢留給自己。

一般人不明白這些費用有多壓榨，因為這個數學是非常違反直覺的。華爾街的設計讓人看不透。1% 似乎不多，但其實是昂貴無比。

我自己投資，可以得到更好的報酬，而且費用較少。

想玩一個有趣的遊戲嗎？問父母為投資付了多少費用。他們肯定不知道，如果知道實際上的花費，他們一定會很沮喪。仔細想想，還是不要問。

2% 的費用會讓你損失 63% 的報酬。這是多麼不切實際，也是華爾街可以暴富的原因。這就是為什麼我堅持你自己要學理財，當華爾街敲詐個人投資者時，我會如此生氣的原因。

如果你看完這篇文章，還付了超過 1% 的費用，我會很想罵你。放聰明點，你最好只支付 0.1% 到 0.3%。想想你可以留下幾十萬甚至幾百萬美元，而不是付錢給某位理財顧問。你可以付錢給別人來修剪你的草坪或打掃公寓。但理財卻不一樣，費用會發生複合效應。

好消息是，你現在正在讀這本書，如果你會呼吸氧氣、閱讀，本書會給你帶來比你想像還更多的財富，而不是只把錢放在儲蓄帳戶裡。

所以，回到顧問的話題上。回想起來，如果我對他們拋出一個超級技術性的問題，比如布萊克 – 休斯模型*或外匯兌換的問題，然後說：「好吧，下次再聊。」不幸的是，我不擅長當場提出真正好的反駁。

以下是這個故事的啟示：

1. 我喜歡在所謂的專業顧問面前假裝對金錢一無所知。這是

---

* 布萊克 – 休斯模型（Black-Scholes model），簡稱 BS 模型，是一種為期權定價的數學模型，由美國經濟學家麥倫．休斯與費雪．布萊克首先提出。

我一生中最美好的時光之一。

2. 你們之中絕大多數人不需要理財經理，甚至不需要理財顧問。你已經有這本書了，只要閱讀並使用。如果你遵循對每個人都有用的建議，過上富裕的生活並不是那麼困難。
3. 理財經理人知道自己無法戰勝市場，因此他們設法聚焦於其他可以「增值」的管道，例如：「任何人都可以在牛市*中賺錢。我們會在市場變化時幫助你。」，以及「我們可以在稅負、遺囑、信託和保險方面提供建議。」所有這些都合法，但你不需要透過收取佣金的顧問來做。

   如果你在市場下跌時感到不安，我認為更好的答案是培養自己在市場低迷時期保持彈性和專注的能力。不要在恐懼時做決定。相信你自己和金錢系統。
4. 一旦你有了七位數的資產，或涉及孩子、退休或稅負等的複雜財務，你就可以考慮進階的建議，聘請一位只收手續費的財務顧問幾個小時，或瀏覽我提供個人理財進階課程的網站。

主動與被動管理

請記住，即使專業投資者的表現如此糟糕、令人悲觀，但我並不是說投資是在浪費金錢。你只需要知道該做什麼投資。

---

* 牛市（bull market），表示股市行情上漲。

共同基金是股票或債券等不同投資的集合，通常被認為是大多數人最簡單也最好的投資方式。但正如我們所見，基金經理人 75% 的時間都沒能跑贏大盤，而且很難判斷哪些基金會在長期表現出色。不管共同基金有多好，收取的巨額費用都會影響到報酬率（當然，也有一些低成本的共同基金，但由於投資組合經理人及其他員工的支薪方式，幾乎不可能與被動式管理指數型基金的低成本競爭，我稍後將詳細介紹這些基金）。

說到投資，如前所述，費用會大大地拖累你的報酬率。這有點違反直覺，因為我們習慣付費取得服務，比如健身房會員或迪士尼樂園的門票。如果我們想獲得什麼，就應該付出公平的代價，不是嗎？關鍵是「公平」，許多我們的金融「專家」都努力從我們身上榨出最後一分錢。

我註冊了這個管理費很高的退休基金，現在我必須在 5 年內每個月都投入資金，最後才能把它拿出來。當時，那名財務顧問的風度和花言巧語讓我就範。我在掙扎是否應該損失 1,000 美元作為取消合約的成本。我覺得自己像個白痴，居然用這麼瘋狂的費用去註冊一支愚蠢的基金。

—— 金聖宇（Sung Woo Kim），28 歲

共同基金使用「主動管理」的意思是，投資組合經理會積極地選擇最好的股票，給你最好的報酬。聽起來不錯，但即使他們用了這麼多厲害的分析師和科技，投資組合經理仍然會犯一些基本的人為錯誤，比如賣出太快、買賣太頻繁，以及草率的猜測。

基金經理人頻繁地交易，這樣他們就可以向股東展現短期成果，證明自己正在努力！—— 為了賺你的錢。他們通常無法戰勝市場，但還是照常收取一定的費用。

共同基金通常收取每年管理資產的 1% 至 2%（這個百分比被稱為基金的費用率）。換言之，如果是收 2% 費用率的 10,000 美元投資組合，你每年要支付 200 美元的費用。有些基金甚至在基金的買入價（前端收費）或銷售價（後端收費）上，附加額外的銷售費用或「收費」。這些只是共同基金經理人賺錢的一些狡猾手法，不論他們是否表現得可圈可點。2% 聽起來不算多，除非你與另一種選擇「被動式管理」進行比較。

被動式管理是指數型基金（共同基金的近親）的運作方式。這些基金的運作方式是用電腦取代投資組合經理。電腦不會試圖找到最熱門的股票，只會簡單、有條不紊地挑選一個指數持有的相同股票。例如標準普爾 500 指數的 500 支股票，試圖趕上市場（指數是衡量股票市場的一種方式。例如，納斯達克指數代表某些科技股，而標準普爾 500 指數則代表 500 支美國大型股。還有國際指數，甚至零售指數）。

大多數指數基金都很接近市場（或代表的市場區隔）。就像股市可能一年跌 10%，明年漲 18%，指數基金也會跟著追踪的指數漲跌。最大的區別在於費用：指數型基金的費用低於共同基金，因為不需雇用高薪的員工。例如，先鋒旗下的標準普爾 500 指數基金的費用率僅為 0.14%。

記住，市面上有各種各樣的指數型基金。像是國際基金、醫療基金、小型股基金等。甚至還有一些基金與美國整體股市相匹配，當市場下跌時，這些指數基金也會下跌。但從長期來看，在計入通膨後，整體股市的報酬率一直在 8% 左右。

讓我們從兩個方面來看基金的表現：缺點（費用）和優點（收益）。首先，讓我們比較一下被動式管理基金和主動式管理基金的費用。

圖表 6-1　哪種投資基金方式較優？

假設每月 100 美元（8% 投資報酬率）	被動式管理指數基金（0.14% 費用率）	主動式管理共同基金（1% 費用率）	投資者在主動式管理基金中要多支付多少費用？
5 年後	7,320.93 美元	7,159.29 美元	161.64 美元
10 年後	18,152.41 美元	17,308.48 美元	843.93 美元
25 年後	92,967.06 美元	81,007.17 美元	11,959.89 美元

現在讓我說明這些數字在更高水平時如何變化。記住：看似很小的費用實際上會對你的收益造成巨大的累贅。

這一次，假設你把 5,000 美元存入一個帳戶，每個月再增加 1,000 美元，報酬率還是 8%。

5 年後	80,606.95 美元	78,681.03 美元	1,925.92 美元
10 年後	192,469.03 美元	183,133.11 點	9,335.92 美元
25 年後	965,117.31 美元	838,698.78 美元	126,418.53 美元

先鋒創始人約翰．柏格（John Bogle）曾在 PBS 紀錄片《前線》（Frontline）中分享了一個令人震驚的例子。假設你和朋友

蜜雪兒各自投資了五十年來表現相同的基金。唯一不同的是你付的費用比她低 2%。所以你的投資年報酬率是 7%，而她的報酬率是 5%。有什麼區別呢？

表面上看，2% 的費用似乎並不多。大家很自然地猜測你們的報酬率可能相差 2% 甚至 5%。但是複合運算的結果會讓你很震驚。

博格說：「假設投資期限為五十年，第二個投資組合的潛在報酬率將因費用而損失 63%。」

想想看 2% 費用，就可以讓你損失超過一半的投資報酬。如果費用是 1%，你覺得不算很多，然而在同樣的五十年時間內，這筆費用將使你損失 39% 的報酬。

也許五十年太長了，很難想像。讓我們試試三十五年的狀況吧。

1% 的費用會花多少錢？根據美國勞工部的數據，你的退休報酬率會減少 28%。

這就是為什麼我如此熱中於降低費用。在投資中，費用就是你的大敵。

如果你的投資是取決於收費，指數基金將是你明智的抉擇。但也要考慮另一項重要因素：報酬率。

就在我結婚前，我決定要找一位理財顧問談談，因為我想在和丈夫的財產結合起來前，對我的財務狀況有深入的了解。他的收費與市場最貴的相比並不荒謬，但他的建議卻很糟，還讓我買了我並不需要的管理型產品（之後會持續收取費用）。這讓我的財務狀況變得比實際更複雜，我真的不知道該怎麼處理。在蜜月期間，我第一次讀到《教你變成有錢人》，回來後，我就推翻了理財顧問所做的大部分決定。

—— 盧辛達 · B（Lucinda B.），33 歲

儘管我反覆強調共同基金在 75% 的時間都無法跑贏市場，但我要說的是，共同基金偶爾確實會創造高額的報酬。在某幾年，一些共同基金表現非常出色，遠遠超過指數基金。例如，在表現良好的那一年，一支專注於印度股票的基金可能會獲得 70% 的報酬，但一兩年的出色表現也只能帶給你這些。你真正想要的是穩定的長期報酬。因此，如果你在考慮使用經紀人或主動式管理基金，你該打電話給他們，問他們一個簡單、直截了當的問題：「你過去十年、十五年和二十年的稅後、費後報酬是多少？」

他們的答覆必須包括所有費用和稅負。報酬率的計算期間必須至少是十年，因為任何時段的最後五年都太不穩定，也不重要。我保證他們不會給你一個直截了當的回答，因為這就代表他們沒有一直跑贏市場。實際上這也很難做到。

圖表 6-2 聘請顧問的理由

表面的說法	實際的原因
「我不知道，我只想花錢請人幫我處理。」	很自然，你會被那些術語和令人困惑的建議給嚇倒。但這是你的錢。學習基本知識會是你做過最有收獲的決定。 自學成才的傳奇人物吉姆．羅恩有句名言，他說：「不要指望事情會容易些，要指望自己會更強。不要希望問題會少些，要指望自己能擁有更多的技能。」 不要指望有人會牽著你的手，就像你才 4 歲大，只會跳繩和嚼泡泡糖一樣。你要期許自己像個成年人一樣，建立起長期投資的紀律。別人已經做到了，你也可以。
「我喜歡他。他真的很值得信賴。而且我爸爸也是用他當顧問。」	我喜歡我家附近賣貝果的店員。那我是不是應該和他一起投資呢？ 我們非常容易把「討人喜歡」和「值得信賴」混為一談。芝加哥大學有項很棒的研究證明了這一點。這項研究的題目是「對美國醫生的評價更多是基於他們臨床的態度，而不是醫療的效果」。 你的顧問可能很討人喜歡。他可能很風趣，也很體貼。但當事情牽涉到你的錢時，要專注在結果上。
「我很怕賠錢。」	很好。那麼你應該知道，你付費給顧問的每一塊錢，都是你本來可以用來投資的錢。例如，你每付 1% 的費用，就會讓你的報酬減少 30% 左右。
「我的顧問在過去的四年裡打敗了市場。」	也許他真的做到了。但更可能的是他沒做到，原因在於你沒有把所有的費用和稅負都考慮進去，你的顧問當然會設法模糊這些焦點。研究顯示，有些人現在似乎很搶手，但這並不意味他們能夠一直持續下去。

因此，較安全的假設是，主動式管理基金往往無法跑贏或追上市場。換句話說，如果市場報酬率為 8%，主動管理型基金的報酬率有超過四分之三的時間無法達到 8%。此外，如果再加上高費用率，主動管理型基金的業績至少要比較便宜的被動式管理型基金高出 1% 到 2%，這樣才算打成平手，但這種情況根本不會發生。

在《你讀過的最聰明的投資書》（*The Smartest Book You'll Ever Read*）中，丹尼爾・索林引用了巴布科克管理研究院（Babcock Graduate School of Management，現為威克森林大學商學院）歐尼爾（Edward S. O'Neal）教授的一項研究。歐尼爾追蹤那些以擊敗市場為唯一目標的基金。他發現，這些主動式管理基金從 1993 年到 1998 年，只有不到一半跑贏市場。從 1998 年到 2003 年，只有 8% 跑贏了市場。

不只如此，當他觀察這兩個期間跑贏大盤的基金數量時，結果的確令人難過。在這兩段期間中，擊敗市場的基金數量高達十個，僅占所有大型股基金的 2%⋯⋯。無論是個人投資者還是機構投資者，被動式投資或被動式管理基金都會比去挑選較昂貴、號稱能夠戰勝市場的主動式基金要好得多。

總之，當你自己可以做得更好，且成本更便宜時，就沒有理由為主動管理支付過高的費用。然而，我們都知道，即使數學可以將錢算的很清楚，金錢依然很難掌握。所以，讓我們從金融公司首頁上，宣傳主動式投資是值得的說法中清醒，然後就可以開始投資了。

既然你已經看破專業知識的迷思，現在是時候來學該如何投資自己的錢，以更低的成本獲得更好的報酬。在下一章中，我會教你所有需要知道的投資知識，包含如何選擇和自動化投資的所有技術層面。讓我們開始吧！

附帶一提，如果你在尋找行動步驟，請繼續讀下去。本章僅提供資訊，但在下一節中，你將做出重大決定。

第 7 章

讓你致富的投資組合

在上一章中，你讀到了投資「專家」是多麼無用，以及如何能靠自己做得更好。現在我們要動手實現這目標，在這一章中，你將學會如何支付更少的費用，選擇自己的投資，並獲得優異的表現。

透過詢問自己一些關鍵問題，來決定自己的投資風格：你明年需要用到錢嗎，還是可以放著讓錢增加一段時間？存錢是為了買房子嗎？你能承受股市日常的大波動，還是這會令你不安？然後你得要研究基金，並且選擇正確的投資來實現你的目標。到本章結束時，你將確切地知道該投資什麼和投資理由。而且只需要花費最少的人力、支付最少的費用，就能進行操作。

我的目標是幫助你選擇最簡單的投資做為開始的第一步，並使你的投資組合易於維護。只做這兩件事，你就可以致富了。你會發現很多高薪的人都沒有儲蓄或做投資。你會注意到人們為不投資找的各種藉口，包括「我沒時間」、「股票會下跌，我不想虧錢」。大多數人對如何挑選投資一無所知，但現在你學到了！啊，你的目標就要實現了。

在我24歲開始第一份工作之前，我就採用了這本書的建議，在嘉信開好了個人退休帳戶、個人投資帳戶和支票帳戶。我現在30歲了，在個人投資帳戶、401k帳戶和個人退休帳戶裡已存了三十多萬美元。

——斯密特・沙阿（Smit Shah），30歲

最好的理財法：自動投資

老實說吧，沒有人真正喜歡理財。我更喜歡花錢，比如去東京參加美食之旅，或者週末和朋友一起去滑雪。基本上，我一直在尋找花更少時間，就能獲取更好結果的方法。例如，當我在申請大學時，我建立了一個每天能寫三份獎學金申請書的系統，結果在六個月內拿到了二十多萬美元的獎學金。

這些日子以來，我每天要處理一千五百多封有關我的部落格和這本書的電子郵件。這並不是在吹噓自己有多忙，而是為了讓你知道，當事關理財時，我只想在取得更好報酬的同時，能少花點心思。我不遺餘力地研究那些不需要花費大把時間，就能獲得良好報酬的投資。這就是為什麼我敦促你把基本的低成本投資策略和自動化理財結合起來。

自動化投資並不是我剛剛發明的革命性技術。這是一種投資於低成本基金的簡單方法，也被諾貝爾獎得主、巴菲特等億萬富翁投資人和大多數學者推薦。你必須花費大部分時間來選擇如何把錢分配在投資組合中，然後挑選投資目標（這實際上只需要花最少的時間），最後將常態性投資自動化。

這樣可以坐著看電視，金錢就會自動增加。我們都很懶，不妨利用自動投資為我們省時省力。

自動化投資有兩個好理由：

1. 降低費用。正如我在第 6 章中所提到的，沒有什麼比費用高的基金更能扼殺投資成果，這些費用會在無形中耗盡報酬。當你能以較低的費用獲得更好的報酬時，還投資費用高的基金簡直就是瘋了。

為什麼要為失去金錢而付出代價？採用自動化投資，投資低成本基金，取代那些毫無價值、只會推薦昂貴的投資組合的經理。這樣還可以省下數萬美元的交易費用、瘋狂買進賣出產生的稅負，和整體投資費用，從而超越大多數投資者。

2. 完全自動化。自動投資讓你不必關注最新的「熱門股」或市場上微小的變化。只需選擇一個簡單的投資計畫，不要挑那些市場上吹捧的股票，也不去猜測市場是漲是跌，然後將投資帳戶設定自動存款。這樣，你就可以有效地進行投資。因為不需要付出任何心力，你可以專注於生活，做好你的工作，花時間和朋友共聚，去不同的國家旅行，在很棒的餐館吃飯，而不必擔心錢。我把它稱坐禪的投資，是設計給擁有真實生活的人（這就是為什麼我永遠不會成為一名顧問）。

好得令人難以置信？

我描述自動投資的方式，基本上和描述「小狗很可愛」一樣，沒有人會反對。自動投資聽起來很完美，但當市場下跌時會發生什麼呢？那就沒那麼容易了。例如，我認識一些採用自動投資計畫的人，2008 年底股市出現巨額虧損時，他們立即取消投資，把資金撤出市場。

相信朋友所說的一切嗎？

問題：朋友告訴我，投資風險太大，我可能會損失所有的錢。這是真的嗎？

回答：這是一種本能的、情緒化的反應，而不是合理的、合乎邏輯的反應。我可以理解投資會令人緊張，尤其是當你讀到一些新聞文章，上面提到「市場修正」和「股票一夜之間下跌10%」。出現這樣的頭條新聞時，你正可以發揮「DNA」風格的投資，也就是「按兵不動」（Do Nothing Approach）的方法。

非常不幸的是，現在害怕投資市場的人通常正是那些在價格飆漲時搶進的人。正如巴菲特所言，投資者應該「在別人貪婪的時候感到恐懼，而在其他人恐懼的時候貪婪。」

你可以採取不同的應對方式。因為你了解投資是如何運作的，所以你可以把長期投資的觀點付諸實踐。理論上，你可能會損失所有的錢，但如果你購買了不同（或「多樣化」）的投資來創造出一個平衡的投資組合，就不會產生大虧損。

你會注意到周遭的朋友們都在擔心這種方法的壞處：「你可能會失去一切！你怎麼會有時間學習投資？那裡有很多鯊魚會把你的錢咬走。」

他們因為不投資，每天都在損失錢，這樣的壞處又如何呢？

問問你的朋友，標準普爾 500 指數過去 70 年的平均報酬率是多少。如果他們今天投資 10,000 美元，10 年或 50 年不碰它，會有多少錢？他們不會知道，因為他們甚至不知道假設的基本報酬率是多少（試試看採用 8% 來計算）。

當人們說投資風險太大，是因為他們不知道「投資風險」。

這真是大錯特錯。對一名真正的自動投資者的考驗，並非在股市上漲時，而是在市場下跌時。例如，當 2018 年 10 月股市下跌時，我的投資帳戶縮水超過 10 萬美元。但我照常每個月都繼續自動投資。

你要有勇氣面對一項事實，那就是你在市場狂賣股票時，仍然在買進，如果你是長期投資，賺錢的最佳時機就是當其他人都退出市場的時候。

大約三年前，我讀了很多金融書籍，包括你的這本書之後，便開始進行投資。我很晚才起步，快 31 歲了才開始，但我對自己的進步情況感覺很好。我大舉利用我的羅斯個人退休帳戶，更積極地進行投資，另外，我在我的先鋒 401k 帳戶中也投入 15% 資金，全部都用來買指數基金。我是家裡第一個這樣做的人，所以花了一段時間才搞清楚狀況，但現在我已經採用自動化投資了，所以感覺很棒。

—— 喬・弗魯（Joe Fruh），34 歲

結論：自動化投資似乎不像對沖基金和生技股那樣吸引人，但效果要好得多。

財務自主的魔法

我記得在電視上談過這本書。在節目開錄之前，主持人靠過

來祝賀我出版。他說：「恭喜！那你還需要工作嗎？」

我坐了下來，才想到我從來沒想過這個問題。我告訴他：「不用，我不用再工作了。」

那是一個令人感覺強大的時刻。當時正值黃金交叉點，你透過自動化投資賺到足夠的錢，剛好可以用來支應你的開支。

想像有一天醒來，帳戶裡有足夠的錢，你再也不必工作了。換言之，你的投資產生了如此多的錢，靠著錢滾錢所產生的錢，實際上比你賺的薪水還來得多。這就是所謂的交叉點。這個概念是由薇琪．魯賓（Vicki Robin）和喬．杜明桂（Joe Dominguez）在《跟錢好好相處》（*Your Money or Your Life*）中第一次出現。

在個人理財領域，這是一個非常有影響力的觀點：錢能賺錢，在某個時點，你的錢產生了很多新的錢，足夠支付你所有的開支。這也被稱為「財務自由」（financially independent，簡稱FI）。

一旦達到交叉點後，你還要做什麼？最低限度是，你什麼也不必做了。你每天醒來，花三個小時吃早午餐，出去運動，見朋友，做你喜歡的事情。你可以選擇工作，也可以選擇不工作。畢竟，你可以用餘生來花你從投資上賺到的錢。

許多人稱之為「提前退休」（retiring early，簡稱 RE）；兩者結合起來，就是財務自由＋提前退休＝ FIRE。還有一個「清減退休」（LeanFire），意思是說人們決定要靠「少量（lean）」的錢生活，也就是每年只靠 30,000 至 50,000 美元的錢一直生活下去。他們拒絕物質主義，擁抱簡單生活，而且往往是採取極端的做法。

「豪奢退休」（FatFire）是為那些想在最高消費水準上過奢侈生活的人而準備的。有沒有想過名人怎麼能花 25 萬美元辦一個派對？那是因為錢滾錢賺得太多了，實際上不得不加緊消費來花掉這些錢。例如，2018 年，歐普拉（Oprah Winfrey）以 800 萬美元買了一棟房子。看起來太貴了，對吧？事情是這樣的：因為她當時的淨資產超過 40 億美元，即使這些錢只用於保守的投資，報酬率為 4%，那一年她不算薪水，光是投資，就可以產生 1.6 億美元的收入，實際上對她來說，這棟房子是「免費」的。

現在把它應用到你的生活中。大多數人的淨資產都不會達到 1.25 億美元，但如果你有 100 萬美元呢？ 200 萬美元？ 500 萬美元？算算這些數字（假設報酬率 8%）能帶來多少收益。這會令你大開眼界。

由於你多年前的決定，當你到達財務自由時，現在即可衣食無憂。這就像一名印度小孩每天學習 10 個小時，通過學術能力評估測試 SAT*，然後在 10 年後獲得了令人羨慕的工作和機會。即使 25 年後小拉吉已經不記得他花在學習上的時間了，但他仍然很欣慰當初努力所達成的結果。

再來總結一下這些術語：

- 財務自由（FI）：當你賺得夠多時，你的投資將可以永遠為生活買單。
- 提前退休（RE）：通常是指在三十多歲或四十多歲退休。

---

* 美國的學術水準測驗考試，類似台灣的大學學科能力測驗。

- 財務自由＋提前退休（FIRE）：想想那些三十多歲就退休的人，技術上而言，他們再也不用工作了，因為他們的投資可以支付每年的生活開支，而且可以一直支付到永遠。
- 清減退休（LeanFire）：想要過「清減」生活的人，通常一年花 30,000 美元左右。他們可能會做一些有趣的事情，比如到公園散步和觀鳥。
- 豪奢退休（FatFire）：想要達到財務自由提早退休，並過上奢侈生活的人。他們想要坐頭等艙，住四季飯店，或者讓三個孩子上私立學校。

想要實現財務自由和提前退休，並不容易。多數人通常都會不假思索便跳過這種念頭。他們會說：「我太年輕了，還無法想到這些。」然後，就在幾年後，他們會說：「對我來說，現在起步太晚了。」（有趣的是，這個藉口怎麼變得這麼快。）或是給自己找最後一個合理化的藉口：「我寧願現在就花錢，也不願在未來三十年過著錙銖必較的生活。」

當然，真正的答案是，你可以選擇這個交叉點是否是富裕生活的一部分，你可以選擇如何實現這個理想的交叉點。

許多達到財務自由的人，都是把大部分的薪水存下來。別再提一般建議的存下 10% 或 20% 的薪水，存個 70% 如何？

例如，如果家庭收入是 80,000 美元，而月支出是 6,000 美元，那麼你可以按照通常的建議，儲蓄和投資 10%，在三十八年內達到你的交叉點。你也可以選擇更快達到這個目標。

怎麼做呢？

我給你看一些實際數字。

選項 1：你可以把每月的開支削減到 3,000 美元。許多人很難想像要靠 36,000 美元生活（或者換一個角度，想像把自己的開支削減一半）。但是，網路上有無數的例子，許多追隨 LeanFire 的人都真正做到了這一點。按照這個策略，你只需要十二年多的時間就可以達到交叉點（請記住，你必須做個權衡：以十二年的時間達到交叉點是非常快的，但是你的目標就是以後每年只能花費 36,000 美元）。

選項 2：你可以提高你的收入。假設你按照我網站上建議的去協商加薪，而且得到了 30% 的加薪。如果將所有多餘的錢都拿去投資，你可以在二十二年內達到你的交叉點。同樣，請注意，這比上面所花費的時間要長很多，但是在這個例子中，你的目標是每年花費 72,000 美元。

選項 3：你可以兩者兼而有之。如果你增加 30% 的收入，削減 30% 的開支，你可以在九年內達到你的交叉點。從這裡你可以看到你可以在非常短的時間內，便達到你的交叉點，同時還可以擁有高額的開支。這顯示了同時瞄準收入和支出可產生的力量。

大多數人從不這樣考慮自己的收入和支出。因此，他們做的事情和大多數人都一樣：每年賺一點錢，工作了幾十年後，還在 Twitter 上大肆抱怨稅負，卻不知道自己在說什麼。光是這一章，你就會意識到，如果你願意，是可以大幅改變工作年限。你可以賺更多、花更少，或者你也可以賺多也花多！你的富裕生活由你決定。

順便說一下，我對 FIRE 感覺複雜。一方面，我喜歡能夠幫助人們提高消費和儲蓄意識的策略。FIRE 是對付美國人不溫不火的儲蓄率的解藥：完全推翻了一般所說的 10% 儲蓄標準，因為它指明了如果你對自己的目標瞭若指掌，你可以將收入的 25%、40%，甚至 70% 存起來。

另一方面，許多 FIRE 的擁護者出現壓力、焦慮，甚至抑鬱的典型症狀，他們認為在試算表中輸入一些神祕的數字可以解決他們的不快樂。事實上，並無法解決。

你可以到美國社交新聞網站「Reddit」的「財務自由」版上去看看，你會發現成千上萬極度想要盡快辭職以便退休的人們。

正如一名 Redditor 寫道：「我回顧過去幾年的生活和銀行帳戶，如果我可以在餘生中體驗更多的世界，找到更多的激情，我會很高興放棄一大部分財富，工作更長的時間，尤其是和我深愛的人在一起。我累積了我的積蓄，但我從來沒有建立過自己的生活。」

我贊同設定一個積極的財務目標（事實上，我非常支持這種做法）。我對那些和我有不同財務目標的人也沒意見。但當人們使用像是「悲慘」、「激烈競爭」和「焦慮」之類的詞彙時，這是一個危險信號。

我的建議是：記住，試算表並非真實的生活對你的目標要積極進取，夢想比你想像的還要大！但請記住，金錢只是富裕生活的一小部分。

在閱讀本書之前，我很害怕開始投資。我有 401k 帳戶，但裡面並沒有存足夠的錢。我沒有個人退休帳戶，也沒有投資。我的父母在成長的過程中灌輸我物質稀缺的心態，他們也極度厭惡風險。我終於建立了羅斯個人退休帳戶，並且每年都存進大量的錢。去年我第一次用完了我的 401k 帳戶，今年我還打算再做一次。我建立了個人投資帳戶，每個月都會自動匯款進去。我做了所有這些事情都沒有影響到我現在的生活方式，實際上我的生活還過得更寬裕一些。運用這些投資帳戶，我已經積極起超過十萬美元的退休基金，還有 8,000 美元的個人投資帳戶。

—— 大衛・錢伯斯（David Chambers），35 歲

客製化你的投資組合

我希望投資對你來說要盡可能輕鬆，所以我要做的是，給你一個簡單的版本，以及一個進階的版本。如果你是那種希望毫不費力就能增加財富的人，而且也不在乎所有理論，那麼請見 299 頁。你會找到用來挑選單項投資，也就是生命週期基金的步驟指南。你可以在幾個小時內就開始進行投資。

但如果你是像我這樣的書呆子，想學習運作原理，甚至客製化自己的投資組合以便更能控制，那就請繼續讀下去。我將引導你了解投資組合的組成部分，並幫助你構建一個既積極又平衡的投資組合。

投資不只有選股

真的，不是這樣。問你的朋友，他們認為投資是什麼，我敢打賭他們會說「選股」。事實上，你是不可能選到長期表現優於市場的可靠股票。

你會很易犯錯，比如對自己的選擇過於自信，或者當投資金額下跌一點點時就會驚慌失措。正如我們在第 6 章看到的，即使是專家也無法猜測股市會發生什麼事。但由於他們在許多投資部落格和 YouTube 短片中反覆提到這一點，因此大家以為投資就是挑選會賺錢的股票，而且任何人都可以成功。

但事實上不可能。我不想這麼說，但不是每個人都是贏家。事實上，這些所謂的金融「專家」大多是失敗的。

無論如何，鮮為人知的事實是，主要能預測投資組合波動性，並非像大多數人認為的是來自你所挑選的個股，而是來自你的股票和債券的組合。1986 年，研究人員加里・布林森（Gary Brinson）、倫道夫・胡德（Randolph Hood）和吉爾伯特・比鮑爾（Gilbert Beebower）在《金融分析期刊》（*Financial Analysts Journal*）上發表了一項震驚金融界的研究：他們證明個人的資產配置，造成超過 90% 的投資組合波動。我知道「資產配置」聽上去像是「宗旨說明」或「策略聯盟」之類的廢話，但事實並非如此。資產配置是指投資計畫，是你將投資分配到股票、債券和現金之間的方式。

換言之，將投資分散到不同的資產類別（例如股票和債券，或者更好的是股票基金和債券基金），可以控制投資組合中的風險，從而控制你平均會因波動而損失多少錢。事實證明，分配投資組合的方式，不論是100%的股票，還是90%的股票加上10%的債券，都會對報酬產生深遠的影響（後來，其他研究人員試圖衡量波動率和報酬率之間的關聯度，不過最終的答案相當複雜）。我們可以說，資產分配是可以控制的投資組合中最重要的部分。

想想這個顯而易見的事實：你的投資計畫比實際投資更重要。

以這本書為例，如果我們把同樣的原則應用於此，我寫這本書的方式（我的內容故事）比其中任何一個用字都重要，投資也是如此。例如，如果你正確地分配你的資金，不是全部集中在一支股票上，而是分散在不同種類的基金中，就不必擔心單一股票可能會毀掉投資組合的價值。事實上，做為一名個人投資者，經由分散投資，會賺更多的錢。要想知道如何分配你的資產，你必須知道投資的基本選擇，這正是我們下一步要分析的。

由於你無法成功掌握市場時機或選擇個股，資產配置應該是你投資策略的主要重點，因為它是唯一能夠控制且會影響投資風險和報酬的因素。

—— 威廉．伯恩斯坦 (William Bernstein)

《投資金律》（*The Four Pillars Of Investing:Lessons For Building A Winning Portfolio*）作者

投資的基礎

如果你對投資運作方式不感興趣，想跳過去看最簡單的投資選擇是什麼，請見 294 頁。但如果想知道更多幕後內情，請繼續讀下去。

下頁的投資選擇金字塔代表了你對不同投資的可能選項。最底層是最基本的投資，你可以投資股票或債券，也可以只持有現金。我說得太簡單了，因為實際上有很多不同種類的股票和債券，但你明白就行了。上面是指數基金和共同基金。最後，金字塔頂端是生命週期基金。

讓我們看看各種投資方式（也稱為「資產類別」），並了解其內容。

股票

買股票是買一家公司的股份。如果這家公司經營得很好，你會希望股票會有好的表現。當人們談到「市場」時，他們通常指的是像道瓊（30 支大型股）或標準普爾 500 指數（500 家市值較大的公司）這樣的股票指數*。對投資成迷的人可能會想：指數之間有什麼區別？有很大的差別，但總而言之，對個人理財並不重要。每一個指數都像一所大學，由委員會決定公司是否能加入指數的標準，委員會可能會隨著時間，改變標準。

* 反映出組成股票價值的數據，是投資組合績效評估的基準點。

圖表 7-1　投資選擇金字塔

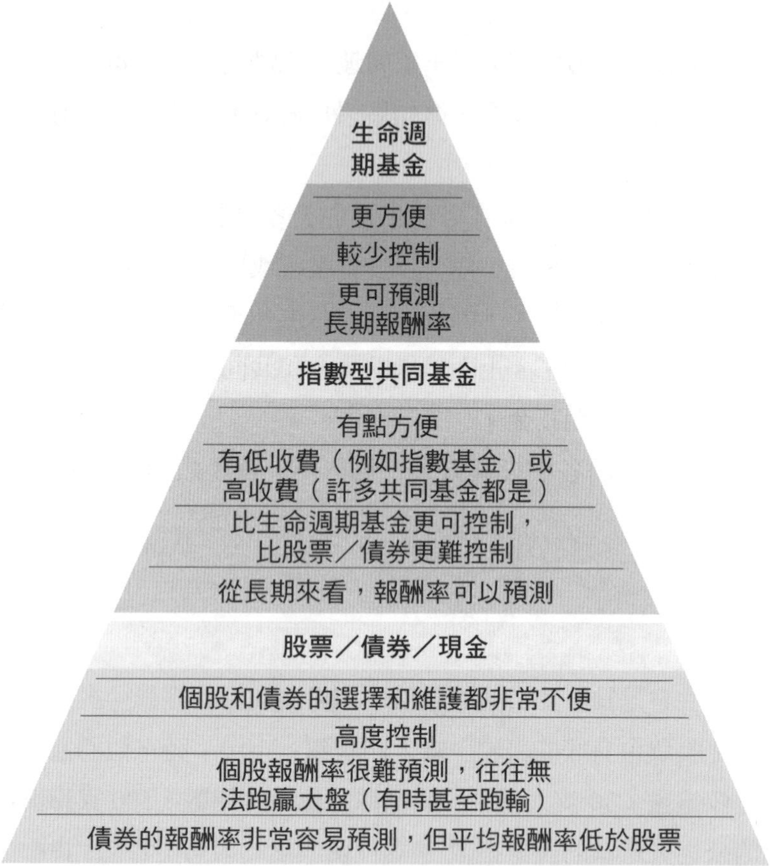
生命週期基金
更方便
較少控制
更可預測長期報酬率
指數型共同基金
有點方便
有低收費（例如指數基金）或高收費（許多共同基金都是）
比生命週期基金更可控制，比股票／債券更難控制
從長期來看，報酬率可以預測
股票／債券／現金
個股和債券的選擇和維護都非常不便
高度控制
個股報酬率很難預測，往往無法跑贏大盤（有時甚至跑輸）
債券的報酬率非常容易預測，但平均報酬率低於股票

總體而言，股票是一個可以有出色報酬的投資。我們知道，股市平均每年的報酬率約為 8%。事實上，如果你選擇了一支成功的股票，收益可能超過市場，但如果你選擇了一支失敗的股票，報酬也可能比市場差得多。儘管股票整體上可在一段時間內

提供良好的報酬，但個股卻不盡然。舉個例子，如果你把所有的錢都投資在一支股票上，你可能會獲得巨額報酬，但也有可能公司破產，導致你全部虧損。

長期來看，股票是獲得豐碩報酬的好方法，但我不鼓勵挑選個股，因為你很難選擇穩贏的股票。股票的棘手之處在於永遠不知道會發生什麼。例如，2018 年美國社交平台「Snapchat」宣布重新設計應用程式介面。該股一天內暴跌 9.5%。如果一家公司宣布好消息，情況可能會相反。

在第 6 章中，我證明過即使是那些依靠股市謀生的專業人士也無法預測股票收益。請記住，這些都是訓練有素的分析師，他們能夠完美解讀股票說明書，就像我能夠完美閱讀印度餐館的菜單一樣。如果這些埋首於年報，而且能解讀複雜資產負債表的專家都無法戰勝市場，那你還有什麼機會能選到會上漲的股票呢？

你的機會非常渺小，這就是為什麼個人投資者不應該投資個股。相反地，我們應該選擇集合不同股票（有時為了分散投資，也會包含債券）的基金以降低風險。創造一個平衡的投資組合，讓你晚上能夠安枕入眠。不過我們稍後再來談這些。

債券

債券本質上是公司或政府的借據。（技術上而言，債券是十年以上的長期投資，而存單（CDs）則涉及向銀行放貸。因為兩者非常相似，為了方便說明，都稱為債券。）如果你購買一年期債券，就好像銀行對你說：「嘿，如果你借給我們 100 美元，我們將在現在起一年後還你 103 美元。」

債券的優勢在於，可以選擇期限，也就是可以自行選擇希望貸款可以持續多久（兩年、五年、十年等），以及知道當「到期」或「償還」的時候，能拿到多少錢。另外，債券，尤其是政府債券，總體上相當穩定，可以降低投資組合的風險。你想想看要在政府債券上賠錢的唯一可能，就是政府拖欠貸款，但政府不會這樣做。如果錢用光了，政府只會印更多鈔票（根本就是黑幫）。

但由於債券是一種安全、低風險的投資，即使是高評級債券的報酬率也遠低於績優股票的報酬率。投資債券也會使資金缺乏流動性，這意味著你的錢在一個固定的時段內無法使用。從技術上而言，你可以提前撤出資金，但將會面臨嚴厲的處罰，所以最好不要這麼做。

由於有這些特質，什麼樣的人會投資債券呢？讓我們想想：債券提供極度穩定，基本上有保證的報酬率，但報酬相對較小。誰會想買債券呢？

一般來說，富人和老年人都喜歡債券。老年人喜歡債券，是因為他們想確切知道下個月可以拿到多少醫療費用或他們所需的花費。此外，有些老年人沒有太多其他收入來養活自己，所以無法承受股市的波動。而且萬一股市發生下跌，他們也許沒有太多時間等待股價上漲。

另一方面，因為有錢人有很多資產，往往會更保守，。我來解釋吧。當你有 10,000 美元時，會想積極投資，因為你想賺更多的錢。但當你擁有 1,000 萬美元時，財務目標就會從積極增加資金轉向保本。美國財經作家查克・賈菲（Chuck Jaffe）曾經為美國電視廣播公司CBS的「市場觀察」（Marketwatch）寫過一篇專欄，分享了熱愛投資的著名喜劇演員格魯喬・馬克思的老故事：

> 一名交易員問道：「嗨，格魯喬，你都做什麼投資？」
>
> 他回答說：「我都把錢拿來買國庫券。」
>
> 一名交易員喊道：「這賺不了多少錢的。」
>
> 格魯喬幽默地回說：「如果你有夠多的國庫券，你就可以賺到很多。」

如果你有很多錢，你會接受較低的投資報酬，以換取安全保障。因此，利率 3% 或 4% 的擔保債券對富人來說是有吸引力的，畢竟，1,000 萬美元的 3% 還是很多。

現金

從投資的角度來看，現金就是那些閒置在旁，沒有用於投資，只從貨幣市場帳戶中賺取一點點利息的錢，這些帳戶基本上都是高息儲蓄帳戶。傳統上，現金是除了股票和債券之外，投資組合的第三部分。你希望手頭有完全流動的現金以備緊急之需，並在市場下跌時作為對沖工具。當然，你要為這種安全性付出代價：現金是你投資組合中最安全的部分，但提供的報酬也最低。

事實上，一旦將通貨膨脹因素考慮進去，你會因為持有現金而虧損。這就是為什麼我說現金通常是投資組合的一部分。只要你像我在第 5 章中寫的為儲蓄目標存款，並且有足夠的錢來應付緊急情況，此外還多保留一些現金，你就沒問題了。別擔心你的投資帳戶裡有現金，保持簡單就好。

投資最關鍵的資產配置

如果你買了許多不同種類的股票或股票基金，投資就已經多元化，但仍然只限於股票。這就像是美國威斯康辛州的一個弗倫德希普村莊中最炙手可熱的人。這很好，但我們談的是適度的競爭（弗倫德希普其實是一個真實的地方。我的朋友在那裡長大，他告訴我他和他的夥伴們曾經把雙手合十表示友誼，當作是幫派的標誌）。

分散投資在股票中很重要，但更重要的是在股票和債券等不同的資產類別之間進行配置。長期來看，只投資一個類別是很危險。這就是強調資產配置概念的原因。記住這一點：多元化是指深入某一類別（例如，購買不同類型的股票：大型股、小型股、國際股等），而資產配置則是牽涉到所有類別（例如，股票和債券）的資產配置。

在決定如何配置資產時，最重要的考慮因素之一，是每種類別提供的報酬。根據你不同類型的投資，你可以期望不同的報酬。高風險通常有著更高的報酬潛力。從圖表 7-2 來看，股票報酬率顯然最高，所以讓我們把錢都投資到股票上吧！

圖表 7-2　九十年來股票和債券的平均年報酬率

紐約大學企業金融學教授阿斯瓦斯·達莫達蘭（Aswath Damodaran）分析了九十年來的投資報酬。這些數據顯示標普 500 指數在很長一段時間內的報酬率。		
股票	**債券**	**現金**
高風險	低風險	超低風險。儲存在一個生息的貨幣市場帳戶裏，而不是在你的床墊下。
11.5%	5.2%	3.4%
你應該注意到過去並不能預測未來的結果。從更技術性的角度來說，你還應該注意到這些報酬是算術平均值（複利成長率為 9.5%），不包括通貨膨脹。		

別這麼快下決定。記住，較高的報酬意味著更高的風險，因此，如果大量投資股票，而明年你的投資組合下跌 35%，財務狀況會突然變得不穩定，就只能吃餅乾充飢，等著看是錢先回來，還是你先餓死。

資產配置是你一生中最重要的決定之一，這個決定對你來說可能價值數十萬美元，對一些人來說，可能高達數百萬美元。但人們有個特殊習慣，更願意談論一家新開的餐廳或電視節目，而不願談資產配置。

實際上，我們當中有多少人以前就聽說過「資產配置」？

造成這種現象，是因為金融媒體認為這太複雜了，一般人無法理解，所以就用「安全」和「增加」這樣的詞彙。事實上，資產配置是唯一重要的事情，而且我認為你夠聰明可以去學習。

資產配置會對現實世界產生影響。例如，我們很多人都聽說過五、六十歲的人在上一次經濟衰退時，都目睹了他們的投資組合出現災難性的下跌。他們的資產配置不當：不應該全部投資在股票上（在經濟低迷時期，他們也不應該賣出。如果還留在市場上，隨著時間的推移，將會得到高報酬）。

年齡和風險承受能力很重要。如果你才 25 歲，有幾十年的時間來進行投資，有一個主要由股票型基金組成的投資組合可能是有意義的。但如果你年紀更大，再過幾十年就要退休了，你就會想降低風險。

即使市場不景氣，你也能控制資產配置。如果你年紀大了，尤其是你已六十多歲或者更老，看在上帝的份上，你的投資組合中相當大一部分應該要放在穩定的債券。

投資債券可作為平衡股票的一種方法。通常在股票下跌時，債券便會上漲，可降低投資組合的整體風險。將部分資金投資於債券上，你可以降低部分總體風險。當然，如果生技股上漲了 200%，你會希望你買債券的資金都投資到這類股票中，但是如果股票下跌，你會很高興債券還在，不致於全盤皆輸。

儘管這看起來有悖常理，但事實上如果你在投資組合中加入債券，整體表現會更好。因為當股票下跌時，債券的表現通常會更好，債券會大大降低你的風險，同時只小小地限制了報酬。

你可能會說：「但是，拉米特，我還年輕，我想積極做投資，我不需要債券。」這點我同意。債券並不適合二十多歲的年輕人。如果你才二十幾歲或三十出頭，你不需要降低風險，你可以簡單地投資股票型基金，讓時間來減輕你的風險。

圖表 7-3 各種型態的股票和債券

股票	債券
大型股 市值（定義為流通股乘以股價）超過 100 億元的大公司。	**政府** 政府支持的超安全投資。作為低風險的交換，政府債券的報酬率往往低於股票。
中型股 市值在 20 億至 100 億元之間的中型公司。	**公司** 公司發行的債券。這些債券的風險往往高於政府債券，但比股票更安全。
小型股 市值低於 20 億元的小型公司。	**短期** 期限通常少於三年的債券。
國際投資 來自其他國家公司的股票，包括新興市場（如中國和印度）和已開發市場（如英國和德國）。美國人有時可直接購買，但有時必須透過基金來購買。	**長期** 這些債券往往在十年或更長時間內到期，因此，收益率會比短期債券更高。
成長型 其價值增長可能高於其他股票甚至整個市場的股票。	**市政** 又稱「市政債券」，是地方政府發行的債券。
價值型 價格看似便宜的股票（也就是說，比應有的價格便宜）。	**通貨膨脹保值** 美國國債通脹保值證券（TIPS）是一種超安全的投資，可以抵禦通貨膨脹。
請注意，「房地產投資信託基金」（real estate investment trusts，REIT）是像股票一樣，可以讓你藉由一個代碼投資房地產的投資類型，由於其複雜的結構，並不歸屬於這些類別。	

但在你三十多歲的時候，你會想用債券來平衡你的投資組合，以降低風險。如果長期以來股票整體表現不佳呢？這時候就需要擁有債券來抵銷這些糟糕的時期。

另一個藉由增加持有債券來降低風險的有趣情境是，如果你累積了一個非常大的投資組合，那麼你的風險狀況就不同了。一個著名的例子是，美國個人理財專家蘇西．歐曼在一次採訪中被問及她的淨資產。她回答說：「有一位記者估計我的流動資產淨值為 2,500 萬美元。差不多啦。我的房子又值 700 萬美元。」

記者問她把錢放哪兒了。她說，除了股市中的 100 萬美元外，其餘都是債券。這震驚了個人理財界，所有的錢都放在債券？但她有大約兩千五百萬個多數人沒有的好理由。正如一名理財顧問曾經告訴我的那樣，「一旦你贏了賽局，就沒有理由冒不必要的風險。」

多元投資的重要性

現在我們已經了解金字塔底部的資產類別（股票、債券和現金）的基本知識，讓我們來探索每個資產類別中的不同選擇。基本上，股票有很多種，需要所有的股票都各持有一些，債券也一樣。這就是所謂的「多元化」，本質上是深入每一種資產類別（包括股票和債券）並投資所有子類別。

圖表 7-3 提到「股票」類底下還包括許多不同種類的股票，包括大型股、中型股、小型股和國際股票。再加上另一個問題，

這些股票中沒有一個能始終表現一致。在同一年裡，小型股可能會獲得高報酬，但國際股市可能會大幅下跌，這種表現每年都會有所不同。

同樣地，不同類型的債券會有不同的收益，包括不同的報酬率和稅賦優惠。《在有冰球的地方滑冰》（*Skating Where the Puck Was*）作者威廉．伯恩斯坦（William J. Bernstein）說：「讓自己接受一個事實，即在風險資產中分散投資，也幾乎無法躲避糟糕的日子或糟糕的年份，但這確實有助於抵禦糟糕的幾十年和更長的時間，而這些都會對財富造成更大的破壞。」從長遠來看，多元化才能帶來安全。

圖表 7-4 是典型投資者隨著年齡的增長，資產配置會產生的變化。這些不同投資的組合的數據來自先鋒的生命週期基金。

每個資產類別的表現差異很大，代表兩件事。首先，如果想從投資中快速獲利，通常會虧損，因為你不知道在不久的將來會發生什麼。任何一個告訴你能預知未來的人都是傻瓜，不然就是以賺取佣金為目標的業務員。其次，你應該要有不同種類的股票（也許還要有債券）來平衡投資組合。例如，你不會只想持有小型股，或者只持有小型股的基金。如果它們在未來十年表現都不好，那就太糟糕了。

然而，如果你持有小型股，加上大型股，再加上國際股等，就可以有效地避免被任何一種類別拖累。因此，如果你要投資股票，就該分散投資，購買所有不同類型的股票或股票基金，取得一個平衡的投資組合。

圖表 7-4　按年齡劃分的典型資產分配

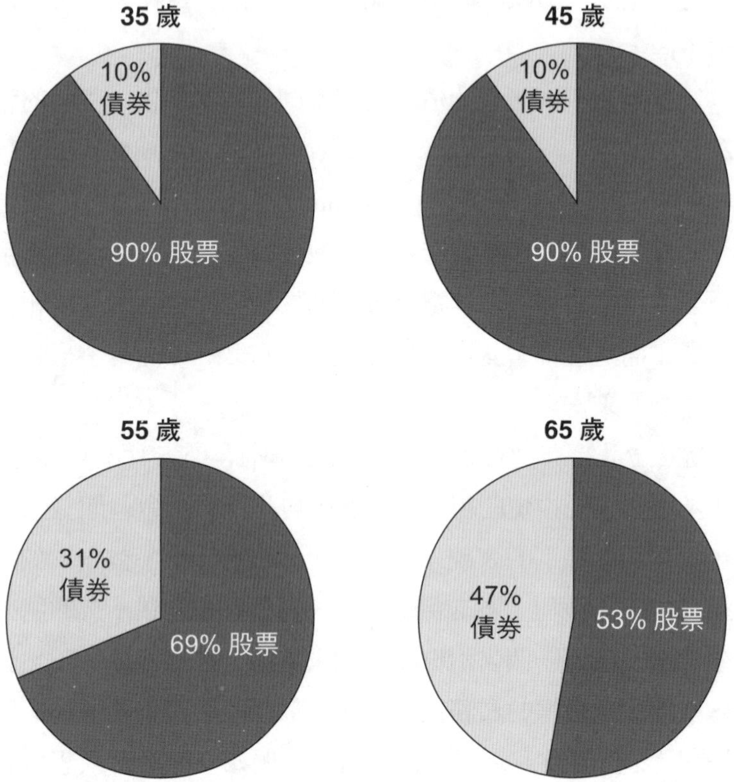

這些分配只是一般的經驗法則。有些人更喜歡在三、四十歲前把資金全部投入股票。另外有些人則較為保守，他們希望把部分資金配置到債券上。這裡要強調的是，如果你還只是二、三十歲，可以積極投資股票和股票基金。因為即使暫時下跌，還是有時間等待市場回升。

老實說，如果你對投資感到緊張，而且才剛起步，你最大的危險不是擁有一個風險太大的投資組合，而是懶惰和不知所措，以及根本不做任何投資。這就是為什麼理解基礎知識很重要，但不要被一大堆的變數和選擇綑綁。

隨著時間的推移，你能夠管理你的資產配置，降低風險，並獲得可預測的投資報酬。從現在開始的三十年裡，要開始與現在截然不同的投資方式。這很自然，你在三十多歲的時候投資要比六十多歲的時候積極得多，當你發現自己越來越老，並且愛講你每天早上如何跋涉五公里的雪（每一條路）去上學的長篇大論時，情況就已不同。真正的投資工作是製定一個適合自己年齡和能夠承受風險的投資計畫。

所有這些聽起來都完全合理：「我年輕時投資積極，隨著年齡的增長，我變得更加保守。」

只有一個問題。

你到底該怎麼投資？你應該選擇哪些具體的投資？你應該投資個股嗎？（不應該）大多數人都會在這裡打住，認為投資就只是股票。這並不奇怪，當試著更深入思考這個問題時，大多數人都會感到困惑，投資決定因此就被延宕了。

別讓這事發生在你身上！讓我們沿著投資選項的金字塔往上走，看看投資的另一個關鍵：基金。

共同基金：常常又貴又不可靠

金融業並不愚蠢。這些人擅長創造產品來滿足投資者的需求（或者滿足某產業希望人們的需求）。1924 年，共同基金被發明出來時，只是裝滿不同類型投資（通常是股票）的籃子。共同基金沒有要求投資者自己完成挑選個股的困難任務，而是讓一般投資者可以簡單地選擇合適的基金類型。例如，有大型股、中型股和小型股共同基金，但也有專注於生物科技、通訊，甚至歐洲或亞洲股票的共同基金。共同基金非常受歡迎，因為你可以選擇一支包含不同股票的基金，而不必擔心在一個籃子裡放太多雞蛋（就像你買個股時一樣），也不用留意公開說明書或是關注相關產業新聞。這些持有許多不同的股票的基金立即提供多樣化。

在過去的八十五年裡，事實證明共同基金是一種非常有用的金融工具，非常受歡迎，獲利也極高。與其他投資相比，共同基金一直是華爾街的搖錢樹。原因是向客戶提供「主動管理」（由專家挑選組成一支基金的股票），金融業者可以收取高額手續費（也稱為費用率）。這些費用會吞噬掉客戶的收益。為什麼？不為什麼！根本不需要付那些費用！當然，也有一些收費較低的基金，但大多數共同基金的費用率都很高。

現在，我並不是在責怪基金公司銷售共同基金。他們吸引了一般人去投資，即使扣除費用，與什麼都不做相比，共同基金算是一項很好的投資選擇。但如今情況已經變了。在第 6 章中，我提過現在有更好的投資選擇，也就是成本更低、表現更好的指數型基金。

共同基金的優點：可以放手，讓專業的基金經理人為你做投資決策。共同基金持有許多不同的股票，所以如果一家公司倒閉，你的基金也不會隨之倒閉。

共同基金的缺點：由於有費用率、前收型佣金和後收型佣金（事實上只是毫無價值的銷售費用，對你的報酬沒有任何貢獻），在整個投資週期中，年費可能相當於數萬美元甚至更高，這些都只是讓金融業者透過共同基金賺更多錢的巧妙手法。

另外，如果你投資於兩支共同基金，投資項目可能會重疊，結果是你的投資可能並不如想像中的多元化。最糟糕的是，你還花錢請了一位有 75% 機率都跑不贏市場的「專家」來管理你的錢。

簡言之，共同基金的盛行，是因為便利性。但從定義上而言，主動管理型共同基金過於昂貴，已不再是最好的投資。主動管理無法與被動管理相競爭，這讓我們轉向了共同基金中較具吸引力的表親：指數型基金。

大約在我讀你的書，並真正開始理解共同基金的前一年，我把我的第一筆錢投入了一支主動管理基金。這是一項長期投資，因此肯定能賺錢，但與指數型基金相比，我錯過了一些增加報酬的機會。我終於發現自己支付資本利得稅是有意義的，所以我現在可以把它投入到成本更低的投資中。謝謝你，拉米特，你給我們指引了正確的方向。

——阿南．崔維迪（Anand Trivedi），35 歲

指數型基金：簡單、高效的好投資

1975 年，美國領航投資的創始人約翰・柏格（John Bogle）推出了世界上第一支指數型基金。這些簡單的基金購買股票並追蹤市場（更準確地說，是追蹤市場上的一個「指數」，比如標準普爾 500 指數），而傳統的共同基金則是雇用了昂貴的「專家」，試圖預測哪些股票會表現得好，並且會頻繁地交易，在此過程中會產生稅負，並向客戶收取費用。簡而言之，他們的收費會讓你賠錢。

指數型基金設立了一個較低的門檻：不需要專家、不想擊敗市場。只用一台電腦，自動設定好追蹤指數，並幫你把成本維持在低檔。它在投資上的策略是「如果你不能打敗市場，就加入市場」。除此之外，指數型基金還有低成本優勢，有助稅負規劃，同時也幾乎不需要任何維護。換言之，指數型基金僅是由電腦管理的股票集合，目的只是追蹤市場上的指數。這種基金有各種你想像得到的種類，像是標準普爾 500 指數基金、亞太基金、房地產基金等。就像共同基金一樣，也有市場代碼（比如 VFINX）。

柏格認為，指數基金能為個人投資者提供更好的表現。主動型共同基金經理人通常無法戰勝市場，但仍然向投資者收取不必要的費用。

有一種有趣的效應，稱為虛幻優越感，指的是我們所有人都認為自己比其他人（尤其是美國人）更好。例如，在一項研究中，93% 的受訪者將自己的開車技術評在前 50%，這顯然是不可能的。

我們相信自己有更好的記憶力，比其他人更善良、更受歡迎、更公正。相信這些讓自我感覺良好！然而心理學已經證明每個人都有缺陷。

一旦理解這一點，華爾街對你就更有意義了：每個共同基金經理人都相信自己能戰勝市場。為了實現這一點，經理人使用花俏的分析和數據，加上頻繁的交易。很諷刺的是，這會導致大量的稅和交易手續費，再加上費用率，一般基金投資人幾乎不可能在一段時間內跑贏，或甚至只是趕上市場。柏格選擇放棄共同基金的舊模式，導入了指數型基金。

如今，指數型基金是一種簡單、高效的賺錢方式。不過，請注意，指數型基金只是與市場一致。如果你在二、三十歲的時候握有的都是股票，當股市下跌（時不時就會發生），你的投資就會下降。要有心理準備！投資上下波動很正常。

專業人士都認同的好投資：指數型基金

你不必相信我的話。但你應該聽聽指數型基金專家們提出的好處：

「我相信 98% 或 99%，也許超過 99% 的人，都應該廣泛地進行多元化投資，而不要頻繁地買進賣出。他們應該選擇成本非常低的指數型基金。」

——華倫．巴菲特（Warren Buffett），
美國最偉大的投資者之一

「當你了解到過去幾十年裡，很少有理財顧問能夠打敗市場，你就能養成更好的紀律達成更好的成果，那就是成為一名長期的指數型基金投資者。」

——馬克·赫爾伯特 (Mark Hulbert)，
《赫爾伯特金融文摘》（*Hulbert Financial Digest*）前主編

「總是那些暫時勝出的主動型基金獲得媒體更多的關注，而不是那些每年都表現良好、卻沒那麼耀眼，但最終卻能勝出的指數型基金。」

——斯科特·西蒙（W. Scott Simon），
《指數共同基金：從投資革命中獲利》作者

長期來看，股市總是上漲的。如果你選擇投資指數型基金，會讓金融界的朋友憤恨不已，因為你會對他們整個產業豎起中指，而且讓他們賺不到任何費用。華爾街對指數型基金無比恐懼，企圖以加強行銷共同型基金和「五星級基金」這類可笑的商品來掩蓋指數型基金，行銷文案也都只強調行動，卻不提成果。

圖表 7-5　費用率造成無法想像的高成本

投資組合中的金額	低成本指數基金的年度支出 (0.14%)	積極管理的共同基金的年度開支 (1%)
5,000 美元	7 美元	50 美元
25,000 美元	35 美元	250 美元
100,000 美元	140 美元	1,000 美元
500,000 美元	700 美元	5,000 美元
1,000,000 美元	1,400 美元	10,000 美元

優點：成本極低，易於維護，且具有稅收效益。

缺點：當你投資指數型基金時通常需要投資多個基金來建立一個全面的資產配置（即使你只擁有一支基金，也總比什麼都不做要好）。如果你真的購買了多支指數型基金，就必須定期重新平衡投資（或調整你的投資以維持目標資產配置），通常是每一年到一年半做一次。每支基金通常都需要最低投資額，但如果是每月自動投資，通常就不必理會這項要求。

指數型基金顯然比購買個股、債券或共同基金要好得多：不但收費低廉，若還想精準地建立和控制你的投資組合，會是很好的選擇。

但是，如果非常了解自己永遠不可能花時間去研究出合適的資產配置、決定購買哪支指數型基金的人呢？

老實說，大多數人都不想建立一個多元化的投資組合，即使每年只要檢查一次，他們還是不想去重新平衡和監控資金。如果你屬於這一類，在投資金字塔的頂端有一項非常容易上手的投資選擇：生命週期基金。

生命週期資金：懶人投資法

無論你是直接從第 278 頁翻到這裡，還是已經讀過投資基礎知識並決定採取簡單的方法，毫無疑問，生命週期基金是最簡單的投資選擇。

生命週期基金是我最喜歡的投資，因為提供 85% 解決方案。雖然不完美，但對任何人來說都容易上手，且運作良好。

對我來說，這本書最有益的部分是解釋了你的退休帳戶真正需要什麼，以及讓你的投資變得「夠好」的 85% 解決方案，這樣你就不必擔心該選擇哪種類型的基金。我喜歡這樣的想法：只要採取行動並選擇某種類型的基本生命週期基金，總比陷入分析困難而不儲蓄要好。

——凱倫・杜德克・布蘭南（Karen Dudek Brannan），37 歲

生命週期基金是一種簡單的基金，可以根據計畫退休的時間，自動讓投資多元化（在本書中，假設你將在 65 歲退休），不必親自重新平衡股票和債券組合。如果許多美國人持有生命週期基金，在上一次經濟衰退期間，面臨退休金大幅縮水的退休員工就會少得多，因為這種基金會在他們接近退休時自動轉換為較保守的資產配置。

生命週期基金實際上是「組合型基金（fund of funds，簡稱 FOF）」，或由其他基金組成的集合，提供自動多樣化投資。例如，可能包括大型股、中型股、小型股和國際基金（而這些基金又會持有這些領域的股票）。換句話說，你的生命週期基金會持有許多基金，所有基金又都持有股票和債券。這聽起來很複雜，但信不信由你，這實際上讓投資變簡單，因為你只需要擁有一支基金，其餘的都會幫你打理好。

生命週期基金不同於指數型基金，指數型基金的成本也很低，但如果你想進行全面的資產配置，就需要擁有多支基金。投

資多支基金必須定期（通常每年）重新平衡資金配置，但要將資金重新分配到不同的投資，以便回歸到原先的目標資產配置（亦即將資金配置到股票、債券、現金的「統計圓餅圖」）是一個艱苦的過程。這太痛苦了。

幸運的是，生命週期基金會根據大約的年齡自動為你挑選投資組合。他們在你二十幾歲的時候就開始積極投資，然後隨著年齡的增長，投資轉為更加保守。你除了繼續對基金匯款之外，什麼事都不用做。

這種基金只專注於一項「何時退休」變數，並非適合所有人。如果你擁有無限的資源（也就是更多的時間、金錢和更好的紀律），你可以根據自己的實際需求，建立專屬的投資組合，從中獲得更好的報酬。但是，儘管在成長過程中，父母都會告訴我們是多麼特別、與眾不同，但事實是大多數人都很類似，而且我們之中很少有人擁有充裕的資源，或有意願持續監控自己的投資組合。這就是生命週期基金的最大好處：專門設計給懶惰的人。

換言之，對許多人來說，生命週期基金簡單好用，全都適用的投資方法可能帶來的一點報酬損失，但好處遠遠超過這些損失。在我看來，如果這種方式能帶動你投資，擁有一支基金即可管理所有的投資，這樣的好處就足以彌補其他的缺點。

生命週期基金並非都一樣，有些基金比其他基金更貴，但總的來說，基金成本低，同時具有節稅功能。最棒的是，除了按月、按季或每年自動匯款之外，不必花時間管理。你不必自己主動進行投資、監控和重新平衡投資組合，因為生命週期基金會幫你處理這些麻煩事。

需要注意的一點是，你至少需要 3,000 元到 10,000 美元才能購買基金。如果你沒有夠多的資金，就把它當作一個儲蓄目標吧。一旦你存到了投資所需的最低限額，就可以開啟基金帳戶，每月設定一次自動轉帳。

生命週期基金簡單、成本低，而且省時省力，我再怎麼推薦也不為過。

實際進行投資行動

現在，你應該知道你要考慮投資什麼：生命週期基金、指數型基金。如果你還在考慮買個股，認為可以擊敗市場，或者這樣更過吸引你的話，我希望你把你所有的錢放在一個大的拉鍊袋裡，然後點火燒了它，至少你可以跳過中間人。

如果你不想花 10 億年來管理你的錢，對 85% 解決方案感到滿意，只需投資一支很方便的基金，便可有不錯的收益，讓你可以自由地過生活，做你喜歡的事情，那就去買一支生命週期基金吧。如果你更喜歡親自個人理財，願意花一些時間在投資上，並希望能有更多的掌控，就選擇指數型基金。

無論你是屬於哪一類，你都必須想清楚到底該投資什麼。現在立刻看下去。

如同大多數生命週期基金一般，這些基金的費用非常低。最重要的是，會隨著時間的推移自動重新配置，所以你不必擔心重新平衡（也就是透過買賣來維持你的目標資產配置）。簡單來說它們會替你做這些辛苦的工作。你唯一要做的就是盡可能多投入資金。

在研究這些基金時，你需要記住一些應注意事項：一些公司稱這些基金為「生命週期」基金，有些公司則稱為「目標退休」或「目標日期」基金。但其實都是一樣的基金。有些公司會規定投資的最低金額，通常是 3,000 元到 10,000 元之間，但如果你同意採用自動投資方式，通常就可以免收這筆費用，你也應該這樣做。

最後，你可以選擇任何生命週期基金，這取決於你的年齡和風險承受能力。因此，如果你現在 25 歲，但非常厭惡風險，你可以選擇一支專為年齡較大的人設計的基金，取得較保守的資產配置。

購買生命週期基金

既然你已經確定要投資的生命週期基金，實際上就只是一個簡單的購買過程。

你需要有足夠的現金來支付基金的最低投資金額，這通常是在 3,000 元到 10,000 元之間。

72 法則

72 法則可以快速計算需要多長時間，才能使你的錢翻一倍。

原理是這樣的：用 72 除以得到的報酬率，就會得出要讓錢多一倍，需要的投資年數（對於我們這些數學天才來說，這個等式是：72÷ 報酬率＝年數）。例如，如果你從指數型基金可以獲得 10% 的報酬率，會需要七年多一點的時間（72÷10）才能使資金翻倍。

換言之，如果你今天投資 5,000 美元，別去動它，以 10% 的報酬率計算，你可以在大約七年內獲得 10,000 美元。從那之後，你的投資還會再翻倍。當然，你可以每個月增加投資，充分發揮複利的力量。

如果設定每月自動投資 50 美元或 100 美元（你應該要這麼做），一些公司就會放棄最低限額的要求。但有些公司無論如何都不會免收費用，先鋒便是如此。如果你真的想要一支要求最低投資額的基金，但你沒有錢，你需要先存下需要的資金，然後才能購買該基金。所以，一旦你的帳戶裡有足夠的錢，就可以輸入生命週期基金的代碼（像是 VFINX）。如果你不知道代碼，你可以直接從帳戶中搜尋。然後點擊「購買」。這樣就搞定了！每買一支基金，你都可以設定自動匯款，這樣你就不必每個月都手動匯款了。

自從閱讀這本書之後，我過去四年裡大概至少賺了七萬多美元。我是在閱讀 401k 帳戶和羅斯個人退休帳戶（我開在先鋒）的章節之後，投資生命週期基金所取得的成果。

—— 珍娜・克里斯坦森（Jenna Christensen），26 歲

投資小失誤，讓她損失了 9,000 美元

本書的讀者寫信給我，提到她和她朋友的對話。這位朋友說，她已經為個人退休帳戶存款將近十年了。

然後，她給我發了這封電子郵件，描述了他們的談話。

讀者說：「十年！哇，太好了！」

朋友說：「是啊，但數字幾乎沒有增加。」我的讀者產生了一種失落的感覺。

讀者說：「你知道你必須購買基金，對吧？把錢轉到個人退休帳戶是不夠的。你必須選擇投資配置。」

朋友回答：「你在說什麼？」

拉米特，我朋友十年來一直存款至羅斯個人退休帳戶，但從來沒有選擇過投資基金。這是一個很棒的儲蓄帳戶。但她卻錯失了十年的複利投資成長機會。我不知道我是該生氣還是傷心。

你看到發生了什麼事嗎？她的朋友開了羅斯個人退休帳戶（就像你在第 3 章中就開好帳戶一樣），甚至把錢轉進來，但卻從來沒有採取最後一個步驟：就是確保資金有用到投資上。

很少有專家會清楚地告訴你，當你擁有羅斯個人退休帳戶時，你需要真正地投資你的錢。最糟糕的是什麼？她的朋友「投

資」的 3,000 美元可能價值超過 12,000 美元。這 9,000 美元是不費吹灰之力就可以到手的錢，而且由於這是羅斯個人退休帳戶，這些是免稅的收入。

你知道我不得不問她的朋友得知真相時的感受。她的朋友說：「我覺得自己被騙了，這麼多年來，我本來可以賺到更多的錢，但從來沒有人告訴我還要採取這個重要步驟。」

這就是我為什麼開始寫理財文章的原因。這名女性因做法不當學到慘痛的教訓。她開了一個羅斯個人退休帳戶，還不斷存款進去。但由於她不了解這個退休帳戶的運作原理，她損失了 9,000 美元的免稅收入。

她是否應該為不了解羅斯個人退休帳戶的運作方式承擔一些責任？當然，但代價不應如此高昂。就像我不必了解化油器如何運作，就可以開車一樣，你不必成為一名金融專家，就能做正確的投資理財。

羅斯個人退休帳戶只是一個帳戶。一旦你的錢在裡面，你必須開始投資不同的基金，才能看到你的錢在增加。

幫我個忙，將這些資訊分享給你認識剛開始投資的人。我們真的可以幫他們在幾年內多賺些錢。

量身打造的投資組合

若你不滿足於只投資一個生命週期基金，想選擇你自己的指數型基金，在羅斯個人退休帳戶裡建立專屬投資組合。

你確定要這麼做嗎？

如果你正在尋找一項投資，可以達成大部分的目標，你既不必監督、重新平衡，甚至不必時時關注，那麼就採用上述的生命週期基金。（你能看出我是這個基金的超級粉絲嗎？）

要知道，大多數試圖管理自己投資組合的人，甚至都無法追上大盤表現。他們失敗是因為一覺得不對勁就拋售，或者是因為買賣太頻繁，導致稅負和交易費用提高，而使報酬率降低。結果就是一輩子損失了幾萬美元。另外，如果你購買單一指數型基金，你必須每年重新平衡，以確保資產配置仍然是你想要的（稍後將詳細介紹）。生命週期基金會幫你做到這些，所以如果你只是想要一個簡單的投資方式，就採用生命週期基金。

但是，如果你想對自己的投資有更多的掌控，而且你知道自己有足夠的紀律來抵抗市場下跌，並且至少每年花一次時間重新平衡資產配置，那麼你可以選擇自己想要的指數型基金組合，這會是正確的選擇。

言歸正題，如果你已讀到這裡，我想我的警告並沒阻止你建立專屬的投資組合。既然我嚇不倒你，就只好幫你了。

正如前面討論過的，建立投資組合的關鍵不是挑選殺手級的股票！而是計算出一個平衡的資產配置，讓你安然度過風暴，並隨著時間的推移，慢慢累積龐大的資產。為了說明如何配置和分散投資組合，我們要採用美國投資人大衛．斯文森（David Swensen）設計的模型。

斯文森可說是資金管理領域的佼佼者。他掌管傳說中耶魯大學的捐贈基金，三十多年來，他創造了 13.5% 驚人的年化報酬率，而大多數經理人甚至無法超過 8%。這意味著從 1985 年到現在，他幾乎每五年就把耶魯的錢翻一倍。最棒的是，斯文森真的是好人。如果他在華爾街經營自己的基金，每年可能賺上億美元，但他選擇留在耶魯，因為他熱愛學術。他說：「當我看到我的同事們離開大學去做和以前差不多同樣的事情，只是為了拿到更高的薪水，我很失望，因為我們應該要有一種使命感。」我喜歡這家夥。

不論如何，斯文森建議按以下方式分配你的錢：

30% 的國內投資：美國股票基金*，包括小型股、中型股和大型股。

15% 的已開發國家投資：已開發國家的基金，包括英國、德國和法國。

5% 的新興市場投資：開發中國家的基金，例如中國、印度和巴西。這些股票比已開發國家的股票風險更大，所以不要買這些股票來填滿你 95% 的投資組合。

20% 的房地產投資信託：也稱為房地產投資信託基金。房地產投資信託基金投資於國內外抵押貸款、住宅和商業房地產。

15% 的政府債券：為美國固定利率證券，可以為你的投資組合提供可預測的收入和平衡風險。作為一種資產類別，債券的報酬率通常低於股票。

15% 國債通膨保值證券：這些國庫券也被稱為 TIPS，可以用來抵抗通貨膨脹。也許你會想要擁有這些，但卻是我最不想要

---

* 股票基金，指將眾人資金集中，投資各種股票。

的選項，因為其他的投資報酬都比這些來得好。

圖表 7-6　斯文森資產配置模型

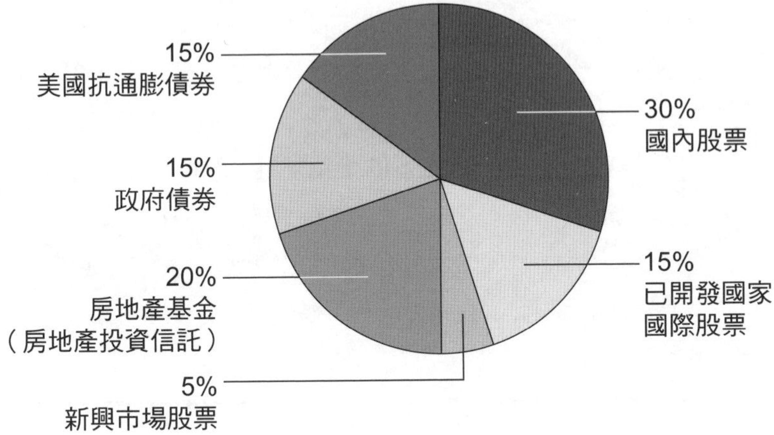

斯文森的配置中有大量的數學運算，但最重要的是，沒有一個單一選項在投資組合中占壓倒性的比例。我們知道，風險越低，報酬通常也越低，但資產配置最酷的一點是，你可以在維持同等報酬的同時降低風險。

斯文森的理論很棒，但我們如何實現，同時選擇符合他建議的基金呢？只要選擇低成本基金的投資組合就行了。

想要自己選擇最適合的指數型基金，就得到處搜尋。我總是從最受歡迎的公司開始研究，像是先鋒、嘉信和普信。你可以查看他們的網站。

保持在可管理的範圍內

問：我應該投資多少支基金？

答：如果你想知道你應該擁有多少支基金，我建議簡單一點。理想情況下，你應該只投資 1 支（最好是生命週期基金）。但是，如果你是自行選擇指數型基金，一般來說，你可以使用 3 到 7 支基金，建立一個很好的資產配置。你可以涵蓋國內股票、國際股票、房地產投資信託基金，或許也可以配置少量的國庫券。記住，我們的目標不是要包山包海，也不是要擁有市場上的每一種投資工具。而是為了進行有效的資產配置，然後繼續安穩過日子。

當你造訪這些網站時，可以研究基金（可能要點擊許多網站上的「產品和服務」），確定是低成本的，並且可以達到你的資產配置目標。

在選擇指數基金時，首先要做的是盡量減少費用。要找出較低、大約 0.2% 的管理費（稱為「費用率」）即可。先鋒、普信和富達投資的大多數指數型基金都表現出色。記住費用率是少數你能控制的因素之一，更高的費用會讓你付出高昂的代價，而且只會讓華爾街賺得飽飽的。請參考圖表 7-5，比較這些費用對你的影響。

第二，確保資產配置符合你的要求。畢竟，你選擇自己要的指數型基金是為了更能掌控投資。你可以用斯文森的模型為基準，如果你想排除某些基金，或優先考慮對你很重要的目標，可以再進行必要的調整。例如，如果你的錢有限，而且你是二十多歲，你可能會想先買股票基金，以便運用其複利效益。你可以等到年紀大了，有更多錢時再來購買債券基金，以減輕投資風險。

換言之，當你在尋找各種各樣的基金時，要確定對國內股票、國際股票、債券以及其他投資工具都具有策略性眼光。不能只是隨意挑選基金，就期望資產配置達到均衡。請登入投資帳戶，並使用投資工具進行分析你當前的投資組合。

例如，我登入到先鋒投資帳戶，可以看到投資組合中股票與債券、或國際與國內投資的百分比。對於你正在考慮購買任何基金，都可以這樣做（每家大型投資公司都提供這種服務）。這是一個很好的方法來深入了解資產配置，並確保基金已達到分散投資。

第三，請注意，你絕對要看基金過去十年或十五年的報酬情況，但要記住，過去的績效並不能保證未來的績效。

為了讓這工作變得簡單一點，當你點擊大多數網站上的「產品和服務」時，你可以找到一個可以增加搜尋建的基金篩選功能，比如「費用率低於 0.75% 的國際指數型基金」，讓你找到符合你條件的基金。要建立屬於自己的投資組合，需要時間研究。

以下是一個全部由先鋒投資基金組成的投資組合樣本，用來說明你最終可能得到的結果：

股票（權益證券）

30%：全市場指數／股票（VTSMX）

20%：全國際股票指數／股票（VGTSX）

20%：房地產投資信託指數／股票（VGSIX）

債券

5%：短期國債指數基金（VSBSX）

5%：中期國債指數基金（VSIGX）

5%：先鋒短期國債指數基金（VSBSX）

15%：短期通脹保值證券指數基金（VTAPX）

這些只是數千支指數型基金中的一小部分，你可以靈活運用這些基金。如果想採取更積極或更保守的作法，可以改變配置，以符合自己的風險承受能力。例如，如果你看著那些基金，心想：「天啊，我永遠都不會有時間去投資 7 支基金。」那麼請你要現實點。

平均成本法：隨著時間的推移慢慢投資

當我想讓自己看起來很聰明和威嚇別人時，我會冷靜地看著他們，把一塊鬆餅嚼上幾秒鐘，然後吐出來扔到牆上，尖叫道：「你們的平均成本是多少？」人們常會被嚇到，慢慢地走開，然後和周圍的人低聲交談。我只能猜測他們在討論我是多麼的斯文和博學多聞。

無論如何，「平均成本法」指的是在一段時間內定期進行投資，而不是一次性將所有資金投資於一支基金。你為什麼要這麼做呢？想像一下，如果你明天投資 10,000 美元，股票下跌 20%。

在 8,000 美元時，需要上漲 25%（而不是 20%）才能回到 10,000 美元。透過定期投資，你可以減輕價格下跌的風險，如果基金真的下跌，還可用折扣價低價買進。

換言之，運用長期投資，你不必尋找市場買點。你可以利用時間來發揮優勢。這是自動投資的精髓，讓你始終如一的投資一支基金，這樣就不必去猜測市場何時上漲或下跌。在第 5 章中，我們介紹了你的自動化投資架構。要設定自動投資，請將帳戶設定為每月自動從支票帳戶中提出一定數額的資金。詳見第 180 頁。記住，如果你完成此項設定，大多數基金都會免收交易費用。

但有一個問題：如果你有一大筆錢要投資，那更好的選擇會是平均成本法？還是一次性投資全部資金？答案可能會讓你大吃一驚。

先鋒的研究發現，一次性投資實際上在三分之二的時間裡都勝過平均成本法。由於市場趨向於上漲，股票和債券的表現往往優於現金，因此在大多數情況下，一次性投資會產生較高的報酬。但如果市場下跌的話，結果就不會是這樣。（當然，沒有人能夠預測市場的走向，尤其是在短期內。）而且投資不僅涉及數學，還涉及你的情緒對投資行為的實質影響。

簡言之，打從我們用每月的薪水並進行投資後，我們大多數人已經是採用平均成本法了。但如果你有一大筆的資金，多數情況下你可以透過一次性投資獲得更好的報酬。

也許你想買股票基金，但現在手中只有一支債券基金。也許你現在還不需要考慮通貨膨脹保值債券。你只要先選擇能讓你開始投資的基金數量，因為你以後可以再調整，取得平衡的資產配置。你應該花點時間確定要買哪些基金，讓自己逐步建立起一個完整、平衡的資產配置。你不需要把我剛剛列出的 7 支基金都弄到手，只要能先買一支，也比什麼都不做來得好。但你應該有一張你最終要購買的基金清單，好使投資配置更加完善。

購買單支指數型基金

一旦你列好一份想在投資組合中擁有的 3 到 7 支指數型基金清單，就可以開始逐一買入。如果你能一次買入所有的基金，那就買吧。但是大多數人都做不到，因為每支基金的最低投資金額都在 3,000 元到 10,000 元之間。

就像生命週期基金一樣，你需要設定一個儲蓄目標，先累積足夠支付第一筆基金的最低金額。然後買下這支基金，繼續做少量的投資，然後設定一個新的儲蓄目標來購買下一支基金。投資不是一場競賽，並不需要立刻就規劃出一個完美的資產配置。以下是如何處理長期購買多支指數基金的方法。

假設你查看過第 4 章中提到的消費意識計畫，發現你可以在匯入儲蓄帳戶的存款後，每月投資 500 美元。若你想要投資的基金都要求最低 1,000 美元的投資門檻，你可以為第一支指數型基金設定 1,000 美元的儲蓄目標，用兩個月時間存下這筆錢。一旦你積蓄了足夠的錢來支付最低限額，就把那 1,000 美元從儲蓄帳戶中轉到你的投資帳戶，然後買下這支基金。現在，為你剛剛購買的那支基金設立每月 100 美元的存款。然後把每月剩下準備用來投資的 400 美元（原先總共 500 美元，扣除你投資第一支指數基金的 100 美元後餘款）存起來，目標是購買第二支指數型基金。一旦你存夠了錢，就買下第二支指數型基金。

如果你想要繼續投資，可重複此一過程。當然，你可能需要幾年的時間才能擁有所有你想要的指數基金，但請記住，你的投資展望是長達四、五十年，並非著眼於短期。這個成本是為了建立屬於你的完美投資組合。

注意，一旦你擁有了足夠的資金，你可以根據資產配置將資金分配到不同的基金中，但不要只是平均分配。記住，你的資產配置決定了你在不同領域的投資。如果你每個月有 250 美元用於投資，你買了 7 支指數基金，一般一無所知的人 (也就是大多數人) 會把錢分成七等分，每支分配 35 美元。這是錯誤的。根據你的資產配置情況，你應該把不等的資金分配到各種基金中，你可以使用以下計算方法：（你每月的投資總額）×（特定投資的資產分配百分比）＝你投資在該支基金的金額。例如，如果你每月投資 1,000 美元，而斯文森股票配置建議你 30% 投資於國內股票，代入公式計算會得到 300 美元（＝ 1,000 美元 ×0.3），然後把它放進你的國內股票基金。然後你可以對投資組合中的所有其他基金重複上述步驟。

最後，如果你選擇自行挑選想要投資的指數型基金，你必須每年重新調整一次，好讓你的基金與目標資產配置保持一致。我將在下一章討論這個問題。

其他類型的投資呢？

除了股票、債券、指數型和生命週期基金外，還有許多不同的投資。你可以投資貴金屬、房地產、私人創業公司、加密貨幣，甚至藝術品；只是不要期望獲得很好的報酬。儘管我警告過你，你還是可以買一些你真正喜歡的公司的股票。

房地產

對大多數美國人來說，房子是最大的「投資」，然而，隨著你開始投資，自己住的房子對個人投資者來說並不是一個很好的選項。為什麼？因為報酬率通常很低，尤其是當你考慮到維護費和房地稅這些成本時，都不是由房客來付，而是由屋主負擔。我將在第 9 章中更詳細地介紹房地產。

但一般來說，大多數人都會把他們的房子和以買賣獲利為目標的投資相混淆。誰把會房子賣掉的錢存起來？如果你的父母賣掉了房子，有沒有搬到一個較小的房子，並享受剩下的錢？沒有！他們會把錢轉為購買下一棟更昂貴房子的頭期款。

你要保持投資組合的每一部分都很平衡，這樣就不會有一個領域蓋過其他領域。如果你每月在房貸上得付 2,000 美元，因而沒有足夠的餘款去分散投資到其他領域，那就不是一個平衡的投資組合。如果你真的買了房地產，不管是自住還是投資，一定要繼續為你其餘的投資項目注入資金，不管是生命週期基金，還是自選的指數型基金組合，都要繼續獲得資金。

藝術

藝術顧問報告說，藝術品銷售指數的年報酬率在 10% 左右。然而，史丹佛大學裡的分析師在 2013 年所做的研究發現，「藝術品的報酬被高估了，而風險則被低估了。」他們發現，在過去四十年裡，藝術品的實際年報酬率接近 6.5%，而不是業界聲稱的 10%。高估的主要原因是由於選擇上的偏差，也就是沒有考慮到熱門作品往往會被轉手買賣。此外，選擇特定的藝術品作為投資，基本上與預測哪支股票會勝出是一樣的，讀完第 6 章之後，你知道這有多困難。

總的來說，藝術品投資可能相當有利可圖，但關鍵在於要選擇會升值的藝術品，正如你想得到的，要預測得對並不容易。為了證明選擇藝術品作為投資是多麼困難，《華爾街日報》根據約翰．梅納德．凱恩斯（John Maynard Keynes）的大量藝術品收藏發表了一篇文章。以 2018 年的美元計算，他花了 84 萬美元收藏的藝術品，現在價值 9,900 萬美元。這個報酬率相當於每年 10.9%，報酬率算是非常好，但有一點卻值得注意，其中兩件藝術品就占了收藏品價值的一半。

想想看，世界上最好的藝術收藏家精心購買了 135 件藝術品，其中兩件就占了整個收藏品價值的一半。你能預測哪兩件能值那麼多錢嗎？對大多數人來說，答案是否定的。

高風險、高報酬的投資

投資不是只有生命週期基金和指數型基金。很多人都明白，照理說應該建立一個多樣化的低成本基金組合，但他們也希望能從投資中獲得樂趣。如果你有同感，可以將投資組合的一小部分用於「高風險」投資，但要拿你用於獲得樂趣的錢，而不要拿你需要的錢。

違反直覺的 297,754 美元教訓

當你們 15 歲的時候，很多爸爸會教你們開車、如何用剃鬍刀，或者幫你們辦一場成人禮。我爸爸卻是讓我開羅斯個人退休帳戶。

一個 15 歲的孩子還太小，不能開羅斯個人退休帳戶，所以我和爸爸在 E-Trade（美國國際金融服務公司摩根史坦利的子公司）開了一個「保管」帳戶。我高中時做過幾份工作，包括擔任披薩師傅、足球裁判和一家網路公司的銷售員，賺了幾千美元，於是我開始尋找投資方向。

對小時候的我來說，這真是最令人興奮的事了！我就開始自己做研究，這包括：

- 查看哪些股票漲得很高，哪些股價真的很低（因為當時我認為「高風險＝高報酬，而且我還年輕，還可以承受高風險，這樣我就能得到高報酬！」）
- 把目標鎖定科技股（「因為我了解科技！」）
- 閱讀像《產業標準》（Industry Standard）這樣的雜誌，在網路事業繁榮時期，他們以數百頁的廣告大肆炒作不同的公司

- **那時候，我以為投資就是挑選個股，所以我最後買了 3 支股票**

我買了一家製造通訊設備的捷迪訊光電（JDS Uniphase，JDSU）公司股票。這支股票實際上跌到了零。

我還買了一家早期的搜尋引擎 Excite 公司的股票，被收購後改名為 Excite@Home。後來破產了。

然後我用大約10,000美元買了一家叫做亞馬遜的小公司股票。

我的幾千美元投資變成了 297,754 美元。我應該為自己感到驕傲，對吧？

錯了。雖然表面上我贏了，但你可以從這個例子中學到很多違反直覺的教訓。

這個教訓是什麼？

膚淺的教訓是：你選了亞馬遜真是太聰明了！

真正的教訓是：這完全是錯誤的教訓。如果這是你的反應，請仔細讀下去。知道輸贏的原因非常重要。我贏得了亞馬遜的投資，但這並不是因為我是個好投資者。這純粹是運氣，是幾十年才會發生一次的好運。

膚淺的教訓是：如果你選到下一個亞馬遜，你會很富有。

真正的教訓是：投資不是挑選個股。研究表明，平均而言，即使是經驗豐富的投資組合經理，也無法戰勝市場。我可以再挑選 100 支股票，但從統計資料來看，我甚至跑不贏大盤，這純粹是運氣。事實上，我在長期、低成本的投資上還賺了更多的錢。

膚淺的教訓是：買到正確的股票非常重要。

真正的教訓是：盡早開始很重要。我非常幸運有這樣一位父親，他鼓勵我早點開始投資。如果你也有這樣的父親，那太棒了。但是假設你的父母對錢不是很了解。或者直到最近，你還認為唯一的投資方式就是「選股」。我聽到你要說的了——我們的起步都不同。我爸爸沒教過我在舉重時鍛鍊身體核心部位的重要性，我們都是從手中的牌開始的。但你讀了本書，現在就可以行動起來，開始積極投資。

我在投資組合中留出了 10% 的錢，用來投資我有興趣的項目，其中包括我喜歡、也了解，同時也會使用的特定股票（像亞馬遜這類專注於客戶服務的公司，我相信這會推動股東價值的提升）；讓我專注於特定行業的基金（我擁有一支專注於醫療保健的指數基金）；甚至天使投資，這是個人投資於剛起步的私人創業公司（我偶爾會遇到這些天使投資的機會，因為我曾在矽谷工作，有些朋友創辦公司時，會尋找朋友和家人募集早期創業資金）。

所有這些都是非常高風險的投資，投入的錢都只當成興趣，即使虧掉，我也可以承受損失。儘管如此，這些仍有高額報酬的潛力。但前提是你已經完成了投資組合的其餘部分，還有剩餘的錢。要聰明一點，只能用一點資金投資在自己想要的地方。

投資加密貨幣？

我原以為只會在僵屍電影裡看到沒大腦、四處遊蕩的人，直到我遇到了加密貨幣的「投資者」。我很隨意地使用這個詞，因為大多數加密貨幣的愛好者都沒有其他投資。我稱他們為「投資者」，概念就像因為我會游泳，所以我是美人魚一樣。

下次當你聽到有人大聲高呼加密貨幣是未來趨勢時，問他們一個簡單的關鍵性問題：「除了加密貨幣外，你的其他投資組合是什麼？」他們的回答會立即洩露自己根本就是投機者，而不是投資者，因為他們幾乎從來沒有多元化的投資組合。

以下是您將得到的三個答案：

- 「哈哈，我不投資法定貨幣。」
- 「傳統投資太無聊了。」
- 「你不了解區塊鏈。」

這些答案肯定是逆向投資者才有的言論。要成為一個逆向思維者，唯一的關鍵是必須是正確的。當你遇到一個逆向投資者時，他們聽起來有點瘋狂。然而，將其中的兩位放在同一間屋子裡，你就會突然看到一群有著腦死特徵的投機者聚集在一起。這些人幾乎都是年輕人、自由主義者，而且心懷不滿。你不會看到很多事業成功的人每天花四個小時在社交媒體上發出「HODL」的貼文（這是加密貨幣投資者對於「買入並持有」中的「持有」採用的術語）。

當加密貨幣投資暴跌 80% 時，你可以看看「Reddit」的社群裡就變得有些安靜。

當另類投資是整體投資組合的一部分時，我並沒有異議。但是我對這些投機者一心只想賺錢的想法卻很有意見，他們把這些想法合理化並加以扭曲，把加密貨幣從「貨幣」變成「投資」，再推演成對全球貨幣的嚴厲（且短視）的抨擊。

為了簡單說明起見，我創造了《加密貨幣是投資的拉米特指南》。

他們說：加密貨幣是一種可以用來支付各種商品的貨幣。

現實中：很少有商家接受加密貨幣。此外，人們會喜歡自己持有的貨幣很穩定，也就是一美元的實際價值等於一美元。當你的加密貨幣在一週內波動超過 25% 時會發生什麼事呢？沒錯，大家會傾向於不花錢，因為下週你的電視可能會便宜 25%。

他們說：加密貨幣允許人們，使用加密和分散化，以維持匿名。

現實中：這是真的，的確是有一些正當的理由讓人們匿名購買。然而，目前加密技術主要用於購買毒品。

他們說：它比法定貨幣要好。

現實中：如果你花三分鐘以上與狂粉討論加密貨幣的問題——對不起，我是說粉絲——他們肯定會提出對法定貨幣的論點。這很快就會進展到引用尼克森 1971 年與金本位制脫鉤的說法，接著他們會說「錢不是真的」，我只能盯著他們。

他們說：這跟比特幣無關，而是區塊鏈。

現實中：比特幣是使用「區塊鏈」技術的一種加密貨幣，該技術使用密碼學和分散式架構。這項技術確實令人印象深刻。加密貨幣的粉絲們還用它來分散人們的注意力，希望大家忽略掉它在實際使用中不斷出現的失誤，像是比特幣和成千上萬的應用程式都發生過問題。在一項研究中，80% 的 ICO（首次發行的硬幣，initial coin offerings）都「被認定為詐騙」。粉絲們忽略了這些，轉而將區塊鏈視為解決所有社會問題的靈丹妙藥：饑餓嗎？區塊鏈會解決這個問題。需要遛狗嗎？使用區塊鏈如何？我需要換內褲，有區塊鏈嗎？

他們說：加密貨幣是一項驚人的投資。

現實中：很難反駁這一點。2017 年比特幣的投資報酬大幅增加。從 1 月到 6 月，足足暴漲了 240%，而標準普爾 500 指數的漲幅卻只有 9%。但非正常報酬是一個比大多數人所理解的更大的問題。在短短三個月內，比特幣飆升超過 340%，然後像石頭一樣直墜而下。就像任何其他類型的高風險賭博一樣，你會沉迷於高檔，但當下跌時，你會開始避免談論，試圖隱藏損失。一如既往，這正是我們所看到的。隨著比特幣價格的飆升，搜索比特幣的人數也在飆升。當然，一旦價格下跌，人們不再談論比特幣是一種投資。

在加密貨幣中，你可以看到賭博和邪教行為的相同跡象：

- 對任何事情提出質疑都會被制止和遭到嚴懲
- 從事風險越來越大的行為（例如借錢「投資」加密貨幣）
- 無論價格上漲還是下跌，他們都會從加密貨幣最終會取代所有貨幣的角度來解釋
- 提出越來越不合理的主張，例如「破壞法定貨幣」
- 不斷轉移目標（「這是一種貨幣…不，這是一項投資…不，我們是來改變世界的。」）

如果你想投資加密貨幣，那就請便吧。正如我所說，一旦

你有了一個可靠的投資組合，我鼓勵你投資 5% 到 10% 到你有興趣的標的上！首先，你得確保你有一個功能齊全的投資組合，也就是你已經完成了各階段投資的部署，已準備六個月的應急基金，並且你定期重新平衡投資組合來嚴控你的風險。當然，如果你一開始就對加密貨幣已有定論，你就不會再看這一章了。假若你已經在一個比特幣論壇上高呼「HODL」（持有）和「FIAT」（法定貨幣），那為什麼我還要寫這篇文章？

第六週行動步驟

1. 找出你的投資風格（30 分鐘）

決定你是想要選擇生命週期基金這類簡單投資，還是想要指數基金這類有更多掌控（和複雜性）的投資。我建議採用生命週期基金作為 85% 解決方案。

---

2. 研究你想要的投資（3 小時到一週）。

如果你已經決了要投資生命週期基金，你可以研究一下領航投資、普信和嘉信的基金。這需要幾個小時。如果你自行建構自己的投資組合，那就需要更多的時間（和更多的資金來滿足每個基金的最低要求）。你可以使用斯文森模型作為基本範本，確定你現在要購買哪些基金，以及以後要購買哪些基金。一旦你決定了資產配置，就使用先鋒的基金篩選功能（搜尋「先鋒投資基金篩選器」〔Vanguard fund screener〕）來研究基金。

---

3. 購買你要的基金（1 小時到一週）。

購買生命週期基金很容易。首先，把錢轉到你的投資帳戶。（如果你現在沒有足夠的現金來投資，就設定一個儲蓄目標，等到你有足夠的錢時，就用來投資你的第一支基金。）一旦資金準備好並轉進投資帳戶，就登入帳戶、輸入基金代碼，你就完成了。如果你購買的是個別指數型基金，你通常一次只購買一支，你還得為其他基金設立儲蓄帳戶。

是的！你現在已擠身為投資者了！不僅如此，你已經完成了六週的課程。你已經改良了信用卡和銀行帳戶，並開始投資。更棒的是，你已經將所有金錢系統連結在一起，這樣你幾乎不需要付出任何努力，系統就會自動運作。

此外，在下一章中，我們將把重點放在如何維持和增加你的投資。在最後一章，我則會回答你有關金錢和生活的所有問題。實際上，當你讀完這一章，你已經完成了所有艱難的理財工作。

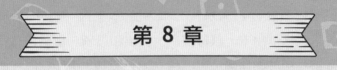

第 8 章

讓致富系統運作更有效率

你可能已經注意到，這一章是這本書中最短的一章。這是因為你已經確實執行 85% 解決方案，並處理好你財務中最重要的部分，這包括信用卡、銀行帳戶、支出和投資。你已經有意識地決定富裕生活該如何過，也已建立起一個基本上能夠自行運作的金錢系統，讓你可以花時間追求自己喜歡的事物。相比大多數人仍在為支付每月帳單而苦苦掙扎，你做的很好。所以，恭喜你。

但免不了，還是會有一個「但是」。如果你真的很有研究精神，這一章是準備給想要知道更多關於如何提升財務狀況的知識的人。會介紹一些能維護系統的議題。我們還將進一步改良你的投資。但是請記住，這是額外加分，除非你真的想這麼做，否則不必一定要按照本章的建議。

誠實面對自己

我從小就被培養成最優秀，比別人學習更努力，工作時間更長，表現更好，而都獲得了回報。但我也看過盲目追求成為最好的人，卻不反思自己為什麼要如此努力的陰暗面。所以在你繼續閱讀之前，問問自己，所有這些努力的意義何在？是為了多賺 1,000 美元嗎？還是為了過上富裕的生活？

有時理財的建議只是盲目地鼓勵人們做「更多」，而沒有停下來問「這夠多了嗎」？求勝的欲望變成了目標，而不是一開始就知道理財的原因。什麼時候可以停下來好好享受辛苦付出的成果呢？

我見過太多人決定要掌控自己的財務狀況（這很好），然後改變自己的生活，開始存錢（這也很好），接著他們持續儲蓄，而且變得越來越積極（這不太好），最終「活在試算表裡」，每天都在計算資產增加了多少（這非常糟糕）。這些人沉迷於遊戲，卻不知道自己為什麼要玩下去。

你不會想活在試算表中。生活也不只是整天調整資產配置、用蒙地卡羅方法*模擬投資。

讀到這裡，你已經贏了遊戲的入門關卡。現在是時候問問自己為什麼要繼續下去。如果答案是「我想每年來一次豪華假期、揮霍一下坐頭等艙」，那太好了！如果你的回答是「我正在積極為接下來三年賺錢，這樣就能搬進夢想中的社區」，那真太棒了。我可以告訴你如何更快實現這兩個目標。

要做到這一點，我們來做一個練習，我稱它為「從雲端（天馬行空）到街頭（真實生活）」。當我問你「為什麼想要得到更多？」通常的回答是為了「自由」或「安全性」。這些都很好，但我想挑戰你，讓你深入思考高層次、模糊的願景從來沒有想像中的能激勵我們前進，真正的激勵我們前進的通常是真實、具體的欲望，就像在平常走在路上就會遇到一樣，會影響日常生活。

如果你必須非常明確地知道為什麼想再賺 1,000 萬美元，你會怎麼將答案從雲端帶到日常生活？

你最初的動機是什麼？你可以設定一些崇高的生活目標，或者你可以散步 10 分鐘，弄清楚在這個時刻什麼讓你感到興奮。

---

* 以機率統計理論為基礎的計算方法。

答案往往比你想像的要簡單得多。你的動機可能是在下午 5 點搭乘計程車去度過歡樂時光，而不是流著汗擠火車，或者花錢請朋友和你一起去享受一趟愉快旅行。我最初的動機之一就是在外面吃飯時，可以點開胃菜！

我寫這本書的動機，是回答每天都被問到有關錢的問題、講幾個笑話，就這麼簡單。

那麼你為什麼再賺 1,000 美元、10,000 美元或 25,000 美元呢？不要擔心答案不夠確定。你只要非常誠實，將答案和真實生活聯繫在一起。

我最喜歡的兩件事就是參加音樂會和指導高中曲棍球。多虧了我的工作和薪水，我能夠購買音樂會的貴賓席票，並且除了教高中曲棍球外，我還可以靈活安排時間來做全職工作。

—— 丹尼爾．斯諾（Daniel Snow），38 歲

當我去雜貨店購物時，我不會看價格。我會買所有我需要和想要的東西。以前，我必須想辦法靠 50 美元過一星期。現在，如果有份食譜需要一磅格呂耶爾起司，我就會去買。在結帳時可能會被嚇一跳，但沒關係，我不需要把東西拿回架上。

—— 埃爾茲．瓊斯（Elz Jones），44 歲

如果你已經明白為什麼自己想要更多，讓我告訴你如何做才能實現你的目標。

如何累積更多錢和強化系統

在前一章中，你已選擇了投資，並設定自動運作。這項自動系統很好，但系統動力就只有你存進的錢。這代表金錢系統的強大程度，取決於投入的資金量。

本書的前幾章是關於如何實現 85% 解決方案，通常要開始行動最困難，也是最重要的一步。如果你每個月只能存 100 美元，問題並不大。但現在要注意的是你放進系統的錢越多，產出就越多。

你理財的目標在這裡就派上用場。例如，如果你想在十五年內達到 FIRE，你就知道要加倍儲蓄，並且積極投資。或者，如果你想住在曼哈頓，你可以給自己擬定一個豪奢的支出計畫，包括到酒吧消費和使用線上食品訂購服務「Seamless」送貨（我很清楚你會想這樣）。

當然，肯定就是最好回答——是的，我想積極地存錢。是的，我想過一種非常富裕的生活。只要計畫完善（同時，你能獲得夠高的收入），通常可以兩者兼顧。

因為越早投資，報酬越高，驅動金錢系統的關鍵就是要盡最大能力多投入金錢到你的系統中。

我把存款自動化，這樣我就可以在還清卡債的同時存下一大筆錢。這讓我得以支付婚禮的費用，也可以在聖地牙哥買一棟房價最低的房子。我的房子價值從 25 萬美元漲到 70 萬美元，而且出奇低的房貸還款額讓我們可以在一個很受歡迎且美麗的地區過著相當自在的生活。

——艾莉莎·麥克斯奎（Alissa Mcquestion），34 歲。

換而言之，如果你發現一台神奇的提款機，把 1 美元放進去，就會吐出 5 美元來時，你會怎麼做？當然會盡可能多投錢進去！唯一的問題是需要時間。你今天投資的每一塊錢，明天都會更值錢。

我會有多富有……

圖表 8-1　假設報酬率為 8%*，每月的投資值多少錢？

投資期間	100 美元／月	500 美元／月	1,000 美元／月
5 年後 ……	7,347 美元	36,738 美元	73,476 美元
10 年後 ……	18,294 美元	91,473 美元	182,946 美元
25 年後 ……	95,102 美元	475,513 美元	951,026 美元

不要只聽我說，還可以使用銀行利率網站的投資計算機。假設報酬率為 8%，輸入每月的投資金額。你會發現，目前的存款增加速度比想像中要慢。但如果每個月再加上一小筆錢，哪怕只是 100 美元或 200 美元，數字就會產生巨大的變化。

在第 4 章中，我提到一個消費意識計畫，建議你將收入的依百分比用於儲蓄和投資。第一個目標就是達到這些百分比，現在

---

* 為簡單計算，未含稅。

是時候超越這些金額了，這樣就可以盡可能的多儲蓄和投資。我知道你會說「但要投資更多？我一分錢也擠不出來了！」並不是我想剝奪你的權利，反而恰恰相反，你現在存得越多，加上複利效果，以後就會擁有越多，而且金額龐大。

現在就開始實施你的消費意識計畫，想辦法每個月多榨出一點錢來用於投資。要改良計畫，可能會包括在購買像汽車或房子的大件商品時，認真地討價還價（見第 9 章）。或者可能需要盡可能減少開支，我曾在網站上談過儲蓄（搜尋「拉米特」、「儲蓄」）。你甚至可以考慮爭取更高的薪水或換一份更高薪的工作（見第 385 頁）。

不管你怎麼做，要確定每個月都在金錢系統中投入最多的資金。記住，現在做這件事比任何時候都要容易，你現在做得越多，就越快實現你的目標。

我從每個月手動支付帳單變成了自動支付帳單、自動儲蓄，並計畫全年的支出。現在，我甚至每個月都自動給慈善機構捐款。我現在幾乎從不擔心錢的問題，在成長過程中，我不斷為了缺錢而掙扎，現在真的感覺好多了。

——邁可．斯蒂爾 (Michael Steele)，40 歲

重新平衡投資組合

如果選擇自己管理資產配置，就必須不時地重新平衡你的組合。所以我強烈推薦會幫你重新平衡資產配置的生命週期基金，如果你已經選擇了生命週期基金，可以直接跳過這部分。

但如果你沒有這樣做，以下是你需要知道關於重新平衡的事情。當你擁有一個多樣化的投資組合時，有一些投資，比如國際股票，會比其他投資表現更好。為了讓資產配置保持在正確的比例上，你需要每年重新調整一次，這樣國際股票在投資組合中所占的比例就不會超出預期。

將投資組合想像成你家後院。如果你想讓你的櫛瓜只占你後院的 15%，但它們卻瘋狂成長，最後占據了 30% 以上的後院，那麼你就要重新平衡，不是砍掉櫛瓜，就是蓋一座更大的院子，這樣櫛瓜就只會占 15%。

我知道一開始是在談個人理財，接著跳到了有機園藝。我真的像是文藝復興時代的人。

假設你根據斯文森模型建立資產配置：

圖表 8-2　目標資產配置

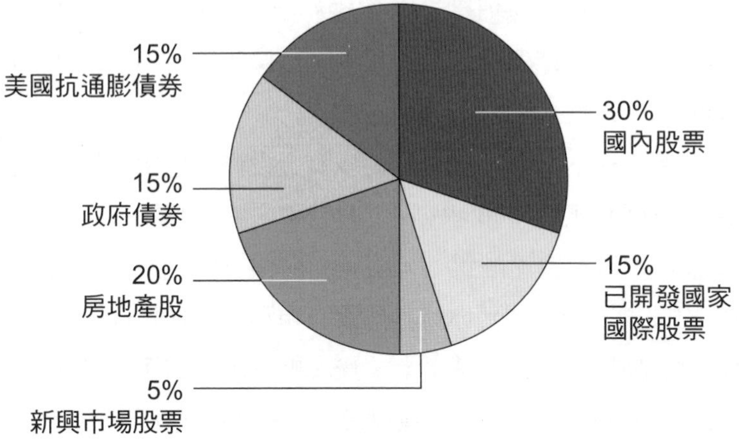

現在讓我們假設國內股市一年上漲 50%（為了方便計算，讓我們保持其他所有投資不變）。突然間，國內股票在你的投資組合中占了更大的比重，而其他所有數據都不正常了。

圖表 8-3　國內股市大漲 50% 後的配置

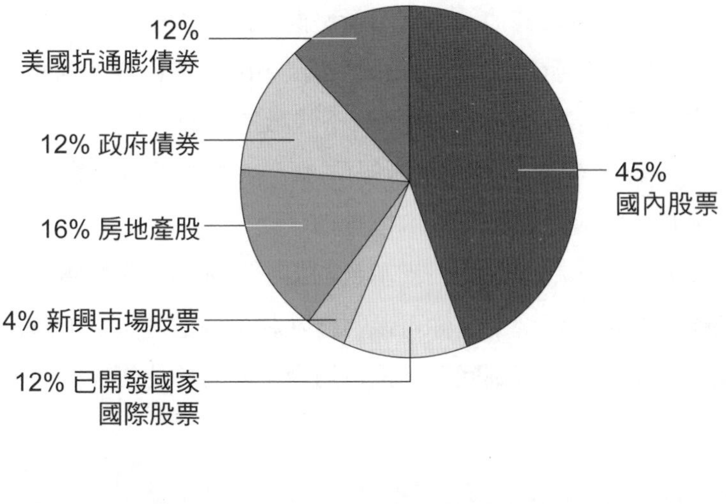

雖然在投資領域表現良好是件好事，但還是要控制投資配置，這樣每一個投資項目就不會有太大的比例差異。重新調整投資組合可以讓資產保持合理的配置，並保護投資不會受某個特定產業波動的影響。

重新平衡的最佳方式是將更多資金投到其他領域，直到你的資產配置回到正軌。如何做呢？假設國內股票應該只能占 30%，但現在卻占現有資產配置的 45%，暫時停止將錢投入，然後把這 30% 的投資平均分配到你的其他投資類別上。你可以「暫停」投資帳戶自動投資到特定基金上。登入帳戶，找到與你最初的資產配置不一致的基金，停止自動匯款（別擔心，你可以隨時恢復自動匯款）。換句話說，你可以停止投資表現優異的領域，並增加投資組合中的其他領域，直到配置重新符合你的目標。

請查看圖表 8-4，了解運作原理。在這種情況下，你可以看到八個月後會逐漸回到設定的百分比，所以就能回到最初的配置方式。

注意，還有另一種重新平衡的方法，你可以賣出表現優異的股票，將資金投入其他領域來重新平衡，讓資產配置重新獲得掌控。不過我不喜歡這樣做，我討厭賣出，因為這會牽涉到交易費用、文書工作和「思考」，所以我不建議這樣做。

不要忘記設置一個行事曆提醒，一旦你的投資組合重新平衡，你暫停的資產類別可以恢復自動存款。

另一方面，如果你的一支基金虧損了，你的資產配置也會出現紊亂。在這種情況下，你可以暫停匯款給其他基金，把錢投入虧錢的那支基金，直到回升到投資組合中應有的比例。為了簡化計算，我推薦你使用個人資本網站上的免費金融儀表板來幫助你重新平衡。

記住，如果你投資了一支生命週期型基金（見第 299 頁），就會自動為你打理好，這也是我喜歡這種基金的原因之一。

別總在擔心稅務問題

稅務問題頗具爭議性，是政治上最熱門的話題之一。當談到稅務問題時，我知道大家非常不喜歡被說二十五年多來以來的想法是錯誤的。

所以當我分享有關稅務的六個想法時，你們中的一些人可能會很生氣。但我不在意。我想讓你們接受稅務方面的教育。然後希望你們注意到，有多少人會不假思索地重複一些稅務方面的比喻和陳詞濫調。

有人認為退稅不好，但是件好事

謬論：退稅是不好的，因為你給了政府一筆無息貸款。

現實：我們都知道你會花掉那筆錢。因為資料顯示，小額退稅是逐漸加到你的薪資中，而且會被花掉。大額的退稅則會被存起來或者用來償還債務。

令人驚訝的事實：這就是為什麼政客們在減稅問題上很難抉擇。在一年中給人們少量的退稅的話，這筆錢通常會被花掉，同

重新平衡投資組合

國內股票上漲 50% 後的 10,000 美元投資組合

價值	12,727 美元（新投資組合價值）	
	配置	價值
國內	45%	5,727 美元
國際	12%	1,500 美元
新興市場	4%	500 美元
不動產投資信託（REITs）	16%	2,000 美元
債券	12%	1,500 美元
美國抗通膨債券（TIPS）	12%	1,500 美元

	第 2 個月		第 3 個月		第 4 個月	
價值	13,727 美元		14,727 美元		15,727 美元	
	配置	價值	配置	價值	配置	價值
國內	42%	5,727 美元	39%	5,727 美元	36%	5,727 美元
國際	12%	1,710 美元	13%	1,920 美元	14%	2,130 美元
新興市場	4%	610 美元	5%	720 美元	5%	830 美元
不動產投資信託	16%	2,260 美元	17%	2,520 美元	18%	2,780 美元
債券	12%	1,710 美元	13%	1,920 美元	14%	2,130 美元
美國抗通膨債券	12%	1,710 美元	13%	1,920 美元	14%	2,130 美元

因四捨五入，以上有些欄中的數字加起來不到 100%。

因為你的國內股票現在占投資組合的 45%，而不是目標的 30%，你必須採取行動。先暫停對國內股票的自動匯款，然後重新分配這 30%，將其平均分配給其他五種資產類別（每種都獲得額外的 6%）。現在每月 1,000 美元的投資金額分配如下：

0%：暫停這一項投資，然後將 30% 的投資平均分配到其他資產類別（即各多得 6%）。

21%：目標是 15%，所以加上 6%，會得到 21%。每月投資 210 美元

11%：目標是 5%，所以你再加 6%。 每月投資 110 美元

26%：目標是 20%。每月投資 260 美元

21%：目標是 15%。每月投資 210 美元

21%：目標是 15%。每月投資 210 美元

第 5 個月		第 6 個月		第 7 個月		第 8 個月	
16,727 美元		17,727 美元		18,727 美元		19,727 美元	
配置	價值	配置	價值	配置	價值	配置	價值
34%	5,727 美元	32%	5,727 美元	31%	5,727 美元	29%	5,727 美元
14%	2,340 美元	14%	2,550 美元	15%	2,760 美元	15%	2,970 美元
6%	940 美元	6%	1,050 美元	6%	1,160 美元	6%	1,270 美元
18%	3,040 美元	19%	3,300 美元	19%	3,560 美元	19%	3,820 美元
14%	2,340 美元	14%	2,550 美元	15%	2,760 美元	15%	2,970 美元
14%	2,340 美元	14%	2,550 美元	15%	2,760 美元	15%	2,970 美元

時刺激經濟。但人們不會意識到能拿到更多的錢，是歸功於政客們。或者，給他們一大筆退稅，人們會歸功於政府，但大家會把錢儲蓄起來或償還債務，而不是用來刺激經濟。

稅收並沒有想像中的高

謬論：台灣是世界上高稅收的國家之一。

現實：差遠了。

令人驚訝的事實：注意有多少像這樣的看似事實，其實只是謊言。如果我們連基本事實都不能達成一致，又怎麼能在稅務政策上達成共識呢？還有，如果你是一個稅務狂人，想寄發三十頁瘋狂理論和 YouTube 短片的郵件給我，你不用麻煩了，我是正確的。

不要以為賺更多錢，要課更多稅

謬論：賺更多的錢會使你在納稅級距中上升，導致你被徵更多的稅，讓你的實際收入變得更少。

現實：拜託，看在上帝的份上，花 3 分鐘學習一下所謂的「邊際稅率」。如果賺更多的錢，稅率會提高，但只有「邊際」金額或更高的收入，才會被課更高的稅率，而不是你賺的所有錢。

正如一位名叫「克麗絲蒂」的網友在我的網站上留言：

我認識一些人，他們多年來拒絕加薪，因為他們認為新的納稅等級會降低他們的收入。如果你試著解釋真實情況，他們會很生氣，寧可抱怨也不願了解課稅原理。在這一點上，如果他們知道自己一直都是錯的，會覺得自己很愚蠢，因此寧願繼續相信錯誤的事，也不願知道事實。

我認識一個人，他以為每次去看醫生時，都必須預先支付 3,000 美元的可扣除額。若試圖解釋可扣除額是如何運作的，他會很生氣的拒絕聽。他寧願抱怨自己的健康狀況，也不願去看醫生，因為負擔不起每次看病要花 3,000 美元。他告訴每個人歐巴馬的醫改毀了他的生活。我覺得他就是喜歡抱怨而已。

令人驚訝的事實：相信這點的人一輩子都不肯花 5 分鐘去學習稅率的原理。在某種程度上，他們不正確的觀點變得根深蒂固，以至於他們不可能承認自己錯了，也不可能接受事實。

不知道稅金到底用在哪，卻因此生氣

謬論：我們花了很多錢對外援助。

現實：在你繳的每 100 美元聯邦稅中，大約只有百分之一用在對外國的援助，這比大多數人以為的還要低。

令人驚訝的事實：人們不知道稅花在什麼地方。但就是喜歡說：「只要不流向 XYZ，我不介意納稅。」謝謝你，但民主國家的稅收不是這樣運作。

有錢人都利用漏洞逃稅

謬論：有錢人有很多逃稅漏洞可以鑽。

現實：我知道這些漏洞。有一些是合法的，例如可以充分運用稅務優惠帳戶，還有其他一些方法，但並沒有你想像的那麼多。其實這些漏洞非常少，而且大多是那些藉由資本獲利（而不是普通工資，甚至也不是律師和銀行家的高薪）賺到數百萬美元的超級富豪們才可以利用。

令人驚訝的事實：還有一些你可能沒聽過的超級富豪專用的逃稅漏洞。如果你賺了六位數，請到我的網站學習進階個人理財課程。

政治立場影響人對稅務問題的理性判斷

謬論：人們認為自己對稅務有合理、公正地認知。是的，你也一樣！

現實：個人心理，以及資訊來源，在對稅務的認知中扮演著重要的角色。正如《今日心理學》（*Psychology Today*）指出：「人們對什麼樣的交易應該被課稅有先入為主的認知，他們希望稅法與認知相吻合。當稅法與這些認知相衝突時，人們就會認為稅負不公平。」

試試這個，下次你聽到有人對稅大放厥詞時，問他們：「聽起來你不喜歡課稅。你認為稅負能帶給你什麼？」這可以達成兩個目的：（1）可以把話題從人們普遍認為課稅會從身上拿走東西造成匱乏，轉移到把稅負看成為民主的付出的一部分代價。（2）你可以很快地決定這個人是否值得與你理性的討論（例如，如果他們說，「我們應該把道路私有化」或「所有的徵稅都是偷竊」時，你就可以站起來，靜靜地走開）。

每當稅收問題出現時，你就會聽到很多無意義的話。你應該仔細分析，並自己做決定。

以下是我的看法：

我很樂意交稅。我會利用所有合法的節稅方法，比如使用享有節稅效果的帳戶，我也知道我繳稅有助於維繫整個系統的穩定。我也知道我總是能賺得更多，所以不會把稅務問題當成做決策的主因。最後，如果你還是有抱怨稅負的衝動，到世界上任何一個地方去兜風吧。有注意到基礎建設有什麼不同嗎？所以，行行好吧，你就好好繳稅，做一個對社會有貢獻的人吧。

稅務是適用 85% 解決方案一個很好的例子。（讓我們快速回顧一下 85% 解決方案：做幾個關鍵性決定，將大部分做得「夠好」的都正確做到，然後繼續過生活。）具體的解決方法就是充分利用可以延遲課稅帳戶（接下來會詳細介紹）。這樣做的話，每年可以節省數千美元的稅款。

一旦深入到個人理財領域，你會發現很多聲稱可以守住你的錢、不必納稅的古怪方法。我有聘用昂貴的顧問、研究了所有的選項，幾乎所有的都是胡說八道。

如果你每年賺數十萬美元，你可能會有一些額外的選擇。但真正的「富人」稅優惠是從你現有投資中賺取數百萬美元的時後。所以請先集中精神增加財富，並善用稅務達成 85% 解決方案。

年度財務檢查表

維護好自動化金錢系統是很重要的。我每年都會花幾個小時重新審視我的系統並進行必要的改變。例如，我是否取消不再需要的訂閱？我應該調整消費意識計畫來應付新的短期目標嗎？每年都要留出一些時間來完成下面的每一步驟。我建議在年底進行，這樣就可以迎接嶄新的一年了。

評估你消費意識計畫（3 小時）

請認真看待以下的一般指導方針。如果你的錢是按照這些建議的百分比來花的話，那就能過上富裕的生活了。

- 固定成本（50% ～ 60%）
- 投資（10%）
- 儲蓄（5% ～ 10%）
- 無內疚感的消費（20% ～ 35%）
- 重新評估當前的訂閱量（如有必要就取消訂閱）。
- 重新議價有線電視和網路費用。
- 重新審視支出目標：這些對嗎？你在為這些存錢嗎？
- 如果你的固定成本太高，是時候考慮更便宜的租金了（或者你可以到 AirBnB 出租多餘的房間，也可以賺更多的錢）。

如果你沒有把至少 10% 的資金用於投資，你應該好好找出這筆錢來。通常你可以從那些不會產生內疚感的花費中擠出來，然後重新分配到投資上。

協商降低費用（2 小時）

只要你提出要求，許多公司都會提供你首次使用的優惠費率，或者降低你的月費。你可以在我的網站上找到範本：willteachyoutoberich.com/negotiate。

- 手機電話費
- 汽車保險
- 有線電視和網路費
- 銀行手續費

投資（2 小時）

- 確認在儲蓄帳戶投入最多的金額、錢已用到投資上（而不是只把款項送進去，就任由錢閒置在帳戶中。謹記 305 頁的故事，以免重蹈覆轍)、資金也已分配到正確的基金上。
- 確認在投資帳戶投入了最多的資金、錢已用到投資上，而且這些資金也已分派到正確的基金上。
- 確認你已充分利用所有你能用上的稅務優惠帳戶（見第 4 章）

債務（2 小時）

重新檢視債務償還計畫已經步上正軌了嗎？能早點還清債務了嗎？

- 檢查信用報告和信用評分。
- 重新調整信用卡適用的年利率。

信用卡（1 小時）

- 制定使用信用卡積分的計畫。（有些可能會到期，有些則可能沒有使用期限，但既然已經得到這些積分了，就好好享用一番吧！）

- 打電話詢問你的信用卡還有什麼你沒有用到的優惠。
- 確認你沒有支付任何不必要的費用。如果有的話，試著和他們溝通。

繼續賺更多錢

- 要求加薪（見第 385 頁）。
- 兼差賺錢（你可以到 iwillteachyoutoberich.com 網站發掘好點子、參考現成範例，或者上課）。

其他

- 檢查保險需求，包括房客保險和人壽保險。
- 如果你有家人，就立一份遺囑。

了解如何賣出你的投資

我從來沒有賣掉過投資。我為什麼要賣呢？我做的是長線投資。但還是常有人會問我賣出投資的問題。一般來說，只要有賣投資，當 4 月 15 日來臨時，就得繳稅。政府為長期投資設立了獎勵機制：如果你出售持有不到一年的投資，你就得繳納普通所得稅，通常稅率在 25% 至 35%。大多數人買了一檔股票，在九個月內賺了 10,000 美元，然後就愚蠢地決定賣掉，實際上進到口袋裡的只有 7,500 美元。

然而，如果持有投資超過一年，只需要繳納資本利得稅，這比一般的稅率還要低。例如，有人在九個月內賣掉了他們的股票，支付了 25% 的普通所得稅。如果他們持有股票超過一年，之後才賣掉，他們只需支付 15% 的資本利得稅。他們的淨收入不是 7,500 美元，而是 8,500 美元（現在假設這發生在 10 萬美元、50 萬美元，或數百萬美元的投資。如果你按照本書建議的系統存夠了錢，也做了足夠的投資，那結果將會很可觀）。這是一個長期持有投資可以節省大量稅負的小例子。

既然你可能做了一筆不錯的投資，為什麼不長期持有呢？在第 6 章中，我們討論過人們為何無法拿捏市場時機。在第 3 章中，我也告訴你「買入並持有」會比頻繁交易產生更高的報酬。一旦把稅收因素考慮進去，如果你出售投資，結果會對你更不利。還有另一個論點，你最好不要購買個股，而要採用生命週期基金或指數型基金，建立具有節稅效果的簡單投資組合。請記住，所有前提都是假設你擁有一個很好的投資。

知道何時賣出你的投資

當你還年輕時，你只有三個理由去賣掉你的投資：急需用錢、表現一直遜於市場的糟糕投資，或者已經實現了你特定的投資目標。

緊需用錢的情況

如果你突然需要錢來應緊，請按以下步驟來取得資金。

1. 使用你在第 2 章建立的儲蓄帳戶

2. 賺更多的錢

你可以去開 Uber，賣掉舊衣服，或是接家教。你可能無法在短時間內賺到大錢，但如果能賣掉一些自己的物品，會是很重要的心理準備步驟，這可以證明，你對自己和家人的重視程度（如果你正向家人救援，這招會很有幫助）。

3. 詢問家人能不能借你錢

注意：如果你的家人會生氣，這招是行不通的。

4. 只有在萬不得已的時候才動用信用卡

我再怎麼強調這點也不為過：你在還款時，你的信用卡很可能剝削你一筆，所以除非真的很絕望，否則不要這樣做。

超級成功的理財者才做的事：制定十年計畫

我很喜歡收到那些已改良了個人財務的讀者寄來的電子郵件，他們想知道「下一步該怎麼做？」我的回答是，問那些比你大 5 到 10 歲的人，如果重新來過，他們會希望怎麼做，然後你就照著做。你會馬上得到三個答案：

1. 設立一個應急基金

應急基金只是另一個儲蓄目標，是用來因應失業、殘疾或突發狀況的一種方式。特別是當你有抵押貸款，或者需要養家，應急基金是保證財務安全的一個關鍵要素。

要設立一個應急基金，只需建立一個額外的儲蓄目標，然後像你實現其他目標一樣，把錢存進去即可。最後，應急基金應該包含 6 到 12 個月的支出（你得把所有費用都包括進去：你的抵押貸款、其他貸款的還款所需、食物、交通、稅負、禮物，以及任何你能想到的花費）。

2. 保險

隨著年齡的增長，你會變得越來越胡思亂想，會想要更多的保險來保護自己不受損失。這包括房屋保險（包括火災、洪水和地震險），以及人壽保險。如果你有房子，你確實需要保險，但單身的年輕人不需要人壽保險。

首先，從資料上來看，年輕人死亡率較低，而且保險給付是給那些依賴你過活的人，比如你的配偶和孩子。除此之外，保險不在本書涵蓋的範圍內，但如果你真的感興趣，我鼓勵你和父母、家人討論，並到網路上搜尋「人壽保險」，研究各種選擇。

你可能現在還不需要買一大堆保險，但是你可以設定一個儲蓄目標，這樣當你需要的時候，你就會有錢用了。最後你必須知道：保險幾乎從來不是一項好的投資，儘管業務員（或是無知的父母）會鼓吹你買保險。但保險應該用來保護自己不受負面風險的影響，比如火災，或當你有家庭時的意外死亡風險，不要把它當成一種成長型的投資。

3. 孩子的教育

不管你是否已有孩子，第一個目標應該是讓自己在財務上出類拔萃。當我在網路上看到有人負債累累，卻又想為孩子的教育存錢時，我總是感到很困惑。這是幹什麼呢？

首先，你得還清債務，為自己退休後的生活存錢。然後，你再來擔心你的孩子。如果你有孩子（或者你知道有一天你會有孩子），手上也有一些閒錢，可以把它投入教育基金。

如果你還年輕，這些是未來十年你必須要考慮的一些事情。最好的準備方法是和比你年長一些的成功人士交談，並且和他們一起採取行動。他們的建議是很寶貴的，可以讓你在規劃下一個十年的時候更具優勢。

表現一直遜於市場的糟糕投資

如果投資的是一支指數型基金或一系列指數型基金，這一點比較不可能發生，因為這些基金是反映整體指數的表現。簡單說，如果你的「整體市場指數型基金」下跌，那就代表整個市場都在下跌。如果你相信市場會恢復，而你的投資標的正以更便宜的價格出售，此時你不僅不應該賣掉，反而應該用更低的價格繼續投資。

但讓我們來討論一些概念，了解何時應該賣出表現不佳的投資。如果你發現你持有的股票價格下跌了35%，你會怎麼做？你可能會生氣地說：「拉米特，這支股票糟透了！我得在輸光錢之前把它賣掉！」

別那麼快賣。在你決定做什麼之前，你必須先看整體局勢。例如，如果你持有的是消費品股票，那麼其他消費品產業的股票表現如何？你觀察這支股票和其他周邊行業，發現整個產業都在衰退，並非你投資的那支股票單獨下跌，而是整體表現都很差。

現在，你會對這個產業產生了質疑，但也讓你了解股票暴跌的原因。

股價下跌並不意味著你應該立即拋售。所有產業都會有衰退的時候。你應該去理解這個產業正在發生什麼事？未來還能存活嗎？會被競爭對手取代嗎？（例如，如果你持有一家生產 CD 播放機的公司股份，很可能生意不會好轉了。）如果你認為這個產業或投資只是在經歷週期性的低迷，那麼就堅持投資，繼續定期買進股票。然而，如果你認為這個產業不會復甦，你可以考慮賣掉這項投資。

現在，如果你的股票價格暴跌，但該產業的其他公司股票價格仍高，你就應該考慮賣掉持股。一旦你決定是時候賣掉一項投資時，這個過程很簡單，只需登錄你的投資帳戶，找到你想出售的投資，然後點擊「出售」。如果你不是賣掉退休帳戶內的投資，你需要考慮許多稅的問題，例如投資利損的減免，但是由於我們大多數人都會把所有的錢投資到可以節稅的退休帳戶，我不打算深入討論這些問題。我想強調的是，我幾乎從來沒有賣出過投資，因為我很少投資特定股票。如果你選擇了一支生命週期基金或建立一個指數型基金的投資組合，是不太需要考慮賣掉。我的建議是：保持理智，把注意力放在更重要的事情上。

已經實現了特定的投資目標

買進並持有，是進行超長期投資很好的策略，但是很多人為了實現特定目標，而選擇中、短期投資。例如，「我打算投資，好去泰國度個夢幻假期……我短期內不會去旅行，所以我只需每個月存 100 美元到我的投資帳戶裡。」記住，如果你的目標是要在五年內實現，你應該在你的儲蓄帳戶裡設立一個儲蓄目標。如果你為實現長期目標所做的投資已經賺了錢，你可以毫不猶豫地賣掉它。這項投資非常成功，你應該把錢用到你最初計畫的目標上。

我們還有最後一章要進行。從這些年來我收到的成千上萬的電子郵件和部落格評論中，我了解很多人都有一些共同的問題。在下一章中，我將介紹一些有趣的細節，例如金錢和人際關係，購買汽車和第一棟房子，以及處理日常生活中出現的財務問題。

最後一章了！讓我們開始吧。

第 9 章

不只要理財，還得理生活

我永遠不會忘記我和當時的女朋友（現在的妻子）卡珊的談話。就在感恩節前夕，我們決定是時候談談孩子、婚姻、金錢這些大事了。

我曾說過我喜歡系統，所以我運用談話要點列了議程。請看以下：

	生幾個孩子？		婚禮
	什麼時候？		住在哪裡？
	孩子的名字		生活方式：誰去工作？

首先是訂婚。我們約會很多年了，卡珊已準備好結婚。事實上，她告訴我：「我真的非常想在明年春天訂婚。」當我聽到她談論我們在財務方面的關係時，我就完全意識到我找到了生命中的真愛。

我們討論了想要多少孩子、誰去工作、在哪裡生活，以及心目中的生活方式。

談話快結束時，我深吸了一口氣，說了一些我想了很久的事情：「我還想說一件事。對我來說，簽一份婚前協議很重要。」

這部分稍後會詳細說明。

在本書中，我寫了關於錢的文章，我認為錢是富裕生活中很小，卻很重要的一部分。其他的是什麼呢？

我們來挑戰一下關於愛情和金錢的對話如何，就像我和卡珊的對話一樣？還是決定買房子？或是要求加薪？一旦你實現了財務自動化，下一步該是什麼呢？

富裕的生活不是靠試算表來實現。我們每年都會想用網路計算機去修改資產配置，但對於那些依照我的指引，讓財務自動化的讀者來說，在某個特定時點就能準確達到目標。你已贏得這場比賽，現在只需要時間、耐心和持續存錢到金錢系統。

要達到富裕生活的下一步不是要重新計算複利的報酬。而是設計自己想要的生活方式。想要孩子嗎？想每年休兩個月的假？想讓你父母坐飛機來跟你見面？想提高儲蓄率，讓你能在四十多歲就退休？

我正在肯亞的一間狩獵小屋撰寫這篇文章，這只是我和卡珊為期六週的蜜月旅行的一部分。我們的夢想之一，是邀請雙方父母參與我們蜜月的第一站，也就是一起到義大利旅行，我們要招待他們，共同創造新的美好回憶。這真是一次難忘的富裕人生經歷。

對我來說，富裕的生活意味著自由、不必總是想著錢、可以去旅行、可以做自己感興趣的事情。富裕的生活是能夠用錢去做任何想做的事，不必擔心搭計程車或在餐廳點想吃的食物的錢，也不用擔心怎麼樣才能買得起一間房子。

這是我的想法。對你來說，富裕的生活可能有不同的意涵，現在是時候著手設計你的富裕生活了。

學生貸款：先還債，還是先投資？

美國聯邦準備理事會（Federal Reserve）的報告指出，大學畢業生平均背負大約 35,000 美元的學生貸款，你會發現背負債務對實現富裕生活是一大障礙。但令人驚訝的好消息是，學生貸款可能是個非常好的財務決策。

統計資料清楚顯示，大學畢業生的收入遠遠高於只有高中學歷的人（你得自行負責研究大學要主修什麼，以及平均薪資水準）。請不要聽信那些說學生貸款是「邪惡」的跟風權威人士，而放棄上大學。天哪，如果我再聽到這些胡言亂語，我就跳起來用洋蔥打人（這樣就搞不清楚他們為什麼要哭了）。

我已在第 1 章談過如何擺脫學生貸款，但是我還是常被問到另一個問題：「我應該先投資，或是先還清學生貸款？」

我曾經很焦慮想知道我怎樣才能還清我的學生貸款，擁有儲蓄，還有退休計畫。現在我的學生貸款幾乎全部還清了，我有（多個）儲蓄帳戶，有兩個退休帳戶，已不再感到壓力了。所有這些都已自動化，我知道有多少錢進來，去了哪裡，出去了多少金額。

—— 迪安娜·比頓（Deanna Beaton），30 歲

投資與償還學生貸款

當你每個月都在為償還 500 美元或 1,000 美元的學生貸款而焦頭爛額的時候，可能很難聽得進「早點投資」的說法。但當你面臨要償還貸款或投資時，有三種選擇：

- 每月支付學生貸款的最低還款額，其餘則用於投資。
- 盡可能多還學生貸款，一旦還清了貸款，就開始投資。
- 採用 50 ／ 50 的混合法，其中一半用於學生貸款（至少一定要支付最低還款額），另一半則存進投資帳戶。

技術上而言，你的決定必須取決於利率。如果你的學生貸款利率很低，比如說 2%，就應該選擇第一種方法，盡可能慢慢償還你的學生貸款，因為你可以使用低成本的資金投資，賺取平均 8% 收益。

但是，請注意我說的是「技術上」，因為並非所有人都能理性地管理資金。有些人對債務感到不舒服，想儘快擺脫負債。如果負債讓你睡不好覺，那麼請採用第二種選擇，也就是盡快還清債務，但要明白你為了心安，可能得失去很多增加財富的機會。

我建議你仔細看看選項三，原因如下：現在大多數學生貸款的利率和在股票市場上得到的獲益率差不多。所以坦白說，你的決定得碰碰運氣。

在所有條件相同的情況下，從投資上能賺到的錢和你支付學貸的利息差不多，基本上沒什麼差異。無論你選擇先還清學生貸款，還是先投資，都沒關係，因為你會有大致相同的報酬。

只有一件事要注意，就是複利。當你在二十幾歲和三十歲初時投資，能從複利中獲得巨大的收益。但如果你等到年紀大了再去投資，就永遠也追不上那些收益。

這就是為什麼我會考慮採用混合方式，拿一部分錢償還債務，再用剩下的錢投資。具體的比例取決於風險承受能力。為了省事，你可以選擇平分，但如果你更激進，你可以把更多的錢用在投資上。

感情和金錢

當你了解個人理財的基本知識後，就很容易使用試算表來規劃生活了。較困難的是如何與身邊的人（朋友、父母、伴侶）一起處理金錢。

感情和金錢的關係經常糾纏不清，像是和從不給小費的朋友出去吃飯、知道父母有負債，或者和伴侶一起處理金錢。我相信掌握感情和金錢，是富裕生活中最複雜、也最具成果的一部分。

這就是為什麼我想花點時間談該如何與身邊的人一起處理金錢。當然，有一些簡單的公式可以套用在一些情況，比如當一方的收入高於另一方時，你們可以分攤租金。

但這只是開支。我相信還會有更多必須雙方平心靜氣地一起討論的挑戰，以及獲利機會。例如，應該告訴朋友你賺多少錢嗎？該告訴父母嗎？金錢在婚姻中的作用是什麼？應該簽婚前協議書嗎？

我無法解答所有問題，但我會告訴你我的選擇與理由。

別對別人的理財建議照單全收

現在你已經掌握了個人理財的基本知識，你會注意到金錢的世界是多麼的「吵雜」。叔叔會提供「熱門股票消息」，還有許多亂七八糟的資金管理應用程式，你的朋友嘲笑你沒有使用某些難懂的避稅策略（連買一包軟糖的錢都不夠的人，也會批評你的理財欠佳）。

每個人都有意見、處理金錢的方式都不一樣。有些人比其他人理解得更多，但每個人對你應該怎麼做都會有意見。突然間，你會非常清楚別人是如何理財。

你還會注意到，一旦他們聽到你已掌控了自己的理財，就會開始表現怪異，為自己做不到找藉口，好抹殺你的努力。

- 「呃，我就是做不到啊。」
- 「退休嗎？哈哈！我得永遠工作下去……」
- 「像你這樣有積蓄該多好。」

我有十五年多的時間想著要如何應對，以下是我的幻想：

幻想情境：一個完全不擅長個人理財、債台高築的人不斷告訴我「需要」放棄我所做的一切，將錢投資在房地產、比特幣和其他各種白痴建議。

如何應對：我從泰式木瓜沙拉上抬起頭，放下叉子，用餐巾擦了擦嘴唇，從頭到腳打量了他一番，然後說：「我為什麼要接受你的建議呢？」音樂停止了，餐廳裡的每個人都鼓掌，廚師出來和我握手，為我送上免費的甜點。

聽了這麼多年批評後，我終於知道到底是怎麼回事。人們會注意到你開始掌控金錢（坦白說，你可能比以前談論更多。你知道那句諺語「你怎麼知道一個人是不是素食主義者？別擔心，他們會告訴你的。」控制你的財務也是一樣。我的建議是：注意你如何討論金錢，以及你和誰討論金錢）。

由於你能掌控自己的錢，破壞了與他人的正常關係模式，這讓對方感到不舒服，並導致對方以奇怪的方式做出反應。別放在心上，你可以微笑著回說：「謝謝你。」當你周圍的人逐漸適應了嶄新的你，這些雜音就會隨之消失。

但在那個時候，你會聽到其他噪音：那些網路上混亂無章的建議。隨著我的讀者對實施本書的金錢系統越來越安心，他們開始尋找更多關於投資和個人理財的資訊。也許你會接觸到「Reddit」或投資論壇。突然間，你會被無數匿名留言者敦促採用各種的「進階」策略。

- 「投資利損減免是絕頂重要的事！」
- 「等一下，你還沒有專屬的保險？」
- 「哈哈，我不敢相信你仍然相信指數投資，太可愛了。很明顯，Apple 要登上月球了。」（或者是特斯拉〔Tesla〕？或是比特幣〔Bitcoin〕？還是首次代幣發行〔Initial Coin Offering，ICO〕？）

如果說有什麼不同的話，那就是我學會了同情。記得就在幾週前，即使你還不太了解金錢，想買一本理財書籍並全部讀一遍，你可能都得花很長時間才能做好心理準備，而現在你已經理解了一些概念，比如自動化理財和個人退休帳戶，在幾週前你對這些概念似乎還很陌生。你能做的最好的事情就是成為別人的榜樣，如果他們想要你的建議，就和他們分享這本書。

你應該忽略掉那些噪音。投資不應該充滿戲劇性，甚至還讓你感到有趣。投資應該是有條不紊、冷靜，就像看著小草生長那樣充滿興味（投資能讓你做想做的事，以及帶來的富裕生活，這些才真的很有趣）！

每個月只要登入投資帳戶一次，這樣就夠了。如果你已經建立了自己的資產配置，並且一直在投資，那就堅持你的做法。你是在為長期目標而投資，當你回頭看時，每天的變化看起來就像一個小插曲，也確實很微小。

我知道你會想了解更多的情況，就去了解吧。只要保持正確的態度，並理解每個人都有自己的看法，長期的個人理財並沒有特殊技巧或捷徑。當你讀到批評指數投資只適合初學者（其實不是）的第一百篇文章後，你會發現你知道的比大多數建議都要多。

這真的很神奇，與其生活在試算表裡，隨便操弄數字，或者在「Reddit」上海量搜索有關個人理財的貼文，你可以每個月花不到九十分鐘的時間來理財。而且，你可以在試算表外做些真正重要的事來過你的富裕生活。

如何父母負債，怎麼辦？

知道你年邁的父母陷入了財務困境，是你在財務生活中可能面臨的最困難情況之一。

以我和成千上萬的讀者打交道的經驗來看，你的父母永遠不會向你求助，因為這太尷尬了。他們不會站出來承認這一點。他們可能會到處留下一些線索，比如說「現在手頭很緊。」

要跟他們討論債務的情況，可能是你遇過最具挑戰性的對話之一，但卻絕對有必要。你的父母花了幾十年的時間養育你，已形成很難改變的模式。你比他們更有可能提出錢的問題。而且你也握有完美的藉口，就是拿出這本書。比如你可以說：「媽媽，我一直在看這本關於個人理財的書。我學到了很多以前不知道的東西。妳是怎麼學會理財的？」然後就等著她打開話匣子。

如果你的父母負債，你們之間的關係會變得很棘手。最大的挑戰不是為債務問題想出一個技術性的個人理財解決方案。相反地，你需要問很多問題、認真傾聽，並且判斷父母是否真的需要幫助，以及他們是否已準備好接受幫忙。

如果他們願意，那太好了，你可以幫助他們。但是如果父母不願意接受，即使處境可能變得越來越糟糕，你要做的最困難的事，就是尊重他們的決定。

根據我的經驗，如果你用謹慎、富有同情心的方式，與你愛的人談論金錢的話題，他們會向你敞開心扉。

沒有一種情況是相同的，但你可以問父母一些問題。

（記住：你要很謹慎地提起。沒有人喜歡談論錢，尤其是當父母必須對孩子們承認他們需要幫助時。）

- 他們從哪裡學到理財？他們的父母教了他們什麼？
- 如果他們可以揮動魔杖就改變財務狀況，那會是什麼？（讓他們做做夢吧。如果他們說「中彩票」，就給他們一點鼓勵。這代表什麼呢？他們會怎麼做？然後更現實一點：「好吧，讓我們假設你不會中彩票。五年後理想的財務狀況是怎樣？大多數父母的夢想都很務實。）
- 每個月賺多少錢？花了多少錢？
- 他們存下了收入的百分之幾？（幾乎沒有人知道這一點。你只是確認一下，不要批判。）
- 他們會支付銀行帳戶和信用卡費用嗎？
- 他們每月的平均信用卡未付餘額是多少？出於好奇（用這個說法），為什麼不是零？他們為什麼會這樣做？
- 他們有投資嗎？如果有，是如何選擇的？
- 他們擁有共同基金或基金嗎？要付多少費用？
- 他們有閱讀「iwillteachyoutoberich」網站嗎？沒有？老爸！你為什麼不讀！（注意：我強烈建議你對著父母大聲尖叫。）

你的父母可能不會回答所有這些問題，但請仔細聽他們的說法。我鼓勵你運用 85% 解決方案的方法，找出一、兩個他們可以採用的主要步驟來改善他們的財務狀況。也許父母可以開一個自動儲蓄帳戶，或者專注還清一張信用卡的債務，這樣就能感受到一點成就感。回想一下當你對錢一竅不通的時候，那真是一種難以承受的壓力。現在你可以運用你學到理財方式幫助父母，只要做一點小改變，結果就會大不同。

應該公開自己的資產嗎？

幾年前，我開始覺得應該和父母談談錢的問題。我的企業持續成長、經濟狀況比我想像的還要穩定。當父母問我生意怎麼樣時，我總是含糊地回答：「一切都很好！」但事實上，我知道回答一個確切的營收數字會比任何話都更具體。

我打電話問我的朋友克里斯的意見。

「我應該告訴父母嗎？」

克里斯是一個作家，家庭背景和我很相似。他立刻明白了我的意思。

「你為什麼想要告訴他們？」他問道。我告訴他，這能解答很多我們不曾觸及的問題。我的財務狀況還好嗎？我父母搬到這個國家是對的嗎？他們以我為榮嗎？

但我很緊張，因為我認為鉅細靡遺地分享我事業的成功，可能會改變我和父母的關係。我用一個任何少數族群父母都能理解的含糊回答：「這可能會很奇怪。」克里斯幾乎比任何人都清楚，身為一個亞洲孩子，由節儉的父母撫養長大，然後賺進超乎想像的錢，是一種獨特的感覺。

父母把我帶大，我也從他們那裡學到了教訓。終究，我還是想讓父母知道我的事業做得很好，再也不必為我操心。

克里斯指出，我一直以為一個數字就能令父母安心，但實際上，我可以用很多不同的方式，簡單地向我的父母證明我的生意做得很好。我要感謝他們教會我如何經營一家公司。我可以做一件對父母最有意義的事，那就是花時間陪他們。

克里斯說我的出發點是正確的，但我不必用精確的數字來表明我的財務狀況很穩定。事實上，父母並不關心我銀行帳戶上的數字，他們只想知道我很幸福，而且已經結婚並有了孩子（印度父母特別在意這一點）。

後來我在和父母聊天時，他們問我最近過得怎麼樣，我特意花了些時間感謝他們教給我的一切，並說多虧他們，我很幸運能擁有夢想中的事業，讓我過上了令人欣羨的生活。

我學到的是：

- 當你在經濟上更為成功時，你和他人的關係可能會改變。你要注意這一點。（例如，我非常在意不同人在晚餐或度假上的消費能力。如果我要和一群朋友一起吃飯，我總是會選擇一家所有人都能負擔得起的餐廳。我的噩夢是選到一間讓他們覺得太貴的地方。）
- 你可能很想分享具體的財富數字。是可以和你的配偶或非常親密的朋友或家庭成員分享。但除了這些人之外，問自己為什麼你要這麼做：是為了表明你很成功嗎？還是你想巧妙地炫耀一下？還有其他的溝通方式嗎？在不明所以的情況下分享自己有多少財產，是一個糟糕的舉動。你的意圖可能是好的，但對一個年收入 60,000 美元的人來說，你告訴他們你快要擁有一個 100 萬美元（或更多）的投資組合並無法傳遞出安全感。只會讓人感覺你很傲慢。

和重要的人討論理財

我的夢想是主持情侶第一次一起討論金錢問題的電視節目。我才不打算介入調解，只會坐在他們背後，瘋狂地用錢的問題來攪局（「你還藏著什麼金錢祕密，沒有告訴你的伴侶？」），我會一邊吃著薯片，配著莎莎醬，一邊看著情侶們無處安放的手、冒冷汗的額頭、結結巴巴地說話。我會再一旁咧著嘴笑。我就是為這個而活，HBO 快給我打個電話啊！

當然，你和另一半可能偶爾會談論金錢。但是，當你們開始認真對待彼此時，也許你們剛搬到一起住，或者你們剛結婚，雙方的財務開始混在一起時，花點時間談談錢和財務目標很重要。

和另一半討論錢聽起來好像很尷尬，但我向你保證，這不一定會很痛苦。儘管這聽起來有些陳腔濫調，但如果你知道該問什麼，並且保持冷靜，這實際上可以讓你們的關係更親密。

具體要怎麼做並不重要，重要的是你的態度。關鍵是要客觀、多問問題。下面是一些範例問題：

- 我一直在思考我的個人財務狀況，我很想和你達成共識。我們能談談嗎？

- 你怎麼看待錢？比如說，有些人喜歡花大錢在房租上，另些人則喜歡存下一定比例的錢。我覺得在外面吃飯的開銷太大了。總之，你對錢有什麼看法？（請注意，一開始先講得很寬泛，然後舉了一些例子，接著可以從自己財務上較弱的那一環開始坦白。）
- 我們應該如何一起使用我們的錢？你有思考過想做些改變嗎？（在這個時候，若你們是為了共同的目標存錢，或者你們想把錢花在哪些有趣的事情上，你們可以討論如何分攤開銷。）

請注意，我們並沒有深入討論不同投資選項，也不是要提那些我們「應該要做」的事情來讓彼此感到內疚。這次談話的目的應該是要達成共識：錢對你們來說都很重要，你們想要在財務上一起努力、互相幫助。就這樣完美的結束！

重要談話

這是重要的一天，可以彼此坦誠財務狀況，然後一起解決問題。但這並不是充滿戲劇性的步驟，因為你已經朝著這個方向緩緩地努力了幾個星期。

準備這次談話大概需要四、五個小時。雙方都要準備以下的資訊：

- 列出所有帳戶和存款金額
- 債務清單及貸款利率

- 每月支出（具體如何確定，見第 178 頁）
- 總收入
- 所有借出去的錢
- 短期和長期的財務目標

我和妻子就是用這個方法來處理我們的財務問題。從我們賺了多少錢、存多少錢的大局著手。花好幾個月的時間深入了解我們的帳戶，以及對錢的態度。（你可能不用花那麼長的時間來查清自己的帳戶，但要完全了解彼此對錢的態度可能需要好幾年的時間。）

先把資料放在一邊，坐下來開始討論你們的目標。從財務的角度開始討論：你想要什麼？你期望什麼樣的生活方式？明年的度假計畫呢？你們有誰需要贍養父母嗎？

接著來看看你們每個月的開銷。這會是一個敏感的話題，因為沒有人願意被批評。你要記得保持開放的心態，先公開自己的花費，然後問對方：「你認為我在哪些方面可以改進？」然後輪到對方來談談自己的開銷。

花點時間談談對金錢的態度。你如何對待金錢？你花的比賺的多嗎？為什麼？你父母對金錢的看法呢？他們是怎麼處理金錢的？（我有一位自律又聰明的朋友，理財技巧卻非常糟糕，這讓人很困惑。在認識她多年後，有一天她告訴我，她的父親曾兩次宣布破產，終於讓我了解到她處理財務問題的方式。）

這次談話最重要的目標，是讓討論錢成為常態，這就是為什麼我們要盡可能保持輕鬆。第二個目標是讓你們都亮出處理金錢的「底牌」，確定你們都在儲蓄、投資，同時也都有在償還債務（如果有負債的話）。基本上，你需要和另一半一起讀完本書。你們可以一起處理所有複雜的議題，比如建立聯合帳戶，這些後面會談到！

現在，讓我們秉持樂觀的精神：我希望你制定幾個短期和長期的儲蓄目標，比如年終旅行。此時，最好先不要把大筆支出所需要的金額全部討論一遍，因為那樣會讓人不知從何下手。只需建立一、兩個儲蓄目標，然後你們每個人都設置每月自動轉帳即可。從長遠來看，你們應該共同努力，在處理錢的態度上達成共識。當你們一起設定一個目標（例如「我們要存夠 30,000 美元做為買房子的頭期款」），你們就會致力於實現這個目標。

當另一半賺得比你多

一旦和另一半開始分擔開銷後，每天該如何處理金錢的問題就會不約而同地出現，尤其是當你們其中一個人的收入比較高的時候。要分攤帳單時，你們有幾種選擇。

第一種方法，也是最直覺的做法，就是平分所有的帳單。但這對收入較低的一方真的公平嗎？花費與收入不成對比，很可能會導致怨恨，而且經常還會發生更糟糕的金錢問題。

還有另一種選擇，就是採取美國知名女作家、財務顧問、勵志演說家和電視主持人蘇西・歐曼（Suze Orman）的建議，她提倡按收入比例分攤費用。

舉個例子，如果你的月租金是3,000美元，而且收入比另一半高，你們可以採取以下的分攤方式：

圖表 9-1　根據收入分攤費用

	你	另一半
月收入	5,000 美元	4,000 美元
租金	1,680 美元	1,320 美元
	（5,000÷9,000 ＝ 56%）	（4,000÷9,000 ＝ 44%）

還有很多其他的選擇。你們可以按比例把錢存入一個共同的家庭帳戶，並用這個帳戶來支付帳單。或是由一個人承擔某些特定費用，像是食品雜貨，另一個人則負責租金。

關鍵是你們要一起討論，達成一項讓雙方都感覺公平的協議（記住，平分並不是「公平」的唯一定義），然後每半年到一年就檢視一次，確定你們的協議對雙方都可行。

另一半愛花錢怎麼辦？

我最常聽到已婚讀者抱怨的就是對方很愛花錢。他們寫信給我：「拉米特，我老公在電玩上花了太多錢。我們該如何存錢呢？當我跟他談時，他根本不理我，第二天，他又買了別的東西。」

解決的方法是對事不對人。如果你一直告訴另一半不要在某些事物上花錢，對方會生氣、不理你。所有人都絕對討厭被說愛花錢，所以如果你繼續批評他們的行為（例如「你不能每個月花那麼多錢買鞋！」），會達不到目的。

相反地，你可以採取簡單的方法，拿食物來比喻，你不用因為對方吃太多甜點而碎碎念，而是要求他們先在盤子裡裝滿蔬菜和蛋白質類的食物。

請見第 180 頁，看看為了一些日常的開銷，像是度假、聖誕禮物或一輛新車，需要存下多少錢。然後討論一下共同的儲蓄目標、為了達到目標需要存多少錢，然後達成一個你們都同意的儲蓄計畫。

如果有你這樣做，下次因為花錢而爭吵時，就可以把問題點從雙方身上轉移，而把注意力重新聚焦到共同的儲蓄計畫上。當你指著一張紙（而不是指著另一個人）時，沒有人會產生抗拒的心態。這與你決定揮霍吃一頓大餐或對方想花較多錢搭直航班機無關。這只跟你們的計畫有關。

請注意，你和另一半肯定會想用不同的方法來實現你們的儲蓄和投資目標。例如，你可能想先購買有機食品，而對方則可能先考慮旅遊。只要你們能夠達到目標，在實現目標的方式上就要靈活一些。只要把注意力集中在計畫上，而不是個人身上，就更有可能避開主觀判斷，努力讓支出與你的目標一致。這就是處理金錢應該有的方式。

別為了面子在婚禮撒大錢

這本書的第一版出版後，我開始在全國各地巡迴。在紐約、舊金山和鹽湖城等城市和讀者見面。我永遠不會忘記我在波特蘭聚會上遇到的一名年輕女子。

我的演講結束後，她走過來對我說：「我只是想感謝你對婚禮的建議。」我聽了就很激動。她說她為婚禮設立了一個子儲蓄帳戶，每個月會自動為婚禮存錢。

我對此感到非常興奮。我喜歡看到人們真實地採用了我的建議。我問她是否可以拍一段她分享自己故事的短片。

突然間，她顯得非常不自在。

我可以看出她不想拍，但我不明白為什麼。於是我問她。她低下頭說：「因為我還沒有訂婚呢。」

想想看：她覺得為了婚禮存錢是件很「奇怪」的事，因為人們會對她都還沒有訂婚就準備婚禮費用，而評頭論足。不過我很喜歡她的想法！

你知道我覺得什麼才是最奇怪的嗎？沒有為將來一定會有的支出儲蓄才奇怪。這些事還太遙遠或花費太大，以致於我們無法考慮，所以都逃避要先計畫對財務產生巨大影響的事情。但這些事才是真正影響財務的關鍵。

準備好我要打破你對婚禮的成見。很多人都認為我的想法很「怪異」，但我不在乎別人的看法。我關心的是和大家一起設計富裕生活。

婚禮當然可以很簡單

我姐姐打電話告訴我她訂婚了，當時我正好和朋友們一起外出，我給每個人都點了香檳。當另一個妹妹告訴我，幾個月後她要結婚時，我又給朋友們點了香檳。然後我發現她們分別要在東海岸和西海岸各舉行一場婚禮，也就是說，幾個月內，總共要舉行四場印度婚禮！天啊，她們居然來真的。

這就是我開始考慮婚禮這項議題的原因。根據《華爾街日報》，美國人平均婚禮花費近 35,000 美元，這數字「遠遠超過美國家庭年收入中位數的一半」。在你翻白眼前，請等一下。你可能會說：「這些人應該了解，婚禮只是一個特殊的日子，而不是讓自己陷入沉重的債務中。」

但事實上，如果是你的婚禮，你一定會希望一切都幾近完美。這是你的特別日子，為什麼不該花錢買超長梗玫瑰或者菲力牛排呢？我並不是要批評那些舉辦昂貴婚禮的人。剛好相反，那些在婚禮上花費 35,000 美元的人，在幾年前說的話，和你現在說的一樣：「我只想要一個簡單的婚禮。只為了一天的婚禮就背債，也太荒謬了。」

然而，為了這個特別的日子，他們一點一點籌畫，結果花得比計畫還多，甚至還超過他們所能負擔的。聽著，你希望婚禮當天很完美，並沒有錯。讓我們先承認這項事實，然後找出實現這個目標的方法。

該怎麼籌備婚禮呢？

知道婚禮需要驚人的支出後，現在該怎麼做呢？我知道有三種選擇：

1. 削減開支、簡化婚禮。這是個好主意，但坦白說，大多數人都沒有足夠的自律來做到這一點。我不是看不起你，但從資料上來看，大多數人都會舉辦一場花費數萬美元的婚禮。

2. 什麼都不做，以後再來想。這是最常見的做法。我跟一位最近剛結婚的人談過，她花了八個月的時間籌劃婚禮，但後來婚禮花費驚人。現在，幾個月過去了，她和丈夫不知道要如何處理婚禮產生的債務。但並非只有他們這樣，因為幾乎所有人都犯了這個錯。

3. 承認現實，好好準備婚禮。問十個人會做出哪種選擇，每個人都一定會選擇第三種。然後再問他們每個月為婚禮存了多少錢（不管他們是不是已經訂婚了）。我確信他們都會語無倫次或沈默無言。不過話說回來，我喜歡讓人不自在的談話。

你想想看，我們實際上已經取得所有需要的訊息。美國男性結婚的平均年齡是 29 歲，女性則是 27 歲（我是以異性婚姻來假設，因為這些有更多的長期資料）。我們知道，一場婚禮的平均花費約為 35,000 美元。所以，如果下定決心不為婚禮欠債，無論你是否訂婚，以下是你應該要存下的驚人數字：

圖表 9-2　你應該為將來的婚禮存多少錢？

根據平均值，如果妳是女性：

年齡	距離婚禮的月數	每月需要儲蓄的金額
22 歲	60 個月	283.33 美元
23 歲	48 個月	729.17 美元
24 歲	36 個月	972.22 美元
25 歲	24 個月	1,458.33 美元
26 歲	12 個月	2,916.67 美元
27 歲	1 個月	35,000 美元

根據平均值，如果你是男性：

年齡	距離婚禮的月數	每月需要儲蓄的金額
22 歲	84 個月	416.67 美元
23 歲	72 個月	486.11 美元
24 歲	60 個月	583.33 美元
25 歲	48 個月	729.17 美元
26 歲	36 個月	972.22 美元
27 歲	24 個月	1,458.33 美元
28 歲	12 個月	2,916.67 美元
29 歲	1 個月	35,000 美元

這可能有點嚇人，但我有不同的想法。要知道這些數字都是平均值，你可以決定早點結婚、晚點結婚，或者乾脆不結婚。我 36 歲才結婚了！關鍵是，當你提前計畫，時間就站在你這邊。

我們大多數人甚至沒有想過要為婚禮存下這麼多錢。相反地，我們會這樣說：

- 「哇，太多了。我無法存這麼多。也許父母會幫忙……」
- 「我的婚禮不會是那樣的。我只是想舉辦小小的、簡單的婚禮……」
- 「等我訂婚了再來想。」
- 「現在就開始為婚禮存錢很奇怪。我甚至還沒訂婚。」
- 「我想我得嫁個有錢人。」（我聽過有人這麼說，但他們只是半開玩笑。）

但更常見的情況是，我們根本沒有想過這個問題：這是我們一生中最大的支出之一，而且幾乎幾年內就會到來，而我們甚至沒有坐下來花 10 分鐘去想想。結果就搞砸了。

令人驚訝的婚禮數學

我做了一個模擬實驗，看看哪種方法最能降低婚禮成本。說實話，我原本認為減少客人的數量，效果最好。

但是我錯了。

有趣的是，改變客人的數量並沒有像你想像的那樣改變成本。在圖表 9-3 範例中，減少 50% 的人數只能減少 25% 的成本。

除了在場地和食物費用上討價還價，我聽過削減婚禮成本的最好建議，就是解決固定成本問題。舉個例子，我的一位朋友從菲律賓請來一名攝影師參加他的婚禮。這聽起來很浪費，但即使把機票算進去，他還是節省了 4,000 美元。另一個例子是，我妹妹的喜帖是在印度設計和印刷，費用比在美國製作便宜很多。

該簽訂婚前契約嗎？

我的一位朋友最近主持了一場「婚前契約之夜」，他邀請了幾位高淨資產的人來討論他們對於婚前契約的看法。在他邀請的人中，包括了男人、女人、單身人士、已婚人士，以及一位回答常見問題的律師。其中一位回覆拒絕了他的邀請。

他說：「老哥，這是我最不願意做的事。」他結婚了，幾年前簽了婚前契約。我的朋友問他為什麼，他回答說：「想像一下，你帶著你心愛的人，到律師那裡諮詢好幾個月……所有這些都只是為了訂立一個說明如果你離婚了會發生什麼的契約。那是我一生中最糟糕的時刻。」

我的經歷沒有那麼糟糕，但在擬訂婚前契約的那幾個月裡，我和卡珊在討論財務，那是我經歷過最艱難的對話。事實上，在開始一段認真的感情之前，我從沒想過我會有婚前契約：我不知道誰簽過婚前契約，我不認為自己需要簽，我也不喜歡「為防婚姻失敗而事前計畫」的想法。

但我改變了主意，和妻子簽了一份婚前契約。經過幾個月的研究、數小時的討論，以及花了數萬美元的法律費用，我學到以下的事。

我想知道的第一件事是：誰需要婚前協定？在現今的文化

圖表 9-3　婚禮費用範例

可變成本	150 位客人	75 位客人
開放式吧檯／人	20 美元	20 美元
午餐／人	30 美元	30 美元
接待／人	120 美元	120 美元
小計	25,500 美元	12,750 美元
固定成本		
請 DJ 播音樂	1,000 美元	1,000 美元
攝影師	4,000 美元	4,000 美元
租金：桌子、椅子、桌巾	1,500 美元	1,250 美元
鮮花	750 美元	600 美元
為客人訂酒店	750 美元	750 美元
邀請函	1,000 美元	750 美元
彩排晚宴	1,500 美元	1,500 美元
度蜜月	5,000 美元	5,000 美元
禮服	800 美元	800 美元
禮車	750 美元	750 美元
戒指	5,000 美元	5,000 美元
伴娘禮物	4,000 美元	4,000 美元
雜項	2,000 美元	2,000 美元
小計	28,050 美元	27,400 美元
總計	**53,550 美元**	**40,150 美元**

中，這會是名人、企業大亨和富有的繼承人才需要。而我並不屬於這三者當中的任一個。

隨著我進一步研究，我發現大多數人不需要婚前契約，除非有人擁有不成比例的資產或負債，或者有複雜的情況，比如擁有自己的事業或繼承了遺產。其餘 99% 的人都不需要。我了解在電影和電視上，婚前契約被描繪成較有錢的那方，用來欺詐對方的工具。事實上，婚前契約是一份關於婚前累積財產的協定，而不只是婚姻期間雙方共同累積的財產，還包括婚姻結束後該怎麼做的協議。

當然，我擁有自己的事業，所以理論上，我應該要有婚前契約，但這個決定還牽涉到身分，我是那種應該簽婚前契約的人嗎？我記得我打電話，問我爸印度人有沒有簽過婚前契約。我百分之百肯定他會反對，因為我們從來沒有提過這件事，而且我爸在錢的問題上向來很鬆散。

想像一下當他說：「我想沒有。但我能理解人們為什麼這麼做。」現在回想起來，我只是希望我爸能證明我的懷疑，他會說：「不可能！我們不會這樣做。」但他沒有這樣回答時，我很震驚。

當告訴更多朋友我和卡珊開始認真交往時，令我吃驚的是他們中許多人，尤其是企業家們都說：「你會簽婚前契約吧？」

於是我開始注意婚前契約。

接下來，我發現有關婚前契約的有用資訊都沒有公開。例如，我試著搜尋範本，但幾乎一無所獲。網上的很多資訊都是匿名的 Redditor 寫的，最糟的是，有些根本是錯誤的。

後來我發現，因為從定義上來看，婚前契約是為富有的人量身定做、具有豪賭性質的法律協議，所以沒有人會刻意宣傳。因此，要對網路上讀到的東西，抱持半信半疑的態度。

我了解到我們都會提前計畫生活大多數的方面，例如投資、購買房子、住在哪裡、加薪。但很神奇的是，當牽涉到婚姻關係時，別人會告訴你，提前計畫很「不浪漫」。正如一位離婚的朋友所承認：「我從沒想過我會使用這份契約。但很高興我當初有簽婚前契約。」

最後，在研究了幾個月之後，考慮到我會在這段婚姻中經營自己的企業，並創造更高的淨資產，我決定簽署一份。

婚姻就是找到一位你愛的、想共度餘生的另一半。同時也是一份具有重大財務影響的法律契約。我會預先計畫可能發生的財務狀況，所以在接受了相關知識和諮詢了許多專家之後，我意識到理所當然要預先規劃一生中最大的財務決定。正如一位朋友所說：「我們盡最大努力簽署了婚前契約，為最壞的情況做打算。」

要怎麼提出簽署婚前契約呢？網路上大部分資訊都是有關如何向另一半提出這個問題（他們的論點幾乎都是「一個男人如何在不激怒另一半的情況下提出這個問題」）。一些常見的建議是把責任推給律師（「是他們逼我這麼做的！」）。我討厭這種方式。

我是這麼做的：

卡珊和我決定要一起談談我們的未來，包括：孩子、婚姻、金錢、工作。在那次談話中，我提到：「有件事我想談談，因為這對我很重要。在我們結婚之前，要討論並且簽署一份婚前契約，這對我很重要。」

卡珊往後一靠，顯然沒有料到會這樣。她說：「我得先聽你的想法。」

我們談了很多，我告訴她為什麼想和她簽婚前契約。我向她保證，我會跟她白首偕老。「我愛你，我很高興能跟妳結婚，共度餘生。」

我告訴她我們為什麼要談這個。「由於我做了一些決定，再加上事業運很好，我們結婚時，我比大多數人都更有錢。我知道我們永遠都用不到婚前契約，但對我來說，保護好婚前我累積的財產很重要。」

我強調婚姻就是創造一個團隊。「當我們結婚時，我們就是一個團隊。我要妳知道我會照顧妳，我也知道妳會照顧我。」

我強調我們的生活方式。「妳和我成長的過程差不多一樣。我們的媽媽都是老師。妳知道我把錢花在什麼地方。不是跑車，也不是品酒。基本上就是過著舒適的生活（還有享受一些好東西）。我喜歡與妳和我們的家人分享這種生活方式。」

我很堅定想要簽署婚前契約。「我為自己在生意和財務上取得的成就感到驕傲。倘若在最壞的情況下，我們要離婚，保護這些資產對我來說很重要。」

請注意：

- 我一開始就強調我愛她，想和她共度一生。
- 我自己提出這個問題。而不是我的律師、會計師或其他人逼我這麼做的。這是我想要的，對我來說很重要。
- 我花了大部分時間來討論為什麼我想要簽婚前契約（而

不是這份協議書的內容或數字）。

卡珊說她對此抱持開放態度，並且想要做更多研究。就這樣，我們開始了長達數月的討論。談論了金錢對我們的意義，回到了為什麼我想要一份契約的原因。當深入到實際數字時，我們也討論了這些數字的意涵。

有一次，卡珊說：「你知道，我對自己的財務狀況非常公開。但我覺得有點不安，因為我真的不了解你的財務狀況。」

我從來沒有讓她知道詳細數字。事實上，只有我的記帳員和會計才知道一切。那是我的一個大錯誤。當天我就把所有詳細財務狀況都告訴她。

我們討論了如何旅行。如果我想住更好的酒店，而她想省錢怎麼辦？

我們談了談我們的生意。我的生意已經做了很多年了，而她的才剛剛起步。如果她一個月沒有達到自己的目標怎麼辦？還是連續三個月都沒達成？如果我的收入減少了怎麼辦？

我們談到了風險和安全。對財務狀況感覺如何？是否需要在帳戶內保有一定的存款才能有安全感？是風險規避型的嗎？

我敢打賭，你的伴侶對風險和安全的看法和你一定不一樣。你得找出不一致之處。

回想起來，我真的應該在我求婚的六個月前就開始這些對話。我會更早和卡珊分享我的財務狀況，花更多時間來討論金錢對我們的意義。對我來說，金錢代表努力工作和運氣，也代表我們可以有機會一起設計富裕的生活。

十五年來我一直在思考金錢的問題，尤其是當我的資產開始增加，然而卡珊卻沒有。我對某些支出很隨意，因為我知道財務團隊會弄清楚如何進行分類，並核對到最後一毛錢，而卡珊也沒有這麼做。

我會花時間和她慢慢討論各種金錢問題，而不是只告訴她我的理財決定，還會詢問她的做法。例如，「我喜歡打電話給我的記帳員預付我的稅。」，以及「我在想妳為什麼決定把錢花這？值不值得？」。像這樣經常去談論這些事情，金錢對她而言，就不再是突然「出現」的意外，而是平常的談論內容。

幾個月過去了，事情變得非常棘手。我感到很不滿、她也覺得被誤解了，我們陷入僵持。就在這時，卡珊提出想要尋求幫助。在她提議的那一刻，我立即同意了。我們最後去見了一位顧問，他幫我們解決了金錢引發的棘手情緒。想像一下，你可以使用新的對話方式來談論你們對金錢的期望、恐懼、自豪，以及最終你們的婚姻會是怎樣的。對外尋求幫助非常有效，應該要早點找顧問。我聽說有專門從事財務諮詢的顧問，但是我們是緊急的在美國評論網站「Yelp」上找到了顧問。

回想起來，我應該先好好商量如何管理雙方律師。你的律師自然希望保護你不受任何意外事件的影響，而另一半的律師則希望保護他。但最終，你需要管理他們，而不是讓律師主導整個過程。婚前契約規定了離婚時該做的事情：婚前財產（結婚前賺的錢）如何處理？如果你們買了一棟房子，誰該搬走呢？多快搬走？如果一年內就離婚呢？或是二十年後才離？如果你們有孩子呢？

這些都是很複雜的問題，並沒有簡單的方法。有婚前契約、婚後契約、修正案等，這就是為什麼會需要律師的幫忙。

最後，我們簽了一紙雙方都滿意的契約。經歷過這些，我很震驚這些居然完全是禁忌，沒有人會公開談論。然而，當我開始私下與朋友和顧問討論時，我卻發現竟然有相當多的人都簽了婚前契約！因此我想討論這個議題，並鼓勵你和另一半坦誠的討論。

簽訂婚前契約教會了我更多關於雙方對金錢的看法，甚至遠超過我之前的理解。當然，我們都希望永遠用不到。

工作和金錢

從根本上說，有兩種方法可以得到更多的錢。你可以賺得更多，也可以花得更少。削減成本固然很好，但我個人覺得增加收入更有趣。因為大部分錢來自工作，所以我們很可以藉由改善工作來賺到更多的收入。

事實上，當你得到一份新工作時，可以和雇主談薪資，這是最快且合法的賺錢方式。你的起薪比你想的更重要，因為它為你未來的加薪設定了標準，而且十之八九，你未來工作的起薪也是如此。換句話說，你可以在你的職業生涯中取得多次 1,000 美元或 2,000 美元的加薪。現在讓我來告訴你如何透過談判獲得更高的薪水。

如何跟老闆談加薪？

在第 4 章中，我寫的是要求目前的雇主加薪。但是談判薪資的最佳時機是開始新工作的時候。此時你掌有最大的優勢，只要做一些基本的準備，短短十分鐘的談話就能賺到 5,000 或 10,000 美元。我成千上萬的學生使用我的 YouTube 短片、課程和以下的範本來加薪。

當我教人們如何談判時，會假裝成人事經理，詢問求職者可能遇到的最棘手的問題。四到五個小時之後結束時，學生都筋疲力盡，而且會胡思亂想。但我教過的那些人最後平均從薪資談判中多獲得了 6,000 美元。

在我的網站提供了一門課程，包括實際談判的短片和逐字稿。不過現在，讓我在此給你一些最好的材料。

談判的成敗 90% 在於心態、其餘才是戰術。大多數人不相信他們應該談判。他們害怕被「打槍」或被雇主駁回加薪要求。事實上，這幾乎從未發生，特別是你的公司可能已經花高達 5,000 美元招募你。如果你提出加薪，你就明確地傳達出你比一般員工更看重自己。你是普通的員工嗎？如果不是，為什麼你會滿足於普通的薪資？

由於你書上的指導，我的薪水從每年 25,000 美元調到了每年 80,000 美元。不論是賣二手商品、買車，或是加薪，我都努力談判並做好準備。每次談判，我都得到額外的收穫，有時是更多時間，有時則是額外的金錢。你的書讓我獲益匪淺。

——傑森·弗拉姆（Jason Flamm），35 歲

談判的基礎非常簡單：

1. 沒人會關心你的薪水

大多數新員工在應徵時會說理想薪資。坦白說，身為一名人事經理，我並不在乎你想賺多少。就我個人而言，我喜歡按表操課。所以當你在談判時，請記住人事經理只關心兩件事：你如何把交辦的工作做好和你如何幫公司經營得更好。

談判策略：在提出談判要求時，一定要讓公司從中受益。不要只把重點放在公司要付你多少錢。相反地，你要說明能為公司帶來多少價值。如果你的工作能推動一項為公司帶來 100 萬美元收入的計畫，那就說出來。將你的工作與公司的策略目標聯繫起來，讓老闆知道你要如何把工作做好。強調你可以讓老闆的工作變得更輕鬆，因為你會是老闆的得力助手。

記得指出，你為公司創造的貢獻會比他們給你的薪水還多，並強調會幫公司實現營運目標。在這裡要用的關鍵句是「讓我們達成一個對雙方都有利的合理數字。」

2. 利用換新工作時加薪

這是增加收入最有效的方法。當你得到多份工作時，未來的雇主會更看重你的技能。雇主都喜歡很搶手的員工。

談判策略：同時面試多家公司。當你得到其中一份工作時，一定要讓每家公司都知道，但是你沒有義務要透露具體的薪資數字。最好的情況是，公司間展開一場競標戰，你就可以在兩家跨

國公司爭奪時得利。我想不出還有比這更爽快的時刻。

3. 提前做好準備（99% 的人都沒做到）

不要憑空提出一個薪資數字。首先，到薪資網站或人力銀行網站搜尋該職位的平均薪資。如果可以的話，和該公司的現任員工談談（如果你認識最近剛離職的人，那就更好了，他們會更願意說真實的資訊），問這份工作的實際薪資範圍是多少。最後，很重要的一點，帶著一份如何實現目標的計畫去談判。

談判策略：大多數談判都不是當場進行。打電話給連絡人計算出理想薪水、實際能得到的薪水，以及你願意接受的薪水。不要只是要求理想薪水。把你在這個職位上想要進行的策略計畫交給人事經理。

你是否知道，很少有人會為訂定的職務計畫來進行談判？只憑這一項就可以為你贏得 2,000 到 5,000 美元。當然，你可以依照能為公司帶來多少價值進行談判，而不只是談判公司得付給你多少薪水。

在談判中千萬不要做的五件事

1. 不要告訴他們你現在的薪水

為什麼他們需要知道？這樣公司就會只給你比目前多一點的薪資。

如果被問到，可以回答：「我相信我們能找到一個對雙方都公平的數字。」

如果他們逼迫回答，你就反擊：「我不願意透露我的薪水，讓我們繼續吧。我還能回答你什麼問題呢？」（註：通常一線招募人員會提出這些要求。如果他們不肯讓步，那就要求和人事經理談。沒有招募人員願意為失去一位優秀的候選人而負責，所以這通常能幫你通過「守門員」這一關。如果守門員堅持要知道，我建議你不要正面回答，因為薪資可以之後再談）。

2. 不要先開口提理想薪資

這是他們的工作。如果他們要你建議一個數字，你就微笑著說：「這是你的工作。我們都能接受的合理數字是多少？」

3. 不要透漏你從一間被認為不怎麼樣的公司，得到工作機會

當被問及到司名稱時，就說一些很普通，但卻真實的話，比如「另一家是網路消費應用程式的科技公司」。

如果你說出這家公司的名字，對方就會知道他已得手，他會搞掉另一家公司（我也會這麼做）。他不會和你談判，只會告訴你到他的公司會好很多。所以千萬不要透露這些資訊。

4. 不要問只能回答「是」或「否」的問題

不要問：「你提議要給我 50,000 美元。那能調高到 55,000 美元嗎？」你要說：「50,000 美元的起薪是很好。離我預期薪資的範圍很接近，你覺得調高到 55,000 美元怎麼樣？」

5. 永遠不要說謊

當沒有工作機會時，就不要說謊稱還有其他工作機會。不要誇大你目前的薪水、不要承諾做不到的事情，在談判中你應該要誠實。

4. 準備好大批的談判技巧

就像在求職面試中一樣，需要先在腦中列出能讓人事經理注意到的優點來加強談判能力。例如，我經常會問：「這個職位需要具備什麼特質，才能在工作上表現的很好？」如果他們說：「這個人應該非常專注在指標上。」我會說：「你這麼說太好了，我們真的意見一致。事實上，當我在上一家公司的時候，我推出了一款產品是使用套裝分析軟體來⋯。」

談判策略：在回答常見問題的時候，可以先將自己的成就和能力都整理好。其中應包括以下內容：

- 用以前工作中的成功案例，說明你的主要優勢
- 如果談話離題了，你可以向面試官提問（「你最喜歡這份工作的哪一點。哦，真的嗎？這很有趣，因為當我在上一份工作時，我發現……」）

5. 談判不僅僅是為了錢

不要忘記提出這家公司是否提供獎金、員工入股、彈性上班或深造機會。你還可以協商特休天數，甚至職位頭銜。注意，新創公司不喜歡你跟他們談判休假天數，因為這不合他們的工作要求。不過他們喜歡討論員工入股，因為優秀的員工總是想要更多，這會讓新進人員與公司的目標一致。

談判策略：你的台詞是「讓我們談總薪資」，這指的是全部酬勞，不只是薪水，而是包括全部。把全部酬勞當成槓桿：如果你拉起一端，你就可以讓另一端沉下去。有策略地使用槓桿，例如，放棄一些你並不在乎的東西，這樣你們就能達成一個愉快的

協定。

6. 要合作，不要敵對

如果已經到了談判薪資的階段，代表公司願意雇用你、你也願意接受這份工作。現在只需要設法達成共識。這並非讓你要求更多，或者讓他們以更少的薪水來欺詐你。談判就是找到一個合作的解決方案，創造一個對你們雙方都有益的公平配套。所以，請檢視一下你的態度：你應該自信，而不是自大，並且積極的想找到一個對雙方都有利的交易條件。

談判策略：這裡你該表示「我們已非常接近了……現在，讓我們看看如何達成共識。」

7. 微笑

我不是在開玩笑。這是談判中最有效的技巧之一。這是一種解除緊張的技巧，可以打破緊張氛圍，表明你是一個真實的人。當我面試大學獎學金的時候，我總是沒通過，直到我開始微笑，然後就開始贏得一大堆獎學金。

談判策略：微笑。真的，你該這麼做。

8. 和多名朋友練習談判

這聽起來有點做作，但效果比想像中還要好。如果你實際練習，你會驚訝自己進步的速度有多快。然而，從來沒有人這樣做，因為感覺很「奇怪」。有這種想法還真蠢，我猜你口袋裡多了 10,000 美元也會感覺「奇怪」。例如，我有位朋友認為練習談判太奇怪了，所以當他面對專業的人事經理時，他完全招架不住。後來，他像個被診斷出有抑鬱症的患者一樣來找我，抱怨自己為什麼不懂得談判。我能說什麼呢？這種缺乏練習的情況平均會讓你損失 5,000 到 10,000 美元。

談判策略：把你最強悍、說話最犀利的朋友叫出來，讓他們拷問你。在角色扮演的過程中不要笑，請當成一場真正的談判。更好的辦法是錄下練習過程，你會驚訝地發現自己從中學到很多東西。如果這聽起來很荒謬，想想看，經過一場被磨練過、非常專業的談判練習，你不僅能獲得更高的薪水，還能得到老闆的尊重。

事前準備，成功加薪 28%！

我幫 25 歲的朋友瑞秋談判工作，在我的要求下，她把整個過程寫了下來。

她是這樣寫：

先來看看結果：我的基本薪資提高了 28%，根據我得到這份工作所花的時間計算，也就是每小時一千多美元。再加上員工入股，這讓我開始夢想成為億萬富翁。

我應徵了很多很多工作，但都被忽視了，多到我都不想和大家分享了。儘管如此，幾個月前，我在為舊金山市一家大型飯店當市場行銷專員後，決定重新找工作。我在一個網站上找到了一個行銷經理的職位，我透過網站寄了一份簡歷，獲得了一個電話面試，然後是面對面的面試，最後拿到了一封錄取通知信。

是不是聽起來很容易？事實上，行銷部的副總裁告訴我，在她面試的人中，我的經驗最少，但還是錄用了我。我無法準確地指出為什麼我能成功地得到這份工作，而不是像過去求職失利，但我想到有幾件事可能反轉了結果。我的策略並沒什麼了不起，但卻需要投注時間和努力，做到這兩件事絕對會讓你與眾不同。

1. 我將他們貼出來的職位條件逐行分析，寫下與他們職務描述直接相關的技能和參與過的專案。

2. 廣泛的研究他們的網站，閱讀了有關這家公司的所有文章，並搜尋了管理團隊的背景，這樣我就可以有見地地談論這家公司，以及為什麼我很適合這家公司。

3. 我準備了一段演說，介紹自己和應徵工作符合的簡歷，如果沒有恰當的介紹，我的簡歷看起來可能有點失焦。

4. 我打電話給創業、金融、討價還價以及其他方面的專家，徵求一些外界的意見。拉米特給了我一些重要的建議，包括「告訴他們你會積極主動、認真負責」和「提出三件你會做的事情來改善和加強他們的行銷工作」。是的，他說的就跟在部落格上寫的一樣。

5. 實際上，我採納了拉米特的建議，這也是我很多工作的切入點。我想出了三個提案，來提高人們對於貿易展的興趣、對直銷活動有更好的回應，以及提高公眾知名度。

（哇！面試一定進行得很順利吧？不完全是……瑞秋對自己所作所為的描述是一個經典案例，她藉此把一個錯失的機會轉變成勝出的機會。）

實際上，儘管這場面試長達四小時，我還是沒有找到一個好機會來提我的想法。我把這些提案寄給未來可能的老闆。然後分別再寄郵件給那天有交談過的每個人，感謝他們抽出時間來。這可能有點誇張，但話說回來，我狂寄郵件有可能是我被錄用的關鍵點。

我的推薦人後來告訴我，副總裁對我的活力和智慧印象深刻，她決定寧願自己培訓一名有潛力的人，也不願雇用一名更有經驗、卻可能不怎麼靈活的人。我花三週的時間研究和規劃，為自己創造了全新的職涯——以我對時間投資來說，這是相當可觀的成果。

請注意，這已體現了本書包括的一切。瑞秋仔細研究了她的選擇，採取了行動，向更有經驗的人尋求建議，帶著一套比其他人都更好的演說去面（好到不需要討價還價薪水）。雖然沒有機會展現她所有的準備，但她利用電子郵件發送，儘管有些人會認為這樣做有些「奇怪」。

致富不是什麼萬靈丹或祕密策略，是經由定期、無聊、和有紀律的行動產生。大多數人只看到這些行動的結果，像是一個可能獲勝的時刻，或者一篇報紙上的文章，但真正讓你致富的卻是幕後的工作。

9. 如果不奏效，還是留點面子吧

有時候人事經理就是不願讓步。在這種情況下，你需要做好準備，不是離開，就是接受一份薪水低於期望的工作。如果你接受了這份工作，一定要為自己爭取一個重新協商的機會，而且要用書面寫下來。

談判策略：此時你要說的台詞是：「我知道你現在無法提供

我所想要的薪資。但假設我在接下來的六個月裡表現優異，我是否可以重新談加薪的問題？」（讓人事經理同意）「太好了。讓我把這個寫下來，然後我們就可以開始了。」

當我第一次讀本書時（大約在 2012 年），我在一家飯店前台擔任全職工作，每小時收入 10.25 美元。讀完你寫的談判章節後，我第一次談成了加薪。這不是一次驚人的加薪，但如果我沒有讀過你的書，就不可能會得到。我賺到了 520 美元。從那以後，我已經運用你的建議爭取了兩次加薪，一次是從 35,000 美元調到 42,000 美元，一次是從 40,000 美元調到 50,000 美元（我換了工作，進入一個新的領域）。年初至今，我一共加薪 8,000 美元。光加薪，我估計就賺到了 8,500 美元，這都是因為買了你的書。

——伊麗莎白．沙利文．伯頓（Elizabeth Sullivan-Burton），30 歲

如果你想學習更多關於談判的知識，我整理了一套深入的談判短片和技巧。詳情請見 iwillteachyoutoberich.com/bonus/。

如何在高價商品上省錢？

說到省錢，你可以炫耀自己大手筆的採購，也可以影響你那些因在外用餐不點可樂而自豪的無知朋友。雖然他們省了買可樂

的錢，卻在採購家具、汽車或房子等大件物品時，卻往往浪費了成千上萬的錢。

當你買了高價物品時，還能省一大筆錢，像是買車時省下 2,000 美元，買房子時省下 40,000 美元，這讓其他的省錢方法都相形見絀。然而，購買高價商品往往是人們最易犯錯的地方。他們不會比較商店的價格，還會因店員的推銷而多消費，最糟糕的是，竟認為自己占了便宜。不要成為凱子之一！

如何選車？

奇怪的是，許多人努力在買衣服和外出用餐等方面省錢，但當遇到買車等大筆支出時，卻做出糟糕的決定，還抹煞了一直以來努力賺的所有積蓄。

首先讓我告訴你，買車最重要的決定要素不是牌子或里程數。令人驚訝的是，從財務的角度來看，最重要的因素是在賣汽車之前會開多久。你本來可以得到世界上最好的交易，但如果四年後把車賣了，就虧會錢。相反地，你要了解你能負擔多少錢，挑選一輛可靠的車，好好保養，並且盡可能開得愈久愈好。是的，這意思是你必須駕駛這輛車超過十年，因為只有當你付完分期付款之後，才真正開始省錢。從長遠來看，好好保養你的車，可以省下一大筆錢，而且還能擁有一輛好車。

買車有四個步驟：做預算、選車、像印度人一樣談判、保養你的車。

首先，問問自己，買車是否符合你的消費和儲蓄優先順序（見第 4 章）。如果你對一輛二手豐田卡羅拉感到滿意，而且願意把多餘的錢用來投資增家財富，那很好。另一方面，如果你真的喜歡，也買得起一輛 BMW，那麼就去買，因為這是有意識的消費。

若認為買車符合你的優先項目，需要查看消費意識計畫，並決定每個月你願意分配多少金額買車。這是你存下來可以支付的錢。理想情況下，不要全部花光（注意：不要理會那些「每月只要 199 美元」的廣告。那些都是引誘你購買的虛假報價，根本就不是真的）。

所以，當你知道買車全部的費用還會牽涉到其他花費後，就可以決定想花多少錢買車。例如，如果你每月能付得起 500 美元在這輛車上，那麼就能買得起一輛每月要付 200 到 250 美元分期付款的車。（例如，我住在舊金山時，我買車的分期付款每月 350.75 美元，算上保險、汽油、維修和每月 200 美元的停車費，全部加起來大約是 1,000 美元。）如果你每月分期付款的預算是 200 美元左右，這代表你買得起一輛在五年內花費約 12,000 美元的汽車。與大多數人認為他們買得起車相比，這是不是比較理智？這也說明在買車上超支真是太容易了。

不要買一輛爛車

請你選一輛好車。應該沒人想要買看上去都怎麼樣的車。例如，有哪個智商超過 42 的人，會理性的選擇買福特六和（Ford

Focus）？不幸的是，我認識許多人都會被經銷商店裡閃亮的新車吸引。但重要的是要記住，買車不只是為了只開一天，而是為將來十多年而買車。

我有朋友買了很貴的車。有些人喜歡汽車，熱愛每天開車到處跑。但對另一些人來說，當「新鮮感」消失後，車子只是日常的代步工具，他們都後悔當初為什麼要買這麼昂貴的車。

首先，只考慮符合你預算的車子，這將就能自動去除大多數的選擇。如果是付擔不起的車，連看都不必看。

其次，這輛車必須是輛好車。你可能會說：「但誰能說什麼是好車呢？一個人的垃圾可能是另一個人的寶貝。」聽著，有一個人會告訴你什麼是好車：那就是我。

以下是一輛好車的特點：

- **可靠性**

  當我在買車時，最重要的考量是一輛不會壞的車。我的生活中有太多的事情要照料，我想儘量避免花費時間和金錢在修車上。因為這項要求是我的第一順位，我願意為它多花一點錢。

- **一輛你愛的車**

  我一遍又一遍地寫著你要理智的把錢花在自己喜歡的事物上。對我來說，因為我希望車子能夠開很久，所以我想選一輛我真正喜歡開的車。我希望愛車就像一個孝順的印度兒子一樣不會叛逆。

- **轉賣價格**

  我的一位朋友買了一輛 20,000 美元的本田 Acura*，開了大約七年，然後以 50% 的價格賣了出去。也就是說，她買了一輛全新的名車，開了七年後，賺到一筆超划算的交易。如果要了解你想買的車轉手價格，請到買車資訊網站的汽車估價業面查詢，計算五年、七年和十年後的轉售價格。你會驚訝地發現，大多數汽車貶值的速度非常快，而有些汽車（尤其是豐田和本田）卻能相對保值。

- **保險**

  新車和二手車的保險費率可能差很多。即使表面上看起來沒有太大差別（比如，每個月相差 50 美元），但這些數字累積多年就會差很多。

- **燃油效率**

  把燃油效率考慮進去很有意義，尤其你經常開車的話。這可能是決定一輛車長期價值的一個重要因素。

- **頭期款**

  如果你沒有足夠的現金付頭期款，買二手車會更有吸引力，因為頭期款（買汽車時必須預付的錢）通常更低。如果你預付 0 元，新車的利息就會很高。我會準備現金預付頭期款。

---

* 日本本田汽車旗下的豪華汽車品牌

買車注意事項

要做：

· 計算整體擁有成本

要計算出在有車的期間內，需要花多少錢。這些花費會對你的財務狀況產生很大影響。除了購車的成本和貸款利息，整體擁有成本還應該包括維修、汽油、保險和轉賣價值。你必須先了解這些「看不見的」成本會造成多大的影響，這樣才能更準確地存錢，而且你不會意外必須要付 600 美元的汽車修理費。

· 買一輛至少可以開十年的車，而不是看起來很酷的車

車子開久了，外表都會變很舊，但你還是得繼續支付分期付款，所以要為長遠打算，買耐開的車。

不要做：

· 租賃

租賃幾乎總是對經銷商有利，而不是你。只有兩種例外，一種是願意花大錢開新車的人，另一種是偶爾租賃汽車來享受租稅優惠的企業主。

對於大多數本書讀者來說，租賃是一個糟糕的決定。你應該買一輛車，並且長期保有它。幾年前，美國消費品測評雜誌《消費者報告》（*Consumer Reports*）發現，購買一輛普通本田 Accord* 的五年成本「比租一模一樣的車型要少 4,597 美元」。我用新款豐

* 日本本田汽車旗下的經典車款。

田 Camry* 進行了同樣的計算，發現結果相同：與租賃相比，購買一輛這款車，六年下來可以節省 6,000 美元，而且隨著時間還會省更多。

· 不到七年就賣車

真正的省錢之道是當你還清了汽車貸款，並盡可能一直使用這輛車。大多數人都太早賣掉車子。保養好車子，開到地久天長，這才是真正的省錢之道。

· 考慮買一輛二手車

你要先比較新車與二手車的價格。從長遠來看，如果你選擇了一輛合適的新車，付了合理的價格，並且開了很長一段時間，一輛新車最終可能會為你省下可觀的金錢（我買新車的故事請見第 401 頁）。

· 為買車增加預算

為買車設定實際的預算，不要超支。要誠實面對還會有其他和汽車相關或無關的費用要付的事實。你也不想因為無力支付每月的汽車貸款而陷入困境。

· 利率

汽車貸款的利率將取決在你的信用，這就是為什麼有良好的信用評分很重要（見第 54 頁）。在長期貸款中，如果你有多個良好的信用來源很重要，因為會讓利率更低。

每家汽車經銷商的談判方式都不一樣。經銷商很常運用在最後一刻試圖改變你的貸款條款的談判技巧，若你遇到了，請別猶豫立刻退出。

---

* 日本豐田汽車旗下的中型車款。

運用技巧性談判戰勝汽車經銷商

我見過的談判場面，比我自己經歷過的還多，包括目睹我的父親和汽車經銷商談判好幾天。我記得我們甚至在經銷商那裡吃過一次早餐。

你必須與經銷商進行無情的談判。我從沒想過會有這麼多人在汽車經銷商的辦公室裡做出非常糟糕的決定。如果你不是一個強硬的談判者，帶上一個強硬的人同行。如果可能的話，買車最好選在年底，經銷商正迫切的想要賣超過配額的時候，這時候他們會比平時更願意談判。他們急需業績時，正可替你省錢！

我還強烈推薦使用為購車者提供的資訊服務網站「為機會而戰」（Fighting Chance）。在談判前，網站上的資訊可以幫你武裝好自己。這個網站服務費很值得，可以為你想要的車提供一份報告，上面會寫汽車經銷商的成本是多少，包括鮮為人知的「經銷商扣繳」細節。例如，我花了一個月的時間在網站上研究和計畫，然後以低於報價 2,000 美元的價格買車。這項服務還提供了如何舒適地坐在沙發上進行談判的具體建議。在成交之前，你甚至不需要踏入任何一家經銷店。

我是這樣做：當我決定在年底買車的時候，當時銷售人員正拚命想要達成業績。我聯繫了 17 家汽車經銷商，告訴他們我想要哪一輛車，並說我準備在兩週內買這輛車，還有我非常清楚他們能從這輛車賺多少錢，所以會以最低的價格購買。

同一天，當我坐在沙發上，喝格雷伯爵茶、吃著 3 個墨西哥玉米卷配辣醬時，陸續收到一堆經銷商的回覆。在拿到所有的報價後，我打電話給經銷商，告訴他們我會接受的最低價格，並給每一位經銷商一個爭取的機會。這引發了一場競標戰，高潮迭起的局勢，造成報價直直下落。

最後，我選擇了帕羅奧圖的一家經銷商，他以低於報價 2,000 美元的創新低價格賣車給我。根本不需要浪費時間去多家經銷商，也不需要麻煩那些油嘴滑舌的汽車銷售員。我只去了一間經銷商的辦公室，也就是家成功得標的那一間。

最有用的省錢方式：好好保養你的車

我知道建議你好好保養愛車，聽起來一點都不吸引人，但當最終賣掉你的車時，會讓你賺到一筆。所以，你要認真保養，就像你認真對待你的退休儲蓄一樣。一旦你買車之後，就在你的行事曆上記下主要的保養的日期，這樣就不會忘記了。我建議你：一輛汽車平均每年里程數 50,000 公里，你可以用這個數字當起點，根據汽車製造商的說明來計算何時要保養。

當然，你也需要定期更換機油、注意胎壓、保持汽車清潔。我把每一項服務都記錄下來，並做了筆記。當我賣車時，我會向買家展示這些筆記來證明我是多麼小心翼翼（並向買家收取相應的費用）。大家往往會忘記要做記錄，當他們去賣車時，總是拍著自己的額頭，結果卻被（像我這樣的人）討價還價，不要讓自己只因為沒有保留詳細的保養記錄而不能賣個好價格。

如何買房？

如果我問任何人想不想在一年內賺 10 萬美元？誰會不願意呢？如果我提高誘因，說有一個每週只需要花 10 個小時，就能一年內賺到 10 萬美元的方法，我保證我問到的每個人都會去做。

那為什麼人們不花同等的時間去研究一生中最重要的一件事呢？只要你去做 99% 的人不願去做的調查研究，你可以在貸款期間內節省數萬美元。

買房是你所做的最複雜、最重要的一件事，所以事先了解所有的一切是有好處的。買房可不是像買一條香蕉共和國（Banana Republic）*的褲子那麼簡單。當你買了一套價值數十萬美元的房子時，你必須要成為一名專家，了解大多數購屋者常犯的錯誤、知道所有常見的房地產術語、如何討價還價取得最好的交易價格。你應該要知道居住是房子的主要用途，而不是用來賺巨額現金。

如果你買房子的時候沒有打開試算表，輸入一些數字，你就是個傻瓜。如果你能透過自學，在三十年的貸款過程中節省 75,000 美元到 125,000 萬美元，那麼花時間自學肯定很值得。

我要讓你弄清楚是否適合買房，然後簡單說一下在接下來三個月到一年裡，你需要準備做什麼。我可能無法在書中說明所有的技巧，不過會讓你從最基本的開始了解。

---

* 香蕉共和國（Banana Republic）是美國時尚服飾品牌。

誰才要買房子？

從小我們就被教導的美國夢，就是擁有一所房子、有兩個孩子、年紀到了就退休。事實上，我有些朋友大學畢業時，就想要買第一棟房子。他們到底是怎麼想的？沒有訂立消費意識計畫，也沒有 401k 帳戶，就想要買房子？當我問為什麼想買房子時，他們茫然地盯著我回答：「這是一項不錯的投資。」表情像是怕被我揍的無腦機器人。我等下就會講到，事實上房子並不是很好的投資。

現在先回到誰應該買房子：

首先也是最重要的，只在財務許可的情況下才買房子。在較早期，你買房子的費用應該不超過年收入的 2.5 倍，你可以先付至少兩成的房價，每個月全部所需支付金額（包括抵押貸款、維修、保險和稅負）占總收入的三成左右。如果你每年稅前賺 50,000 美元、花 125,000 美元買房子，你需要支付 250,000 的頭期款，每月需要支付的總額會是 1,250 美元。是的，這就對了，也許你住在「黑錢勝地」*。

現在情況有點不同了，但這並不能解釋為什麼人們會愚蠢地以高於自己十倍的薪資的價格購買房屋，卻不付任何頭期款。當然，你可以稍微放寬這些傳統的原則，但如果你買了一些根本買不起的東西，就會造成反撲。

讓我把話說清楚：你能負擔得起至少要付兩成的頭期款買房

---

* 《黑錢勝地》（*Ozark*），一部關於幫毒梟銷贓款的 Netflix 美國電視劇集。

嗎？如果不能，你得先設定一個儲蓄目標，在達到目標前，先不要想買房。即使你已經存夠了頭期款，你還得確定你有足夠的錢來應付每個月的貸款。如果你這麼想：「我每月花 1,000 美元租公寓，所以我絕對可以每個月付 1,000 美元貸款買房子！」那就大錯特錯了。

首先，你可能會想買一套比你現在租的還要好的房子，因此你每月的付款可能會比原來的租金還要高。其次，當你買了房子，就要付房產稅、保險和管理維修費用，每個月就會增加數百美元的支出。如果車庫的門壞了，或者馬桶需要修理，這些錢都要從自己的口袋裡掏，而不是從房東的口袋裡掏，而且住屋的修理費用也貴得離譜。所以，即使你每月的房貸還款和租金支出都是 1,000 美元，你的實際成本會高出四成到五成。在這種情況下，如果你把所有的因素都考慮進去，每月大概要支出 1,500 美元。

結論是，如果你沒有足夠的錢來支付頭期款和每個月的總開銷，你就需要設定一個儲蓄目標，然後推遲購買計畫，直到你能夠證明你可以每月都達成目標。

接下來要考慮的事情是，你正在看的房子價格落在預算範圍之內嗎？很有趣的是，我認識的許多人都只想住最好的房子。當然，你的父母可能現在就住在這樣的房子裡，但他們可能花上三、四十年的時間才能負擔得起。除非你已經存夠錢，否則你需要重新調整你的期望目標，從最便宜的起步房*開始。你的第一

---

* 起步房（starter house）又稱簡易房、過渡房。多指面積小、設施簡單、售價便宜的房子。大多是指預算不多的青年人或新婚夫婦第一次購買的住宅。

套房子可能沒有你想要的那麼多房間，也不會座落在最棒的地點，但能讓你每個月開始持續付款並建立資產。

最後，你能在這房子裡住至少十年嗎？買房子代表你要在一個地方住很長一段時間。有人說五年就很長了，但是在房子裡住的時間越長，存的錢就越多。

這樣做有幾個原因，當你透過傳統房地產經紀人買房，通常需付售價的 6% 的大筆仲介費。將仲介費除以居住年數就是交易成本，如果年數愈少，成本就愈高，因此要持有房子十年以上，交易成本才能大幅降低。若幾年後就要換地方住，還會有搬家的相關費用。另外，根據賣房的方式，還可能要支付一大筆稅。總之只有當你計畫在同一個地方住十年以上時，才需要買房子。

我必須強調，並非每個人在人生中的某個時間點都必須買房子。但很多人都是這麼想，然後就被搞糊塗了。無論如何，買房子會永遠改變你的生活方式，必須每個月支付貸款，否則就會眼睜睜的失去房子、失去信用，影響到你可以接受的工作類型和風險承受能力。你需要先存夠六個月的應急準備金，以防你失業無法支付抵押貸款。簡而言之，你真的需要確定你已經準備好承擔起身為一名屋主的責任。

買房子當然有好處。就像我說的，大多數美國家庭會在他們的一生中買一棟房子。如果你能負擔得起，而且你確定會在同一地區待上很長一段時間，那麼買一套房子將是一個很好的購置重大資產的方式，還可以在一個地方安穩的建立家庭。

房地產是一項糟糕的投資

美國人最大的「投資」是房子，但房地產也是美國人損失最多的地方。房地產經紀人（和大多數房主）在讀完這部分之後一定都不會喜歡我，但房地產真的是美國最被高估的投資。你得花高昂的價格去購買，然後才會變成投資。

如果你把主要居住的房子當成一種投資，那麼房地產最多只能提供你很一般的報酬。首先，你得面對風險問題。如果房子是你最大的投資，你的投資組合怎麼能多樣化？如果每月支付 2,000 美元的抵押貸款，你還會有能力投資 6,000 美元到其他地方來平衡風險嗎？當然不可能。其次，事實證明，個人投資者的房地產投資報酬非常低。耶魯大學經濟學家勞勃．席勒（Robert Shiller）發現，從1915年到2015年，房價平均每年只上漲0.6%。

我們欺騙自己，以為自己在賺錢，但其實根本沒有。我知道這聽起來很慘，但這是事實。例如，如果有人以 25 萬美元買了一套房子，二十年後又以 40 萬美元賣出，他們會想：「太好了！我賺了 15 萬美元！」但實際上，他們忘了納入重要的成本，比如房產稅、維護費用，以及沒有把錢投入股市的機會成本。事實是，隨著時間，投資股市遠勝過投資房地產，這就是為什麼租房是一個很好的決定。我就是自願租屋！

我並不是說買房子永遠是一個糟糕的決定。（事實上，我知道自己最終還是會買房子，所以我開立了一個名為「未來購屋頭期款的子儲蓄帳戶。」）只是你應該將買房視為消費支出，而不是一種投資。而且，就像購買其他東西一樣，你應該買一棟房子，並盡可能長時間擁有。你應該先做好功課，然後議價。並且記得還有其他選擇（比如租房）。

買房還是租屋？

我想告訴你為什麼租房對很多人來說是一個明智的決定，特別是在像紐約或舊金山這樣的昂貴地區。但首先，讓我們先擺脫因為租房沒有建立起資產，所以是在「浪費錢」的想法。任何時候你聽到這樣的陳詞濫調，不論是從哪個個人理財來說，你都得小心。我會用數字來證明租房不是浪費錢。

購買和擁有一棟房子的總成本遠遠高於房子的市價。來看看一些樣本數字。

圖表 9-4　30 年買房的成本

購買價格（典型獨棟住宅）	220,000 美元
頭期款（10%）	22,000 美元
房地產買賣手續費	11,000 美元
私人抵押貸款保險 （以 82.5 美金定價〔自行抵押保險 0.5%〕，共有 76 筆支付款項）	6,270 美元
利息（4.5%）	163,165.29 美元
稅負和保險（3,400 美元／年 year）	102,000 美元
維護費（2,200 美元／年）	66,000 美元
重大維修和修繕	200,000 美元
總成本	778,408.73 美元

在上面的例子中，你價值 22 萬美元的房子實際上花了你四十多萬美元。我還不包括搬家費用、新家具的費用、裝潢費用，以及出售房子時的房地產費用，這些費用加起來就有數萬美元。

你可以同意或反對我列出的數字。不管怎麼樣，你可以自己計算一下。我希望你了解所有的隱藏成本。

當你租房的時候，你不用支付其他各種各樣的費用，這可以有效釋放出你原本要用在抵押貸款的大量現金。關鍵是你得將這些多出來的錢用於投資。如果你什麼都不做，或者更糟糕，把錢全花光了，你還不如買一套房子，當成強制儲蓄帳戶。但如果你已經讀到這裡，很有可能你會把每個月多餘的錢拿來投資。

和買房一樣，租房也不是適合所有人。這完全取決於你的個人情況。

買新房的祕訣

和個人理財的其他領域一樣，買房子也沒有什麼祕密。但你確實要用跟一般人不同的方式思考，多數人是在沒有完全理解真正的成本情況下，就進行了人生中最大的交易。雖然我可能在資產配置上比較激進，但在房地產方面，我很保守。我希望你能遵守久經考驗的規則，比如支付兩成的頭期款、採用三十年期固定利率抵押貸款，每月總支付金額不要超過總收入的三成。如果你不能做到，那就等到你存到夠多的錢。

你可以稍微放寬一下買房預算，但不要超出實際支付能力。

如果你一開始就做了一個糟糕的財務決定，最終會陷入惡性循環的困境，在貸款期間成為一個更大的財務問題。不要讓這種情況發生，因為這會讓你在其他理財方面的努力付諸東流。

如果在買房時，做了一個好的財務決定，你的情況會非常有利。你會確切地知道每個月在房子上花了多少錢、能夠控制開支、會有錢支付抵押貸款、投資、度假、買電視，或任何你想做的事情。

以下是你需要做的一些事情，以便做出一個合理的決定。

1. 檢查信用評分

信用分數越高，你的抵押貸款利率就越低。如果你的信用評分很低，最好延後購屋時間，直到你能提高評分（關於提高分數的細節，請見第 65 頁）。良好的信用不僅能降低總費用，還能降低每月還款金額。

以下這張來自信用評分網站的表格，顯示利率是如何影響你償還一筆三十年期的 22 萬美元固定貸款。

圖表 9-5　信用評分對還房貸的影響

FICO 信用評分	年利率	每月還款金額	支付利息總額
760 ～ 850	4.18%	1,073 美元	166,378 美元
700 ～ 759	4.402%	1,102 美元	176,696 美元
680 ～ 699	4.579%	1,125 美元	185,021 美元
660 ～ 679	4.793%	1,153 美元	195,200 美元
640 ～ 659	5.223%	1,211 美元	216,022 美元
620 ～ 639	5.769%	1,287 美元	243,146 美元

2. 盡可能多存頭期款

傳統上，你必須付兩成的頭期款。如果你存不了頭期款，就需要買私人抵押貸款保險（Private Mortgage Insurance，PMI）防止你拖欠每月還款。

PMI 通常為抵押貸款的 0.5% 至 1%，外加年費。你付的頭期款越多，需要支付的 PMI 就越少。如果你無法存下至少一成的頭期款，那就不要再考慮買房了。你應該知道如果連一成的錢都存不了，怎麼能支付昂貴的抵押貸款，還要加上維護費、稅負、保險、家具、裝修和其他費用。你應該先為頭期款設定一個儲蓄目標（見第180頁），在達到目標之前不要找你想買的房子。

3. 計算買新房子的總金額

你是否曾經在買車或手機時，發現實際售價比廣告上說的要要貴？我就曾經發生過這種情況，在多數情形下，我還是會買，因為我早就有心理準備。但是買房子的金額很高，即使只是個小意外，也會讓你花上一大筆錢。例如，如果在買房的過程中，意外發現每個月得付 100 美元的費用，你真的會取消購買新房嗎？當然不會。但是，在三十年的貸款期內，這筆小支出加起來會達到 36,000 美元，而且你還得再加上投資房地產的機會成本。

請記住，包括所有行政費用和其他開支的交易費用，通常在房價的 2% 到 5% 之間。對於 20 萬美元的房子，這些成本就是 10,000 美元。此外你也得記得，在理想情況下，房屋總價不應超過你年收入的三倍（如果你沒有任何債務，這個金額可以稍微增加一點）。同時也別忘了把保險、稅捐、維修和裝修等因素都考慮進去。

如果這些聽起來有點難以招架，那麼在真正買房子之前，就需要好好做些研究。在這種特殊情況下，你應該詢問父母和其他屋主是否有過意外花費，或者搜尋「擁有一所房子的意外花費」網站上的資訊。

4. 盡可能採用最保守、也最簡單的貸款

與十五年期貸款相比，三十年期的固定利率貸款是要付出更多的利息，但是我還是喜歡後者，因為較靈活，可以用整整三十年的時間來償還貸款。或者如果你願意的話，也可以每個月多付一些分期付款，這樣就能更快還清貸款，但我不建議這麼做。

《消費者報告》模擬了每月多付 100 美元的效益，比較提前償還抵押貸款和將錢投資到報酬率為 8% 的指數型基金。在 20 年的時間裡，該基金獲得了 100% 的收益。正如報告顯示，「你擁有房屋的時間越長，提前償還抵押貸款就愈不可能帶給你好處。」

5. 別忘了查看福利待遇

政府為了讓首次購屋者更容易買房。在美國許多州的地方政府都為首次購屋者提供福利。民眾可以登錄政府網站查看每一州有哪些購屋優惠方案*，並善用網路諮詢服務。最後，別忘了查看

---

* 台灣政府也有因應景氣振興經濟方案提供的「優惠購屋專案貸款」，包含年度整合住宅補貼方案、青年安心成家優惠貸款、築巢優利貸等方案，詳細資訊可到政府相關部門網站查詢。

你所屬的協會，包括當地的信用合作社、校友會和教師工會，你可能獲得特別低的抵押貸款利率。還有，你也可以查查好事多會員資格（他們也為會員提供特別優惠）。

6. 使用網路服務多比較買房資訊

你可能聽說過美國房地產資訊網站「Zillow」提供相當豐富的美國房價資訊。你也可以登錄同樣是美國買房資訊網「Redfin」和「Trulia」，這兩家網站會提供更多關於買房的訊息，包括納稅記錄和社區評論。

如果你想購買房屋保險，可以登陸美國壽險網站「Insure」進行比較。不要忘記打電話給汽車保險公司，如果你跟他們買房屋保險，你可以向他們要求折扣。

擁有房子的迷思

迷思一　房地產的價格永遠在上漲（房子的價值每十年翻一倍）

當把通貨膨脹、稅負和其他屋主必須負擔的費用考慮進去，淨房價並沒有上升。房價看起來更高是因為標價被拉高，但你必須深入探討其中的原因。

迷思二　可以利用槓桿來賺錢

屋主經常使用槓桿來創造房地產主要收益。換句話說，你可以付 20,000 美元頭期款買一棟 100,000 美元的房子，如果房子漲到 120,000 美元，你的錢實際上就翻了一番。

不幸的是，當價格下跌，槓桿操作也會對你不利。如果你的房子下跌了 10%，損失的不僅僅是 10% 的資產，要將 6% 的房地產仲介費用、交易成本、新傢具和其他費用考慮在內，所以總共損失的資產有可能達到 20%。

迷思三　可以從稅中扣除抵押貸款利息，省下一大筆錢

你要非常小心這種想法。節稅固然很棒，但你可能忘了節省下來的錢，很可能是根本不必花。這是因為，如果把維護、裝潢和更高的保險費用包括在內，擁有一棟房子的成本比租金高出許多。此外，2018 年的法令已讓這些節稅的好處縮減了不少。

如何應對未來的大筆支出？

我們已談過了婚禮、汽車和房子，但還有很多其他的重要開支是無法提前計畫，像是生小孩。問題是，正如我們所見，如果你不提前計畫，最終你會花更多錢。好消息是，有一種方法可以預測和處理生活中大部分的重大開銷。

1. 承認你可能對某些花費還不夠實際，然後強迫自己更實際

如果你讀了整本書（並且採納了我一半以上的建議），你可能比 95% 的人更擅長理財，但你是人，難免會有出差錯的時候。像是婚禮比預期的花更多錢、少算買房的某些費用。

然而，鴕鳥心態是最糟糕的選擇。你必須咬緊牙關坐下來，為未來十年的大筆支出項目制定一個實際可行的計畫。不需要計畫的太完美，可以隨手拿一張紙，花個 20 分鐘寫下來。

2. 設定一個自動儲蓄計畫

因為幾乎沒有人會採納我的建議，立刻制定預算來預測將來的大額支出，所以我建議你走捷徑，建立一個自動儲蓄計畫（見 180 頁）。

假設辦婚禮會花 35,000 美元、買車 20,000 美元、第一個孩子的前兩年花費 20,000 美元，以及在市區購買一棟房子的一般頭期款。然後算出你需要存多少錢。如果你 25 歲，打算三年後買車結婚，那就是 45,000 美元／ 36 個月＝ 1,250 美元／月。我知道你可能負擔不起每個月超過 1,000 美元的支出。但現在知道總比以後才知道好。現在問問你自己：你能存起 300 美元嗎？如果可以的話，這就是很好的起步。

3. 你不可能擁有所有最好的東西，所以必須排定優先事項

優先順序是非常重要。就像前面提到的，所有人都會希望婚禮當天或第一棟房子完美無瑕，不可否認這是人類的天性。

但我們也需要承認，我們不可能每件事都很完美。你希望婚禮上有菲力牛排或是露天酒吧？你想要一個有後院的房子，或是一個有更好學校的社區嗎？如果你列出成本，就可以清楚知道在預算之內你要做出哪些取捨。如果你沒有寫下任何東西，好像你沒有權衡的必要一樣，就很可能會陷入巨額負債。

想盡辦法省下你認為不那麼重要的事情上的花費，將省下來的錢通通存起來。如果你認為結婚地點很重要，那就將錢花在這上面，但你要選擇最便宜的椅子、餐具和鮮花。如果你要買一輛車，就不要選有天窗的，這樣你就可以買到理想的車型。無論你

做什麼，都不要購買昂貴的東西。如果你提前計畫，時間可以為你省下巨額花費。

超越日常目標

大多數人一生都在處理日常的金錢問題，像是「我為什麼要花 300 美元買那件夾克？」「該死，我以為我已取消了訂閱。」但從未真正實現目標。

如果你已經按照本書的步驟行動，應該已經解決了這些基本問題。你所有帳戶都已自動化運作。你知道可以在外出時花多少錢，還有每個月你想存多少錢。如果出了問題，自動化金錢系統可以讓你更清楚地知道是要削減成本、賺更多的錢，還是調整生活方式，所有金錢流向均可一目了然。

這時就是該考慮把目標提升到超越日常生活的時候了。儘管大多數人可能被金錢的枝微末節消磨，他們從未想過致富（只想還清債務），但你可以設定更大的目標，用金錢來支持自己做喜歡的事情。

我相信，致富的部分目標是要回報曾幫助過你成長的社區。有許多傳統的方法可以做到這一點，比如在慈善廚房（soup kitchen）擔任志工，或者成為一名「大哥哥」或「大姐姐」*。你

* 「大哥哥」或「大姐姐」是對「大哥大姐會」（Big Brothers Big Sisters）志工的稱呼。這是個非營利性組織，宗旨是教導各地社區中的兒童及青少年。

不需要很富有才能回饋社會。即使只是 100 美元也能幫助需要的人。像「無極之筆」或「kiva」這樣的非營利組織網站可以讓你直接捐款給貧窮的發展中社區（我非常自豪的是，「打造讓你財務自由的金錢系統」社群為「無極之筆」籌集了三十多萬美元，為世界各地貧困兒童建造了 13 所學校）。或者你可以把錢捐給你的高中、當地圖書館、環保組織，只要是你認為最重要的都可以。如果你缺錢，那就貢獻你的時間，這通常比金錢更有價值。

如果你仔細想想，你會發現慈善事業和你在這本書中讀到的致富原則是一樣的，只要採取最簡單的步驟，你就可以開始。選擇一個你願意捐款的組織，或是一個你願意去當志工的地方。你不一定要有錢才能成為慈善家，就像你不一定要有錢才能投資一樣。

關鍵是，現在你擁有了一個很少人擁有的個人理財系統。這能讓你在日復一日的工作中提升你的目標。當你回想去年，你為他人完成的一件大事是什麼？今年你的目標是什麼？

如果我能希望這本書可以成就一件事，我希望你能成為有意識消費的大師，然後運用這些技能來幫助你周圍的人。也許是輔導一名貧困的孩子，或者建立獎學金，甚至只是免費協助朋友理財。不管是什麼，現在你已經是能充分運用理財知識地高手了。你已經超越了為短期目標管理你的金錢、能採用策略思考來理財，以及如何運用策略致富，甚至能與他人分享這些知識。

如果這是一部電影，此時天會下雨，小提琴聲會在背景中迴盪，一名年輕的士兵慢慢地舉起手向一位上了年紀的將軍致敬，老將軍的淚珠會從面頰上滾落下來。

結語
致富非神話，任何人都能變有錢

如果我成功了，這本書的結尾就是你富裕生活的開始。我們知道致富不僅僅是為了錢；也知道周圍的大多數人對別人的金錢很有意見，但對個人理財卻一無所知；更知道有消費意識很有趣（特別是當你已將支出自動化）。

現在你已經知道如何理財了，但還有一件事必須解決，就是知道如何致富的人還很少。致富並非只能發生在常春藤盟校畢業生和彩票中獎者身上的神話。任何人都可以成為富人，問題在富有的意義是什麼。你已經知道金錢是富裕生活中很小卻很重要的一部分、真實的生活是在試算表之外，也知道如何運用金錢來打造富裕生活。

你能幫我一個忙，把這個訊息轉達給周邊的朋友，幫助他們也專注在自己的目標上？富裕的生活不僅僅是金錢，也是從管理你自己的金錢開始，然後繼續幫其他人致富。

我想和你分享 iwillteachyoutoberich.com/bonus 的網頁資源當成獎勵，幫助你賺更多的錢。

最後請寄封電子郵件（電子郵件地址：ramit.sethi@iwillteachyoutoberich.com，主旨：我的富裕生活），我想聽你說從這本書中學到的一件事是什麼。

致謝

沒有人能獨自完成一本書。對於我來說，這本書是集眾力而完成，研究人員幫我找到難以取得的資料；當我全心寫作時，團隊負責幫我營運；讀者們坦誠分享他們的理財故事；還有家人的支持；以及整個編輯團隊和設計師一起幫我實現了出書的目標。

最後，我要感謝所有幫助出版這本書的所有人。

感謝我的圖書研究員克里斯・尼爾（Chris Neal），他總是微笑著為我找到我能想到的主題的資訊。帕裡塞德斯・哈德森金融集團（Palisades Hudson Financial Group）的認證理財規劃顧問 (CFP) 艾瑞克・米爾曼（Eric Meermann）和保羅・雅各（Paul Jacobs），替本書做了最後的審訂。特別本書第一版的研究員感謝郭傑夫（Jeff Kuo）。

感謝我在 Workman 出版公司的朋友們：安娜・庫珀伯格（Anna Cooperberg）、奧蘭多・阿迪奧（Orlando Adiao）、莫伊拉・克雷根（Moira Kerrigan）、麗蓓嘉・卡萊爾（Rebecca Carlisle）和拉西婭・蒙迪西爾（Lathea Mondesir）。當然，還有我的資深編輯瑪格特・赫雷拉和瑪格特・埃雷拉（Margot Herrera），她最常做的就是溫柔地打電話問我下一份書稿什麼時候能寫好。

我要感謝我的家人：普拉布（Prab）和尼拉姆・塞蒂（Neelam Sethi）、羅伊（Roy）、崔西亞（Tricia）、納吉納（Nagina）、易伯拉欣（Ibrahim）、拉奇（Rachi）、哈吉（Haj）、易伯拉欣（Ibrahim）、尼基（Nikki）、卡洛斯（Carlos）和所有的孩子們——感謝你們成為我的榜樣。

非常感謝我的導師和老師，是他們教會了我要持之以恆，要有道德，要努力工作。

還有我的朋友們，他們提供了我無數瘋狂的理財故事。

感謝我的經紀人，麗莎・迪莫娜（Lisa DiMona）。讓我們再創佳績！

感謝我的妻子卡珊，她以無比的耐心，支持我人生的每一個決定。

最後，致我的新讀者，希望這本書能幫助你打造你的富裕生活。

MEMO

翻轉學 翻轉學系列 051

從 0 開始打造財務自由的致富系統

暢銷 10 年經典「系統理財法」，教你變成有錢人

I Will Teach You to Be Rich: No Guilt. No Excuses. No BS. Just a 6-Week Program That Works (Second Edition)

作　　者　拉米特・塞提（Ramit Sethi）
譯　　者　簡瑋君
總 編 輯　何玉美
主　　編　林俊安
責任編輯　曾郁閔
封面設計　張天薪
內文排版　黃雅芬

出版發行　采實文化事業股份有限公司
行銷企劃　陳佩宜・黃于庭・馮羿勳・蔡雨庭・陳豫萱
業務發行　張世明・林踏欣・林坤蓉・王貞玉・張惠屏
國際版權　王俐雯・林冠妤
印務採購　曾玉霞
會計行政　王雅蕙・李韶婉・簡佩鈺
法律顧問　第一國際法律事務所　余淑杏律師
電子信箱　acme@acmebook.com.tw
采實官網　www.acmebook.com.tw
采實臉書　www.facebook.com/acmebook01

I S B N　978-986-507-263-6
定　　價　420 元
初版一刷　2021 年 2 月
劃撥帳號　50148859
劃撥戶名　采實文化事業股份有限公司
104 台北市中山區南京東路二段 95 號 9 樓
電話：(02)2511-9798　傳真：(02)2571-3298

國家圖書館出版品預行編目

從 0 開始打造財務自由的致富系統：暢銷 10 年經典「系統理財法」，教你變成有錢人 / 拉米特 . 塞提 (Ramit Sethi) 著 ; 簡瑋君譯 . -- 初版 . -- 臺北市 : 采實文化事業股份有限公司 , 2021.02
432 面 ; 14.8×21 公分 . -- (翻轉學系列 ; 51)
譯自：I Will Teach You to Be Rich: No Guilt. No Excuses. No BS. Just a 6-Week Program That Works (Second Edition)
ISBN 978-986-507-263-6（平裝）
1. 個人理財
563　　109021195

采實出版集團
ACME PUBLISHING GROUP